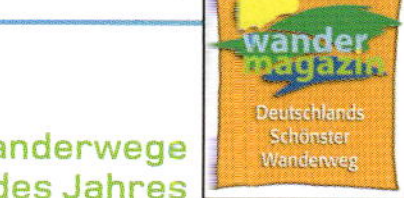
Wanderwege
des Jahres
wander
magazin
Deutschlands
Schönster
Wanderweg

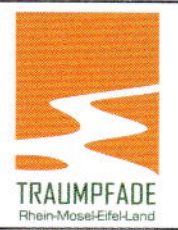
TRAUMPFADE
Rhein-Mosel-Eifel-Land

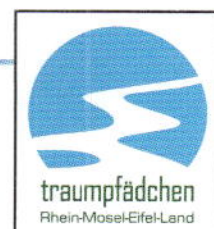
traumpfädchen
Rhein-Mosel-Eifel-Land

AF569377

Mosel

ZEICHEN IM BUCH

Wanderweg

Zuweg

Einfach

Mittel

Schwer

Sehr schwer

Erläuterung zur Schwierigkeit unter: www.schoeneres-wandern.de/html/schwierigkeit.html

Download GPX

Gehzeit

Steigung/Gefälle

Höchster Punkt

Kalorienverbrauch

Anfahrt

Parkplatz

Telefonnummer

E-Mail-Adresse

Internet-Adresse

Öffnungszeiten/Termine*

Start/Ziel

Streckenpunkt

Tourist-Info

Einkehren

Übernachten

ÖPNV

Taxi

Entdecken

Kindertipp

Burg

P Besonderer Streckenpunkt

- Höhenangaben bezogen auf NN
- Entfernungsangaben: Beschriebene Hauptstrecke inkl. empfohlener Abstecher (Zirka-Angaben)
- GPS-Daten: Kürzeste Strecke
- Zeitangaben: Mittleres Wandertempo (reine Gehzeit ohne Pausen)
- Koordinatenangaben der POIs: Wir geben UTM-Koordinaten der Zone 32 U WGS 84 an. Dieses System nutzen u.a. alle offiziellen Karten der Landesvermessungsämter. Für die Pkw-Navigationsgeräte geben wir für die Park-/Startplätze die geografischen Koordinaten in Breite/Länge (hddd°mm'ss.s) an. Diese können von den meisten gängigen AutoNavis verwendet werden. In den Outdoor GPS-Geräten sowie auf PCs und mobilen Geräten können die Koordinatensysteme entsprechend eingestellt werden.

- Allgemeine Infos:
  Projektbüro Traumpfade
  Bahnhofstr. 9, 56068 Koblenz
  0261/108419 www.traumpfade.info

* Öffnungszeiten sind saisonabhängig. Bitte telefonisch erfragen.

Rhein Mosel

Traumpfade ①

traumpfädchen

21 Premium-Wege an Rhein und Mosel

Ulrike Poller und Wolfgang Todt

Die Traumpfade machen ihrem Namen alle Ehre: Fantastische Aussichten, erlebnisreiche Pfade und gemütliche Einkehrstationen lassen jeden Wandertag zum schönen Tag werden. Ulrike Poller und Wolfgang Todt haben die Traumpfade Meter für Meter erobert. Die beiden Wanderprofis beschreiben die schönsten Fernsichten über die Moselschleifen, und die verwunschensten Waldpfade in den Seitentälern des Rheins. Ergänzt werden die Traumpfade von den neuen Traumpfädchen. Diese Premiumspazierwanderwege sind kürzer und einfacher zu erkunden, doch genau so schön wie ihre großen Geschwister.

ideemedia

INHALT

Rhein

Download der .gpx-Daten unter www.wander-touren.com

TRAUMHAFT WANDERN

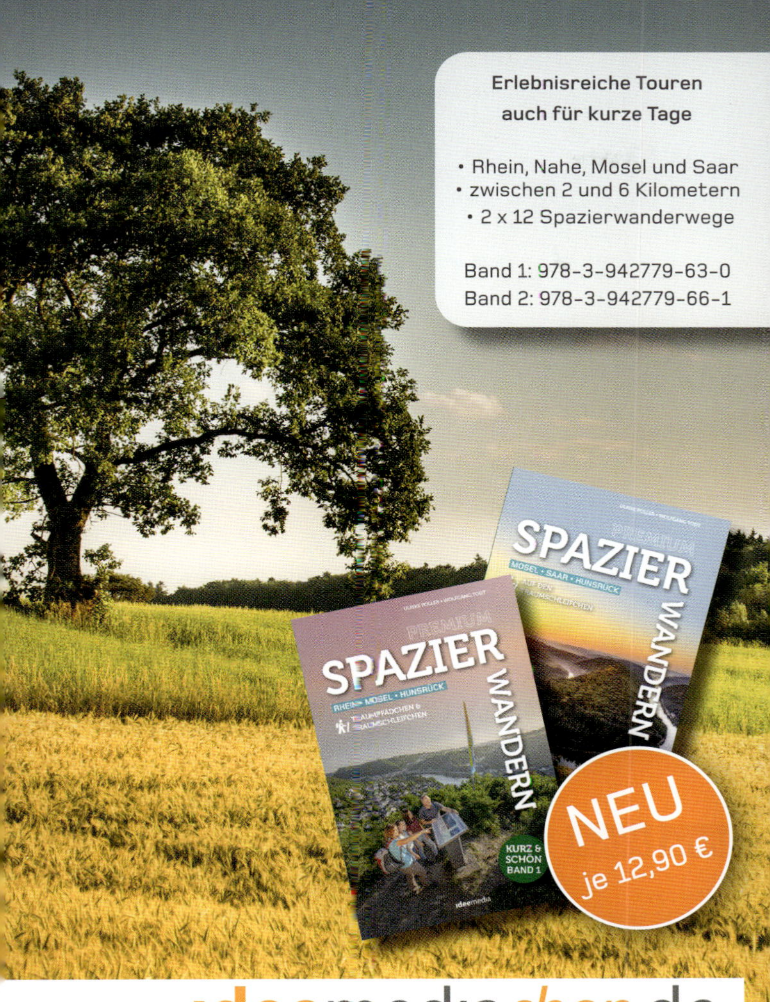

ideemediashop.de

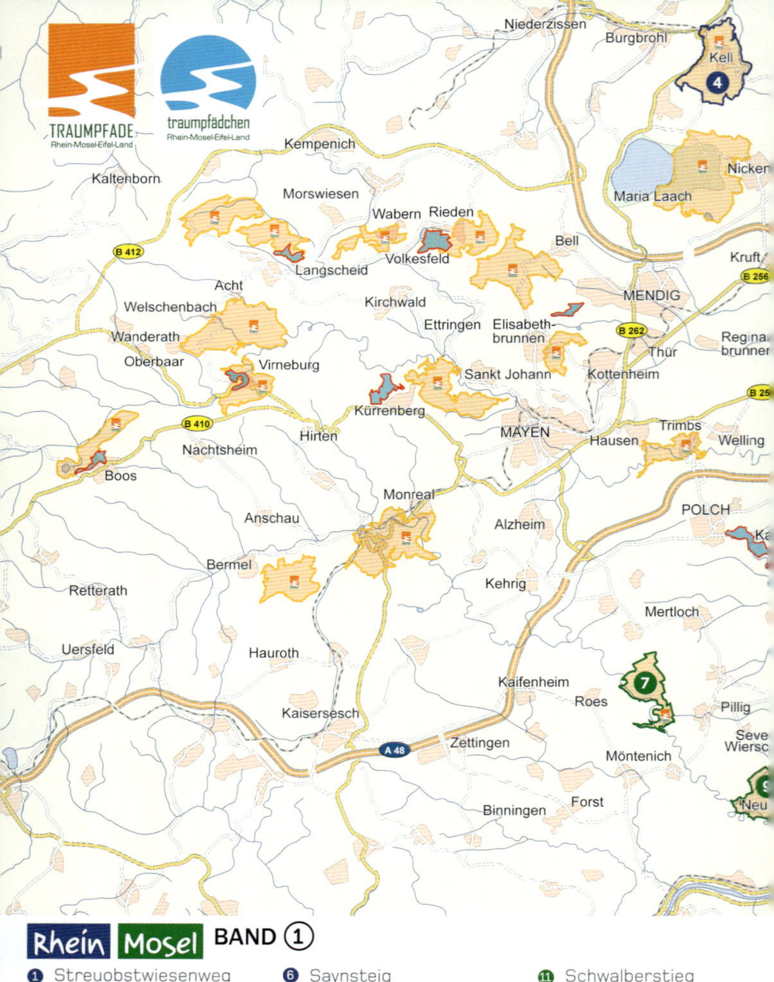

Rhein Mosel BAND ①

1 Streuobstwiesenweg
2 Wolfsdelle
3 Waldschluchtenweg
4 Höhlen- und Schluchtensteig Kell
Kleiner Stern
5 Rheingoldbogen
Spayer BlickinsTal
6 Saynsteig
Sayner Aussichten
7 Pyrmonter Felsensteig
Paradisweg Polch
8 Hatzenporter Laysteig
Löfer Rabenlaypfad
9 Eltzer Burgpanorama
10 Bleidenberger Ausblicke
11 Schwalberstieg
Niederfeller Schweiz
12 Koberner Burgpfad
Moseltraum
Nette Romantikpfad
13 Bergschluchtenpfad Ehrenburg

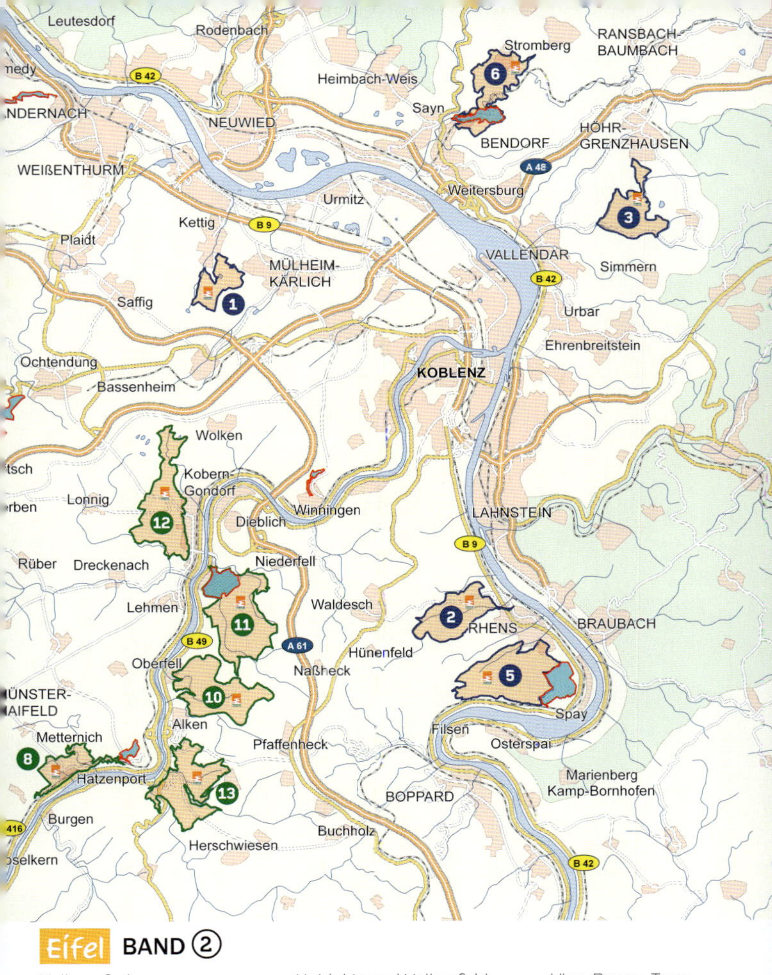

Eifel **BAND ②**

Vulkanpfad
Mendinger RömerReich
Wacholderweg
Langscheider
Wacholderblick
Nette-Schieferpfad
Booser Doppelmaartour
Eifelturmpfad Boos

Heidehimmel Volkesfeld
Virne-Burgweg
Virneburger Burgblicke
Hochbermeler
Bergheidenweg
Wanderather
Waldseepfad Rieden
Riedener Seeblick

Vier-Berge-Tour
Monrealer Ritterschlag
Pellenzer Seepfad
Förstersteig
Eifeltraum

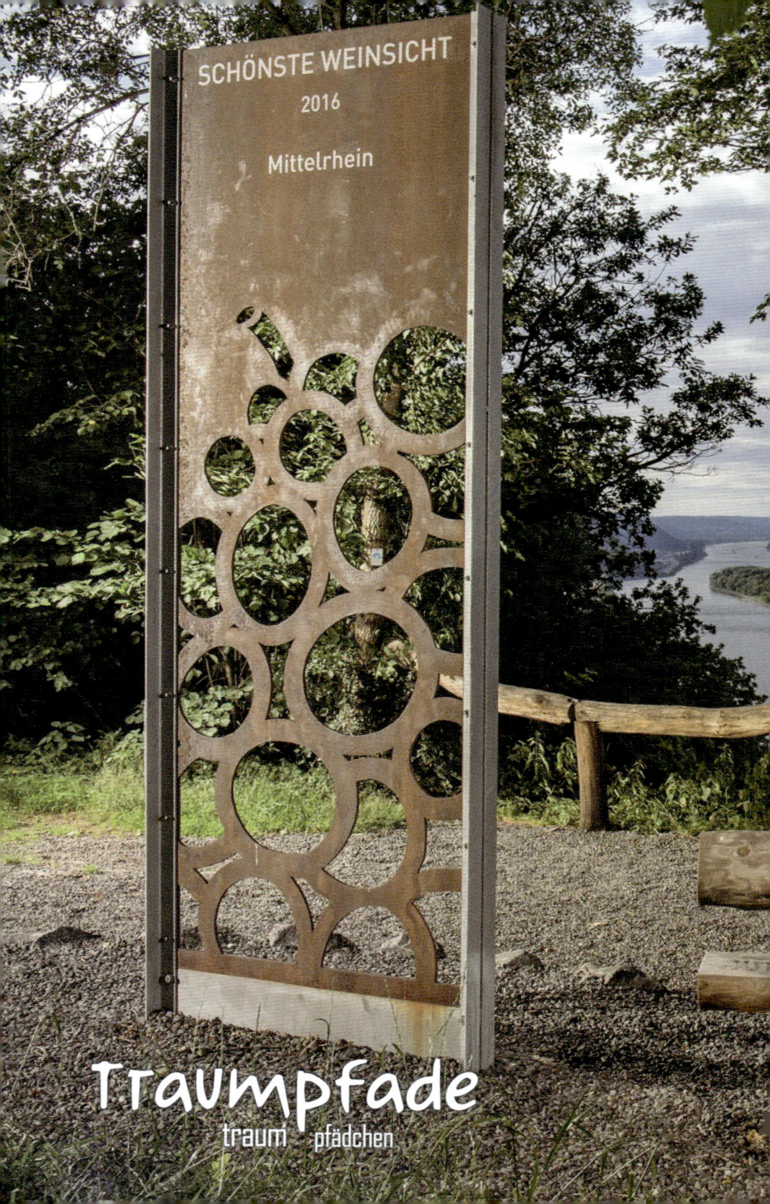

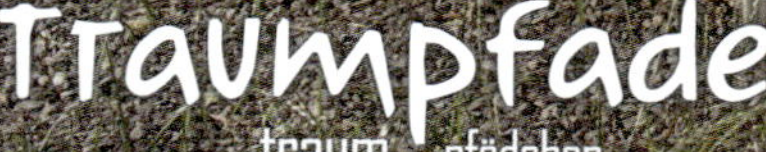
Traumpfade
traum pfädchen

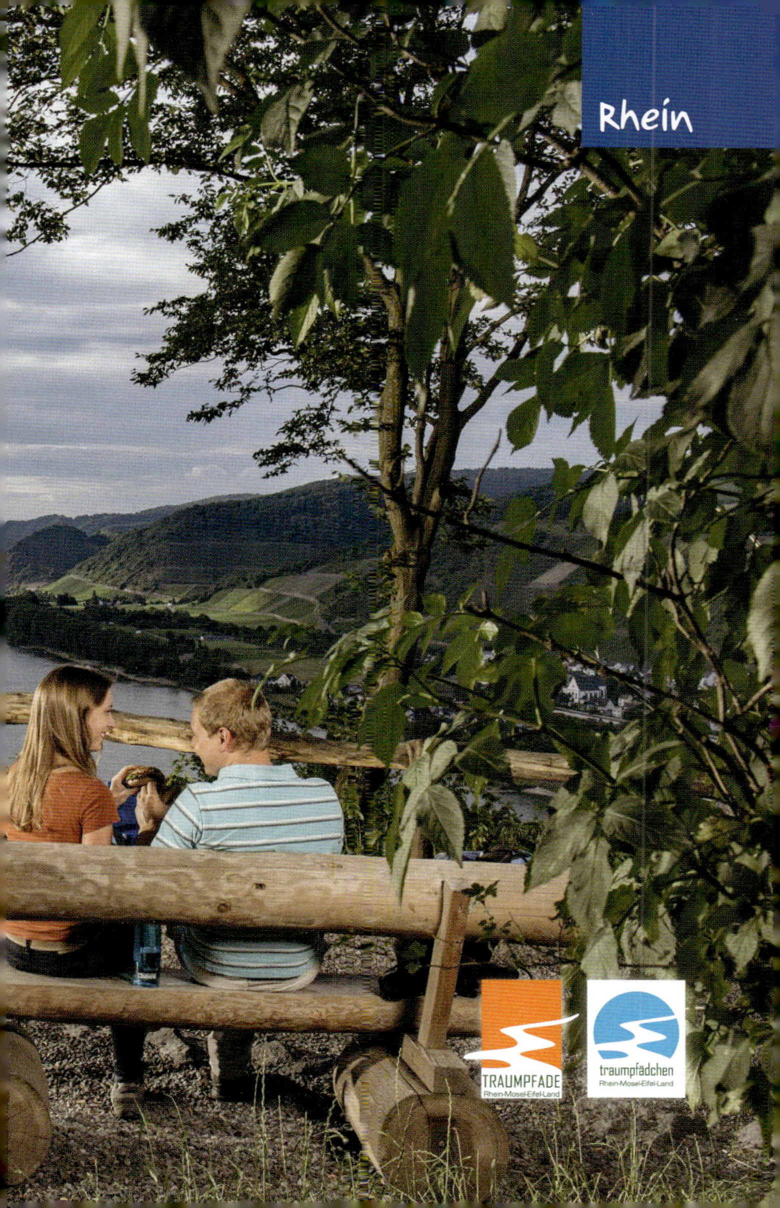
Rhein
TRAUMPFADE
Rhein-Mosel-Eifel-Land
traumpfädchen
Rhein-Mosel-Eifel-Land

1 Streuobstwiesenweg

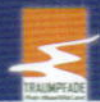

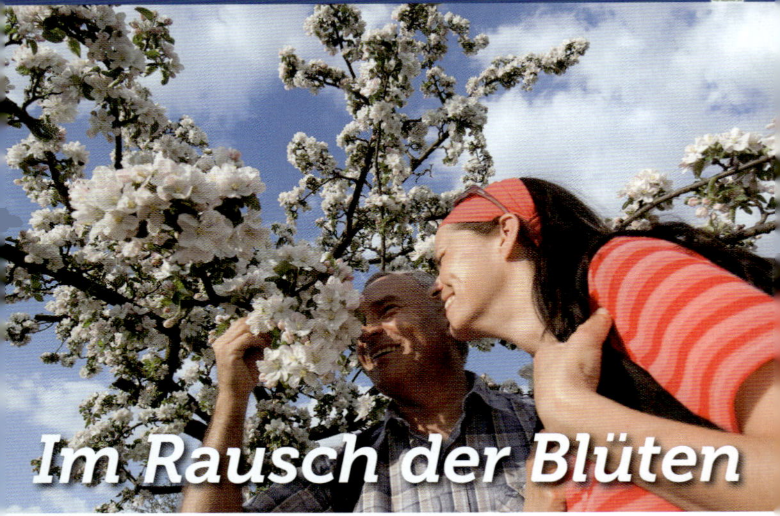

Im Rausch der Blüten

- **Start/Ziel:** Parkplatz Sportplatz Dalfter, Kärlich

- **Taxi:** Tom's City Taxi ✆ 02630/962894

- **Anfahrt:** Über die A 48 oder die B 9 nach Mülheim-Kärlich. In Kärlich der Beschilderung „Sportanlagen/Grillhütte Dalfter" folgen.

- **Parkplätze:**
- Sportplatz Dalfter, Kärlich
  N50° 23' 23.5'' • E7° 28' 24.3''

scan to go®

QR-Code mit der App „traumtouren" einscannen und Route anzeigen lassen.

- Grillhütte, Kettig
  N50° 23' 31.9'' • E7° 27' 51.1''

- **Wegpunkte:**

P1: Parkplatz Sportplatz Dalfter, Kärlich 32 U 391483 5583094
P2: Aussicht Grillhütte Kettig 32 U 390876 5583411
P3: Ortsrand Kettig 32 U 390426 5582957
P4: Treffen Rheinburgenweg 32 U 389999 5581520
P5: Panoramablick Vulkaneifel 32 U 390336 5581528
P6: Kapelle an Carl-Heinrich-Grube 32 U 391833 5582418
P7: Panoramablick Neuwieder Becken 32 U 391630 5582868
P8: Dalfter Grillhütte 32 U 391555 5582984

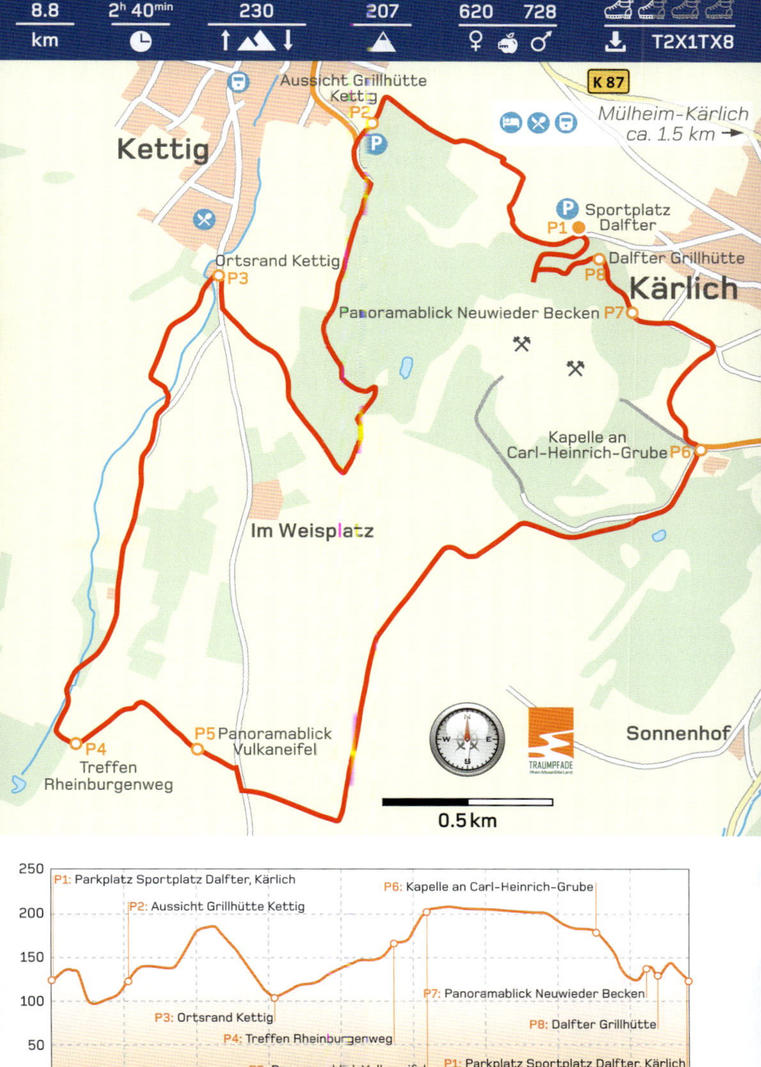
8.8
km
2h 40min
230
207
620
728
T2X1TX8
Aussicht Grillhütte Kettig
P2
K 87
Mülheim-Kärlich ca. 1.5 km →
Kettig
Sportplatz Dalfter
P1
Dalfter Grillhütte
P8
Kärlich
Ortsrand Kettig
P3
Panoramablick Neuwieder Becken
P7
Kapelle an Carl-Heinrich-Grube
P6
Im Weisplatz
P5 Panoramablick Vulkaneifel
P4
Treffen Rheinburgenweg
Sonnenhof
TRAUMPFADE
0.5 km
250
200
150
100
50
m
P1: Parkplatz Sportplatz Dalfter, Kärlich
P2: Aussicht Grillhütte Kettig
P6: Kapelle an Carl-Heinrich-Grube
P7: Panoramablick Neuwieder Becken
P3: Ortsrand Kettig
P8: Dalfter Grillhütte
P4: Treffen Rheinburgenweg
P5: Panoramablick Vulkaneifel
P1: Parkplatz Sportplatz Dalfter, Kärlich
km
1
2
3
4
5
6
7
8
8.8
Std.
25'
55'
1h25' 1h30'
2h10'
2h25'
2h40'

Welche Pracht: Im Frühjahr bietet der Streuobstwiesenweg ein außergewöhnliches Wandervergnügen. Der Premium-Themenweg verläuft mitten durch ein Meer aus Blüten. Doch auch zu anderen Jahreszeiten hat der Streuobstwiesenweg seine Reize. Kurzweilig führt die Route zu sensationellen Panoramablicken und unterhaltsamen Erlebnisstationen am Kärlicher Berg.

Los geht es am Parkplatz bei den Sportanlagen am „Dalfter" (1) am oberen Ortsrand von Kärlich. Wir gehen den Weg gegen den Uhrzeigersinn an und lassen uns vom markanten Logo zuverlässig leiten.

Entlang der Umzäunung des Sportplatzes führt uns ein breiter Waldweg durch den lichten Mischwald. Am Ende des Zaunes halten wir uns an der Weggabelung rechts und laufen zur nahen Schutzhütte an der Hangkante.

Von der Hütte wandern wir, begleitet von Unterholz und ersten Streuobstbäumen, talwärts. Bald lichtet sich das Gehölz, und es ergibt sich ein erster toller Blick auf das Neuwieder Becken – nach dem Rückbau des Kühlturms am ehemaligen Kernkraftwerk Mülheim-Kärlich auch völlig ungetrübt.

Der schwere und fruchtbare Boden kann nach ergiebigem Regen schon mal etwas matschig und rutschig sein, doch festes Schuhwerk und eventuell auch ein Stock helfen über solche Passagen hinweg.

Flankiert von einer gepflegten Kirschbaumplantage, verlieren wir an Höhe, bis wir auf den querenden Rheinhöhenweg (weißes R) stoßen. Wir biegen links auf den befestigten Feldweg ab und genießen zur Blütezeit der Obstbäume das filigrane Blütenmeer aus Weiß und Rosa. Wie Schneegestöber weht der Wind die Blütenblättchen umher, und niemand kann sich der unbändigen Energie des Frühlings entziehen. Wer die Strecke im Sommer wandert, erfreut sich dagegen am Anblick reifender Früchte und sattgrüner Blätter. Nach **1 km** verabschieden wir uns

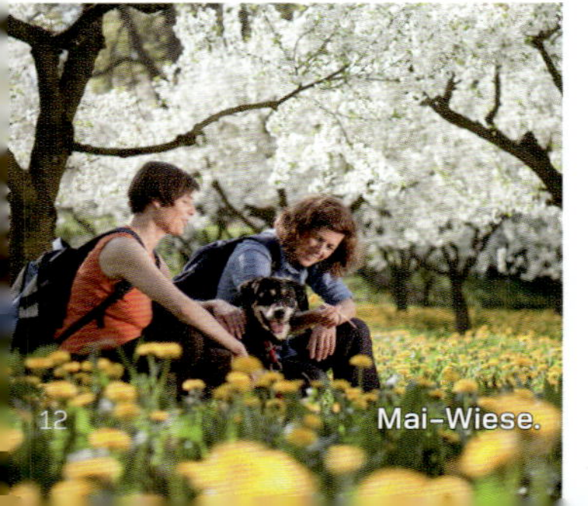

Mai-Wiese.

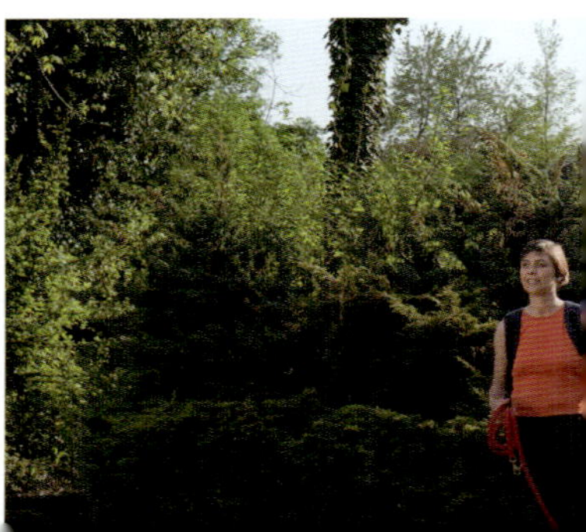

vom Rheinhöhenweg und biegen nach links bergan zur nahen Grillhütte. Nach kurzem Anstieg haben wir das liebevoll gepflegte Areal der Kettiger Grillhütte (2) erreicht und gönnen uns eine kurze Pause. Dabei frönen wir der großartigen Aussicht, die sich uns bietet: Das Rheintal und das Neuwieder Becken liegen uns zu Füßen. Neben der Hütte lädt ein gepflegter Obstlehrgarten zum Rundgang ein. Eine Sinnesbank gibt Gelegenheit, die Idylle in Ruhe zu genießen.

Wir setzen die Tour fort, lassen die Zufahrt von Kettig rechts liegen und folgen dem Fußweg geradeaus in die Natur. Begleitet von Hecken und Sträuchern, gelangen wir zum Hochbehälter Kettig, schwenken oberhalb nach rechts und laufen an einem Birkenhain entlang in ein kleines Wäldchen. Danach finden wir uns erneut am Waldrand wieder. Über die Wiese schweift der Blick rechts zurück nach Kettig. An der folgenden Wegkurve tauchen wir geradeaus ab in den Wald. Verwunschen umfangen uns die Fichten, die hier mit verschiedenen Laubbäumen um das Sonnenlicht wetteifern. Einige Holzstufen erleichtern den Aufstieg über den weichen Boden, und schließlich treffen wir nach **2 km** an einer Waldwiese auf einen Querweg. Mit scharfer Wendung nach rechts setzen wir auf diesem Waldweg die Wanderung fort und verlassen wenig später die Waldumgebung.

Links erfreuen uns die gepflegten Kirschbäume einer weiteren Obstplantage, während rechts dichtes Unterholz den Tieren begehrten Unterschlupf bietet. An der nächsten Kreuzung weist uns ein Holzschild darauf hin, dass wir auf dem „Eichenweg" unterwegs sind. Wir biegen kurz vor der eigentlichen Kreuzung rechts auf einen urigen Pfad ab. Erst am talseitigen Waldrand mündet der Pfad auf einen Feldweg. Wieder einmal begeistert uns der Blick ins Rheintal, doch auch die Spalier stehenden weißen Birkenstämme am Waldrand sind sehenswert.

Wir halten uns nun geradeaus abwärts und steigen endgültig ins Kettiger Bachtal ab. Dort treffen wir auf einen asphaltierten Wirtschaftsweg und biegen rechts ab. Allerdings erreichen wir den Ortsrand von Kettig nicht wirklich, denn bei erster Gelegenheit wenden wir uns mit einer Spitzkehre (3) nach

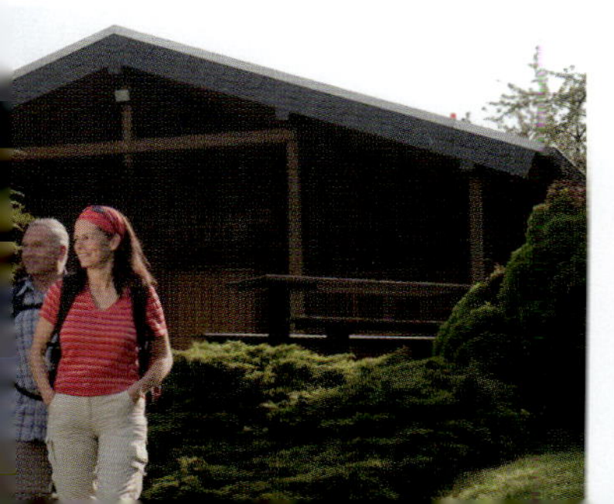

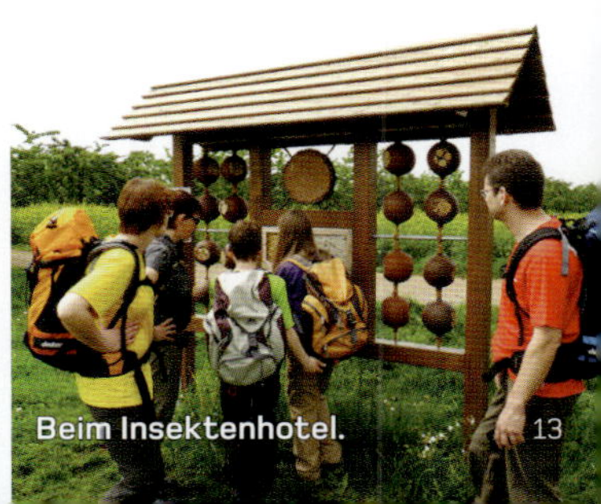

Beim Insektenhotel.

links wieder Richtung Felder. Wer jedoch leibliche Stärkung braucht, kann an dieser Abzweigung ins nahe Kettig laufen, wo beispielsweise die Cafeteria der nur 200 Meter entfernten Förder- und Wohnstätten auch Wanderern offensteht.

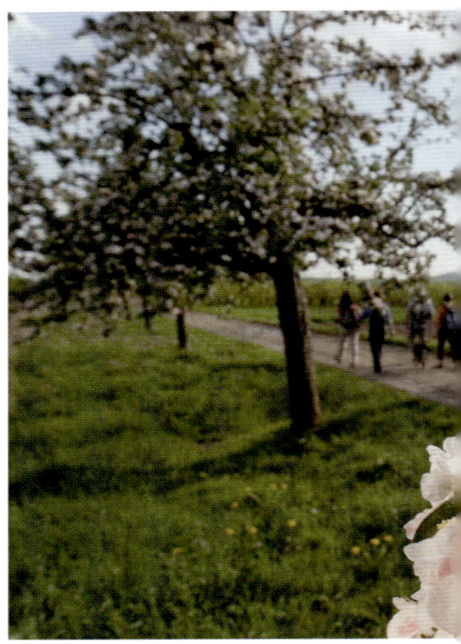

Wir passieren auf breitem Feldweg eine Scheune und treffen nach **3.5 km** an der Arenzwiese ein. Hier wachsen uralte Apfelbaumsorten – aber auch Weidensträucher für die Korbflechterei der Förder- und Wohnstätten, worauf ein riesiger Weidenkorb anschaulich aufmerksam macht. Wir biegen nach links und queren den schmalen, aber munter plätschernden Kettiger Bach. Auf der anderen Seite steigt der Weg leicht über eine Wiese an, bis er auf einen asphaltierten Wirtschaftsweg trifft. Wir setzen die Tour nach rechts fort und kommen auf dem glatten Untergrund schnell voran. Nun haben wir auch Gelegenheit besondere Gewächse am Wegesrand näher in Augenschein zunehmen: dicke, knorrige Stämme mit gertenschlanken Austrieben und dunklen Blättern – wir passieren eine Holunderplantage. Zur Reifezeit hängen hier dicke schwarze Beeren, die zu Saft verarbeitet werden.

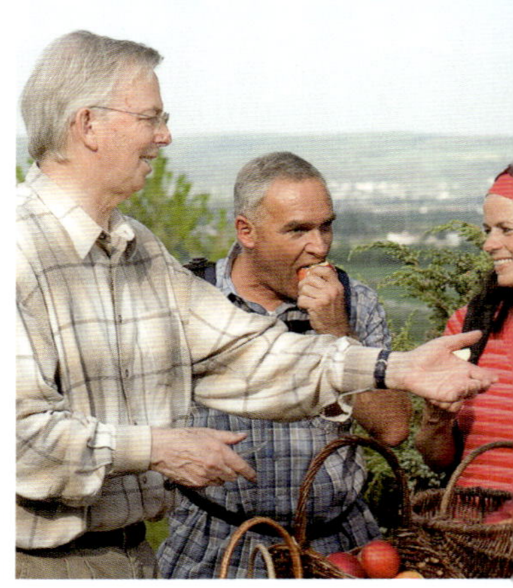

Bei **Kilometer 4.2** passieren wir nach einem kleinen Wäldchen einen Gutshof und eine Weide. Wenig später halten wir uns rechts und nähern uns wieder dem Bach. Unmittelbar nach der Brücke führt uns der Streuobstwiesenweg links am Ufer entlang. Vor den nächsten Obstbäumen queren wir den

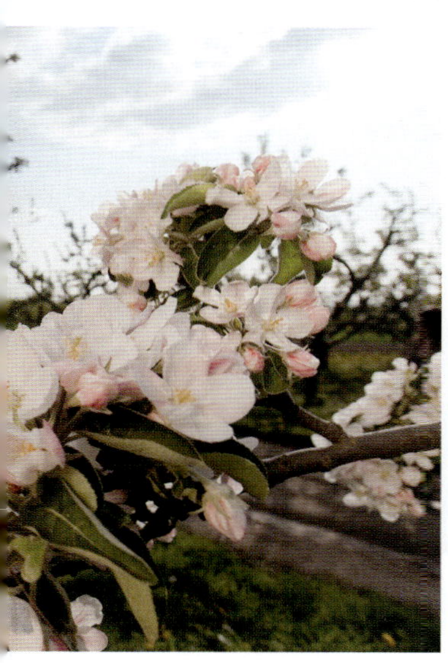

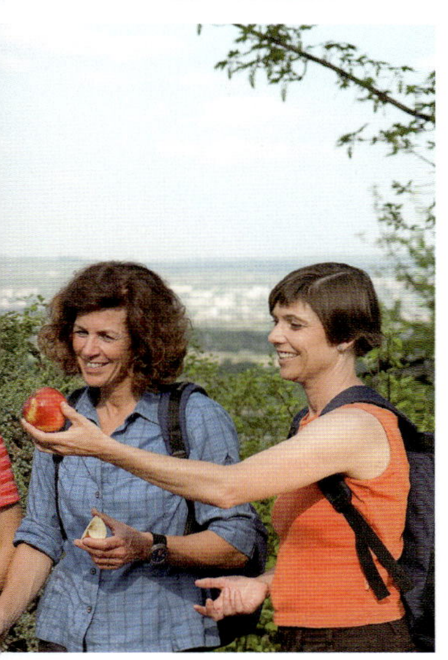

Bach wieder und wandern zu einem Jungwald. Unter dem schattigen Blätterdach erklimmen wir eine Anhöhe, bevor wir erneut ins freie Feld treten.

Nun gesellt sich zum Traumpfade-Logo noch eine weitere Markierung (4): Rot auf gelbem Grund ist der Zuweg von Kärlich zum Rheinburgenweg (▶ WanderTouren Rheinburgenweg) markiert, der nur 200 Meter weiter rechts verläuft. Wir werden uns nach links und laufen nun bergan, mal durch offene Felder, mal von Hecken begleitet oder an einem Streuobstareal vorbei.

Nach **5 km** biegen wir scharf rechts ab und steigen am Feldrand deutlich aufwärts. Fast oben angelangt, lassen wir einen abzweigenden Feldweg unbeachtet. Unsere Aufmerksamkeit widmet sich sowieso voll und ganz der fantastischen Panoramaaussicht, die sich beim Blick zurück Richtung Vulkaneifel bietet (5).

Weiter geht es bis zu einem befestigten Wirtschaftsweg. Wir queren den Weg und laufen dann rechts auf einem parallelen Feldweg, bis wir die erste Möglichkeit nutzen und links auf einen weiteren Feldweg wechseln. Nun genießen wir in vollen Zügen die offene, schier unendliche Weite der Hochfläche. Unser Blick kann ungehindert über die Felder streifen, und der Wind bläst uns hier oben oft frisch um die Ohren. Der nächste Richtungswechsel nach links führt uns nun wieder zu

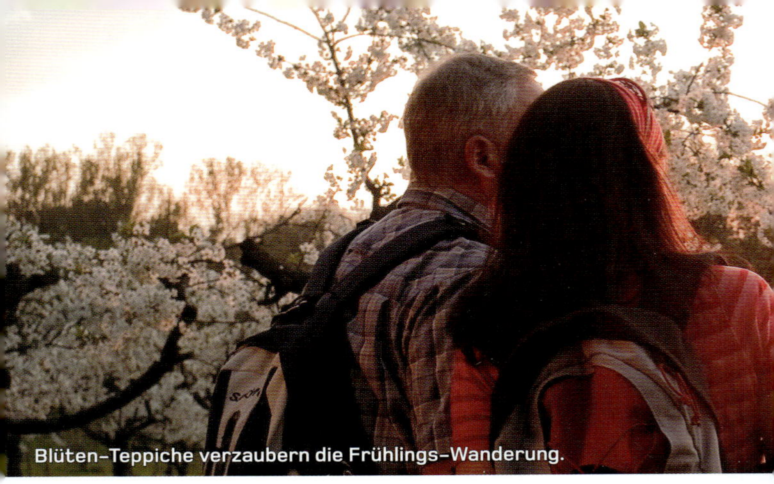
Blüten-Teppiche verzaubern die Frühlings-Wanderung.

Obstbaumarealen, die abermals die Felder unterbrechen. Zudem säumen alte Kirsch-, Birnen- und Walnussbäume den Feldweg. Aber diese Baumallee hat noch mehr zu bieten: Am Wegesrand sorgen attraktive Erlebnisstationen für Abwechslung und Spannung. Eine echte Herausforderung ist das Duftdidaktikum, bei dem unser Geruchssinn gefordert ist, die unterschiedlichen Düfte zuzuordnen. An der Mitmachstation der Holzbestimmung wird spielerisch unser Wissen rund ums Holz erweitert, und am Dendrophon, einer Art Xylophon aus Ästen verschiedener Baumarten, können wir unsere musikalischen Fähigkeiten testen. Und wissen Sie eigentlich, wie all die fliegenden Boten wohnen, ohne die wir kein leckeres Obst ernten könnten? Am Insektenhotel können wir sehen, welche Lebensumstände die geflügelten Nützlinge brauchen. So unterhalten, bewältigen wir die Passage über den Kärlicher Berg sehr kurzweilig und kommen dazu immer auch in den Genuss herrlicher Ausblicke.

Nach **6.6 km** wenden wir uns nach rechts, laufen zum nächsten Kirschbaumriegel und biegen dort links ab. So gelangen wir zum nahen Waldrand, wo uns ein Schild und ein Zaun auf die aktive Carl-Heinrich-Tongrube hinweisen. Wir wandern rechts durch das Gehölz weiter und verlieren dabei langsam an Höhe. Von der Tongrube bekommen wir nichts mit, ein bewaldeter Wall umgibt das Areal. Bald mündet unser Waldweg auf einen breiten Wirtschaftsweg, der offensichtlich auch von schwerem Gerät genutzt wird. Nach **7.5 km** treffen wir an einer Kreuzung und einer kleinen Kapelle **(6)** ein. Hier verabschiedet sich der Rheinburgenweg-Zuweg nach rechts, während wir die ersten

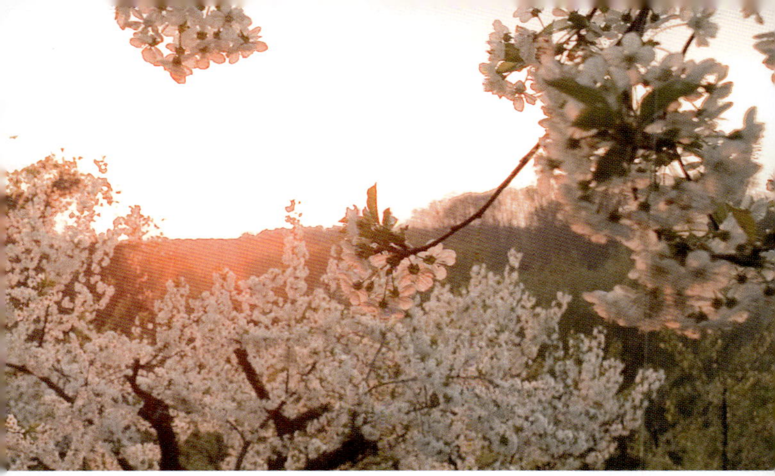

beiden Wege nach links ignorieren und erst nach einem kleinen Gerätehaus rechts auf einen Waldweg abbiegen. Er führt uns im Bogen leicht abwärts, bis sich schließlich das Unterholz lichtet und den Blick ins Rheintal und auf das Neuwieder Becken freigibt. Begleitet von Obstbäumen, gelangen wir zu einem querenden Asphaltweg, dem wir nach links folgen. Mit guter Aussicht auf Mülheim-Kärlich wandern wir durch das Blütenmeer, bis der Asphaltweg nach rechts abknickt. Hier halten wir uns links und vertrauen uns einem weichen Waldweg an.

Wir durchqueren ein Wäldchen und stehen nach **8.2 km** auf einer Anhöhe: Noch einmal sind wir hingerissen vom Rheintalpanorama **(7)**, das sich vor uns ausbreitet und bei gutem Wetter den Blick bis weit in den Westerwald freigibt.

Dann tauchen wir am Wald geradeaus unter das schattige Blätterdach ab und wandern gemächlich abwärts zur Dalfter Grillhütte **(8)**. Zwar sehen wir nun den Parkplatz bereits vor uns, doch noch einmal hält der Streuobstwiesenweg eine Überraschung bereit. An der Hütte vorbei laufen wir mit einer Schleife nach links pfadig bergan in den Buchenwald. In einem weiten Bogen genießen wir die Waldatmosphäre und erreichen schließlich am Waldrand eine Aussichtsplattform. Von hier können wir zum krönenden Abschluss der Tour auch die Tongrube in Augenschein nehmen. Nach diesem Einblick in die Erde steigen wir durch den Wald ab und treffen nach **8.8 km** wieder am Sportplatz **(1)** ein, wo unser Ausflug ins duftende Reich der Blüten und Früchte endet.

INFOS

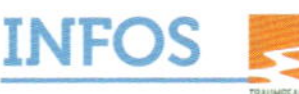

Verbandsgemeinde Weißenthurm, Kärlicher Straße 4, 56575 Weißenthurm ✆ 02637/9130 ⓘ www.mittelrhein-touristik.de

Restaurant Zur Linde, Bachstraße 12, 56218 Mülheim-Kärlich, ✆ 02630/4130 ⓘ www.zurlinde.info

- Bengel's Hotel Restaurant Zur Krone, Schweizer Str. 2, 56218 Mülheim-Kärlich ✆ 02630/94260 ⓘ www.bengels-hotel.de

Hotel Grüters, Ringstraße 1, 56218 Mülheim-Kärlich ✆ 02630/9416-0 ⓘ www.hotel-grueters.de

- Ibis-Budget Koblenz Nord, Hinter der Jungenstr. 13, 56218 Mülheim-Kärlich (Gewerbepark) ✆ 0261/26602 ⓘ www.ibisbudgethotel.ibis.com
- Rhein-Hotel Kelch, Rheinufer 4, 56575 Weißenthurm ✆ 02637/2146 ⓘ www.rhein-hotel-kelch.de
- Hotel Larus, In der Obermark 7 56220 Kaltenengers, ✆ 02630/98980 ⓘ www.rheinhotel-larus.de

Info: ⓘ www.vrm.info
Haltestelle: Kirche Mülheim-Kärlich

- Mo-Fr: Bus 357 (Koblenz-Neuwied)

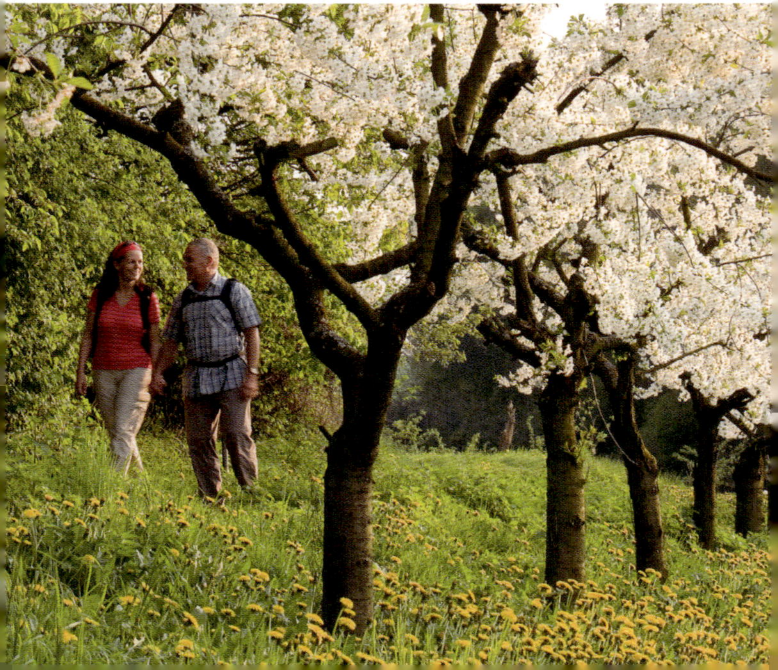

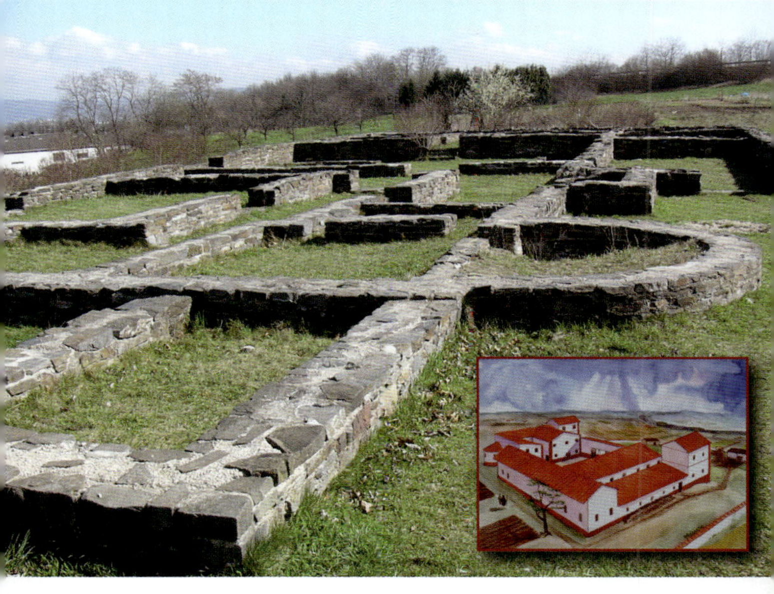

So wohnten die Römer

Am Fuß des Bubenheimer Berges, knapp außerhalb von Mülheim-Kärlich, wurden (nahe der Jungenstraße) 1983 im Zuge des Bimsabbaus die Reste einer römischen Villa Rustica ausgegraben. Das ausgedehnte Gelände ist heute frei zugänglich und gibt einen guten Eindruck davon, wie die Römer sich in dem immerhin 70 mal 35 Meter großen Gebäude eingerichtet hatten. Die etwa 80 Zentimeter hoch aus dem Boden ragenden Mauerreste geben den Grundriss anschaulich wieder.

Der ehemalige Gutshof des „mittelrheinisch-moselländischen Typs" stammt überwiegend aus dem 2. und 3. Jahrhundert nach Christus und war mit vielen Annehmlichkeiten der römischen Welt ausgestattet. So kann man noch heute die Reste der Fußboden- und Wandheizung erkennen, die für angenehme Temperaturen sorgten. Auch ein Badebecken ist erhalten. Die Anlage ist frei zugänglich.

2 Wolfsdelle

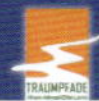

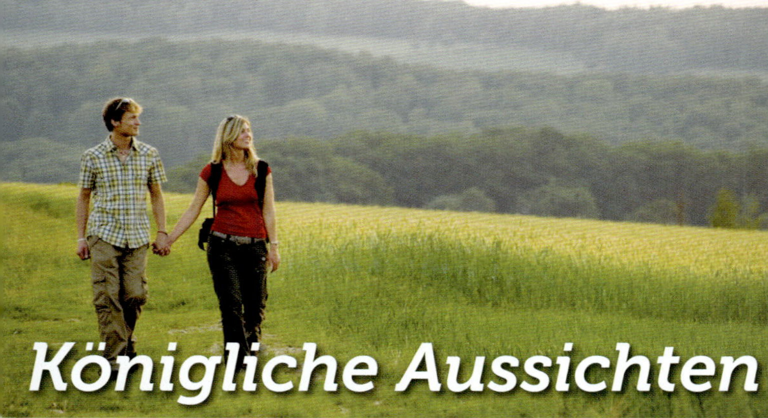

Königliche Aussichten

- **Start/Ziel:** Marktplatz Rhens

- **Tourist-Info**
  Tourist-Info Erlebnis Rheinbogen, Am Viehtor 2, 56321 Rhens ✆ 02607/49510
  ⓘ www.erlebnis-rheinbogen.de

- **Taxi:**
- Heike Kremser ✆ 06742/5530

- **Anfahrt:** Über die A 61 bis Abfahrt Waldesch, dann über die B 327 und die L 208 nach Rhens. Oder B 9 bis Rhens. Anfahrt mit der Bahn ist möglich.

scan to go®

QR-Code mit der App „traumtouren" einscannen und Route anzeigen lassen.

- **Parkplätze in Rhens:**
- Bramleystraße
  N50° 16' 50.2'' • E7° 36' 55.7''
- Bahnhof N50° 16' 51.3'' • E7° 37' 13.5''

- **Wegpunkte:**

P1: Marktplatz Rhens
32 U 401501 5570849

P2: Königsstuhl
32 U 401211 5570942

P3: 1. Querung L 208
32 U 400299 5571259

P4: 2. Querung L 208
32 U 398943 5571005

P5: Mühlental
32 U 398268 5570378

P6: Rastplatz am Kriesenkopf
32 U 398537 5569875

P7: Kapelle am Teerweg
32 U 399403 5569787

P8: Nikolaus Kapelle
32 U 400565 5570700

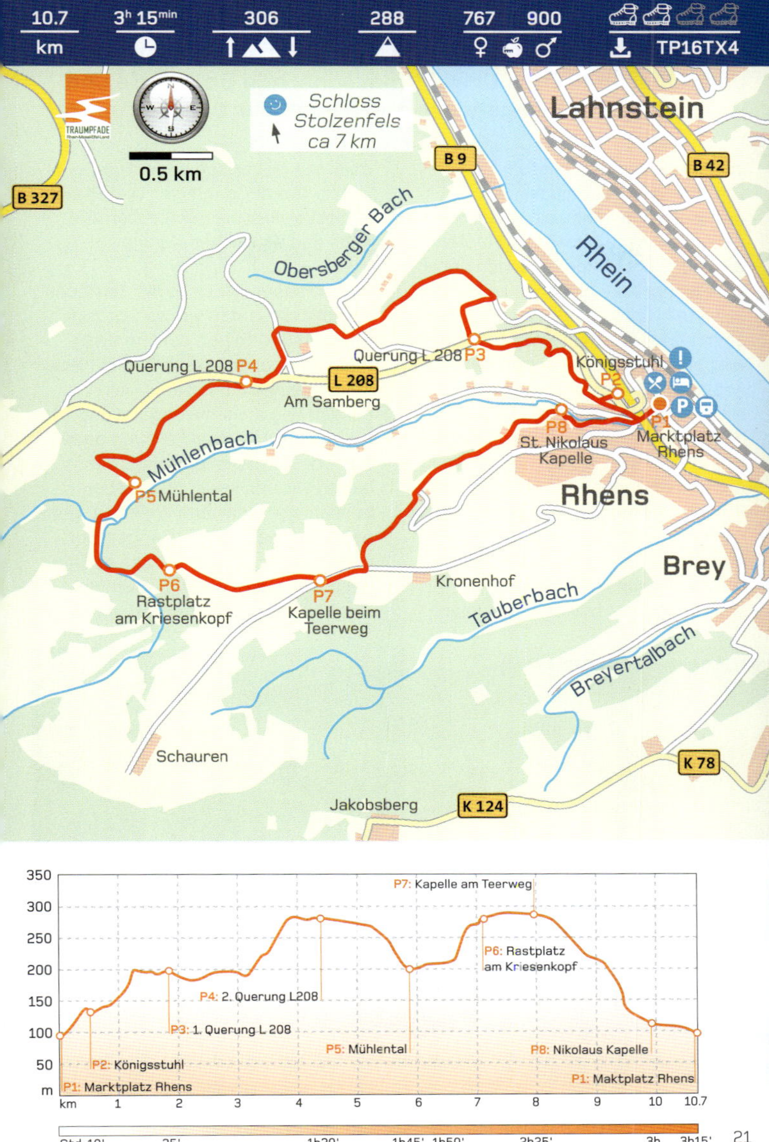

10.7 km
3h 15min
306
288
767
900
TP16TX4
TRAUMPFADE
0.5 km
Schloss Stolzenfels ca 7 km
Lahnstein
B 9
B 42
B 327
Obersberger Bach
Rhein
Querung L 208 P4
Querung L 208 P3
L 208
Am Samberg
Königsstuhl
P2
P1
Marktplatz Rhens
P8
St. Nikolaus Kapelle
Mühlenbach
P5 Mühlental
Rhens
Brey
Kronenhof
P6
Rastplatz am Kriesenkopf
P7
Kapelle beim Teerweg
Tauberbach
Breyertalbach
Schauren
K 78
Jakobsberg
K 124
350
300
250
200
150
100
50
m
P7: Kapelle am Teerweg
P6: Rastplatz am Kriesenkopf
P4: 2. Querung L208
P3: 1. Querung L 208
P5: Mühlental
P8: Nikolaus Kapelle
P2: Königsstuhl
P1: Marktplatz Rhens
P1: Maktplatz Rhens
km 1 2 3 4 5 6 7 8 9 10 10.7
Std. 10' 35' 1h20' 1h45' 1h50' 2h25' 3h 3h15'

Vielfalt im Mittelrheintal! Hier wird fast alles geboten: fantastische Panoramablicke, üppige Weinreben, Obst in Hülle und Fülle. Aber auch Urwald, plätschernde Bachläufe und weite Hochflächen gehören zur Traumtour der Wolfsdelle!

Im sehenswerten Zentrum (1) von Rhens mit schmucker Fachwerkbauten beginnt die Rundtour Wolfsdelle. Vom Marktplatz laufen wir zum Viehtor und gelangen unter der Hochbrücke hindurch zu Auf der Lay. Steil führt uns die enge Gasse gemeinsam mit dem Rheinburgenweg bergan, bald tauschen wir den Asphalt gegen einen Naturweg ein. Büsche und knorrige Bäume begleiten uns beim Aufstieg, der an einem Querweg endet. Hier ist der Abstecher zum nahen Königsstuhl Pflicht. Der eindrucksvolle, steinerne Königsstuhl (2) bietet nicht nur einen atemberaubend schönen Ausblick auf das Rheintal, Rhens und die Marksburg. Wir bewegen uns hier auch auf historisch bedeutungsvollem Terrain, denn hier trafen sich im Mittelalter die Kurfürsten zur Wahl des deutschen Königs.

Nach diesem Exkurs in die deutsche Geschichte laufen wir zurück zum Abzweig und folgen dem Feldweg Richtung Norden. Nach **800 m** biegen wir gemeinsam mit dem Rheinburgenweg an der Weggabelung nach rechts ab. Der Feldweg gabelt sich vor der Straße erneut, hier halten wir uns links und streben bergan. Kurz vor dem Waldrand geht es scharf nach links: In engen Serpentinen bezwingen wir den steilen Berg. Wir gelangen in den lichten Wald, laufen weiter bergan und

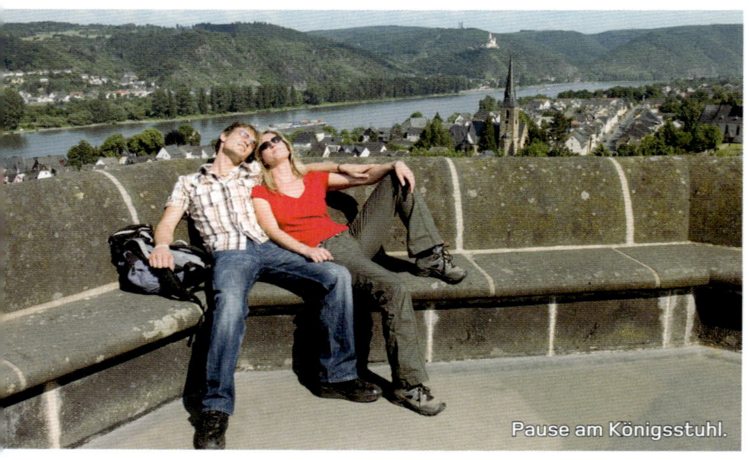
Pause am Königsstuhl.

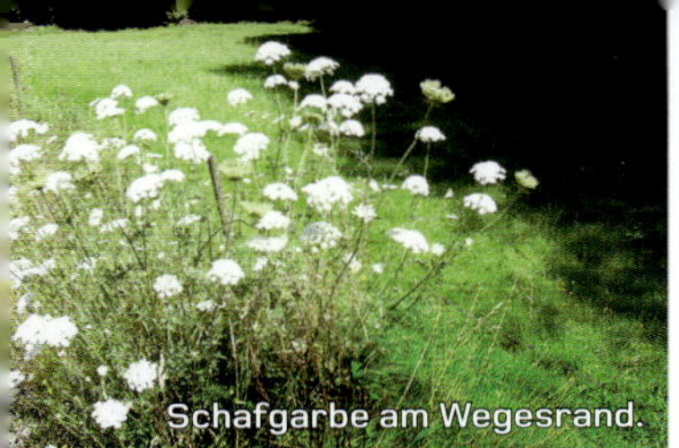
Schafgarbe am Wegesrand.

folgen dem urigen Waldpfad an der östlichen Flanke des Berges entlang. Ein Holzzaun macht uns auf den im Wald verborgenen uralten jüdischen Friedhof aufmerksam.

Bald liegt der Berg hinter uns, und wir befinden uns auf dem freien Feld an der L 208. Wir queren nach **1.8 km** die wenig befahrene Straße (3) und laufen auf dem breiten, anfangs geschotterten Weg im Bogen auf den Wald zu. Dürftig aussehende Felder erweisen sich als wertvolle Wildschutzzonen, das Wild selbst zeigt sich am Tag aber nur selten. Am Waldrand stoßen wir auf die kleine Antonius-Kapelle und eine Wegkreuzung. Wir schwenken auf einen wunderschönen Waldpfad nach links und wandern nun ohne große Höhendifferenz immer in Sichtweite zum Waldrand durch den alten Baumbestand. Eine rustikale Sitzgruppe lädt nach **3 km** zur Rast ein, bevor wir nach kurzem Abstieg ein kleines Tälchen nebst Bächlein queren.

Nun geht es aufwärts! Erst noch im Wald, später dann entlang den Feldern gewinnen wir zusehends an Höhe. Wir queren einen Schotterweg und laufen zum Waldrand, wo nach **3.5 km** eine Sinnesbank zum Verweilen einlädt. Hier trennen wir uns endgültig vom Rheinburgenweg, der gerade in den Wald führt. Wir laufen am Waldrand bergan und freuen und über die neue Schutzhütte.. Oben im Wald wenden wir uns erst nach links, um nur 80 m später in der Kurve rechts auf einen Waldweg zu laufen. Nach weiteren 40 m biegen wir nach links und laufen ohne Steigung erneut zur L 208, die wir nach kurzem Rechtsschlenker mitten im Wald queren (4).

Auf der anderen Seite wenden wir uns dem breiten Waldweg zu, der uns zunächst straßenparallel nach Westen bringt. Bald wird die Entfernung zur Straße größer, und herrlicher Mischwald begleitet uns. An einer Wegkreuzung wandern wir links weiter, um nur 300 m später erneut links auf einen absteigenden Waldweg abzubiegen. Tief atmen wir den würzigen Duft der Kiefern ein und werden nach **5.6 km** von einem canyonartig eingeschnittenen Tal überrascht. Unser Weg biegt mit einer Kurve in dieses Tal ein, und bald geht es auf schön eingewachsenem Pfad die letzten Meter ins Mühlental hinab. Hier (5) wenden wir uns nach rechts talaufwärts und erfreuen uns an den saftigen grünen Wiesen.

Bei **Kilometer 6.2** trifft der Ahrbach ins Mühlental und gibt uns Gelegenheit, nach links abzubiegen. Entlang dem Ahrbach wandern wir nun südwärts und trennen uns bei der nächsten Wegkreuzung mit einem Schwenk nach links vom Bach. Sehr steil müssen wir nun bergan krabbeln, doch bereits 250 m später befinden wir uns auf dem Hochplateau des Kriesenkopfs und können auf ebenem Waldweg verschnaufen. Nach **7.1 km** steht auch noch ein Rastplatz (6) zur verdienten Pause bereit. Danach erwartet uns eine tolle Passage über die offenen Felder des Kieselbergs. Weit schweift

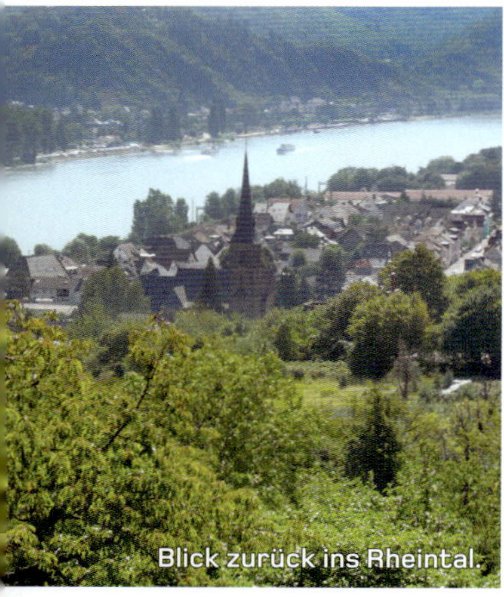
Blick zurück ins Rheintal.

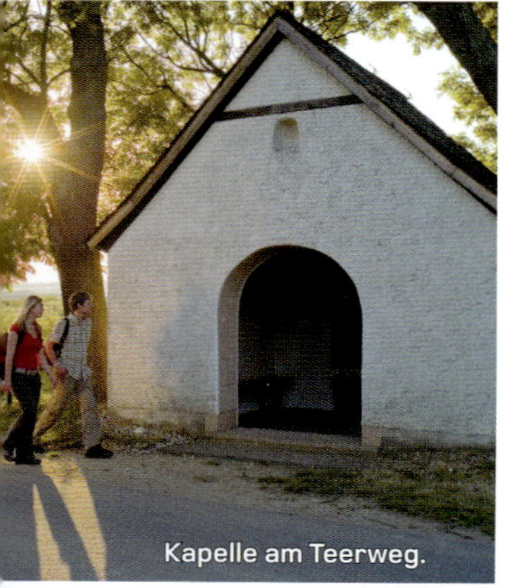
Kapelle am Teerweg.

unser Blick über die Umgebung, neue ungeahnte Perspektiven ergeben sich. Nach **8 km** erreichen wir die kleine Kapelle (7) an der Zufahrt zum Kronenhof und laufen jetzt kurzzeitig auf dem geteerten Weg abwärts. Doch kaum haben wir linker Hand den Wald erreicht, dürfen wir in diesen abbiegen und auf verträumten Wegen bequem abwärtswandern. Am Waldrand treffen wir auf einige Wochenendhäuschen, hier befinden wir uns mitten im Flurstück Wolfsdelle. Wir behalten die nordöstliche Richtung bei, überqueren ein Feld und tauchen am anderen Ende in einen herrlich urwüchsigen Hohlweg ein! Dichte Vegetation umfängt uns, und wie in einem Tunnel führt uns der uralte Weg stetig abwärts.

So gelangen wir wieder ins Mühlental, wo wir nach rechts Richtung Rhens schwenken. Wir passieren einige Wiesen, dann begleiten uns Gehölze und Hecken bis kurz vor den Ort, den wir an der Nikolauskapelle (8) erreichen. Noch bevor wir an die Straße gelangen, biegt der Weg rechts auf einen Pfad ab, der uns im weiteren Verlauf mit einigen Richtungswechseln mitten durch die Gärten am Mühlenbach führt. So stoßen wir erst nach **10.4 km** auf die Mühlentalstraße und folgen ihr zur Hochbrücke und zum Viehtor, wo sich der Kreis schließt. Nach **10.7 km** beenden wir voller lebendiger Eindrücke diese tolle Rundwanderung wieder am Marktplatz in Rhens (1).

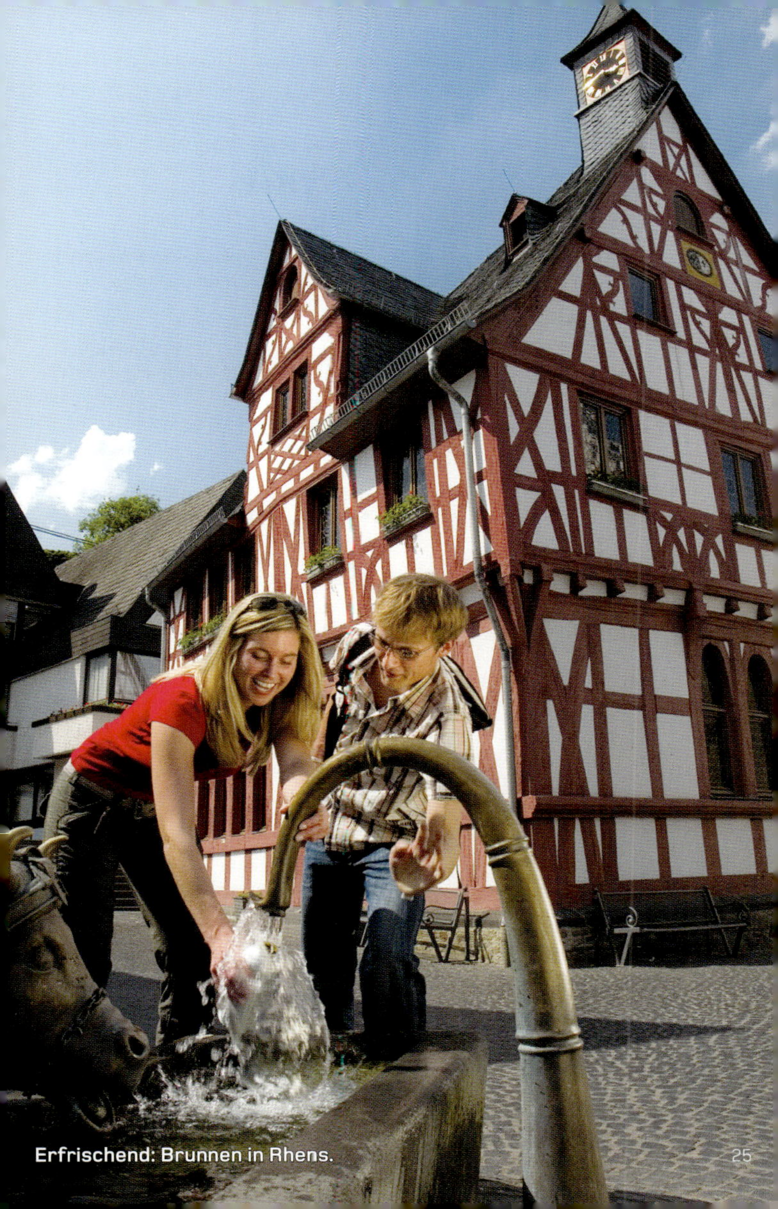

Erfrischend: Brunnen in Rhens.

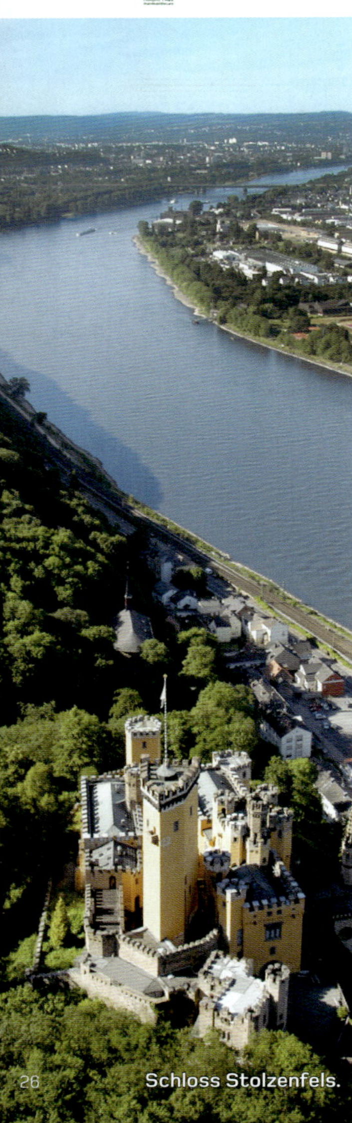
Schloss Stolzenfels.

Gasthaus „Zur Marksburg"
Zehnthofstr. 58, 56322 Spay
02628/2285 Montag Ruhetag
www.gasthaus-zur-marksburg.de
■ Weitere Einkehr- und Übernachtungs-tipps www.erlebnis-rheinbogen.de

Hotel & Restaurant Roter Ochse, Hochstr. 27, 56321 Rhens
02628/2221
■ Waldhotel König von Rom, Hübingerweg 73 a, 56323 Waldesch
02628/96110 www.koenigvonrom.de

Info: www.vrm.info
Haltestelle: Bahnhofsstraße (Rhens)
■ Mo-So: Bus 670 (Koblenz- Boppard)
oder **Haltestelle:** Rhens Bahnhof
■ Mo-So: RB 26 (Köln- Mainz)

Zusätzlich zur Wanderung sollte man sich ausreichend Zeit für den zwar kleinen, aber dafür sehr sehenswerten historischen Stadtkern von Rhens nehmen. Uralte Fachwerkhäuser, eine fest ins Stadtbild integrierte Stadtmauer, die alte Kirche – ein Rundgang lohnt sich!

Zwischen Rhens und Koblenz erhebt sich am Hang das beeindruckende Schloss Stolzenfels. Zahlreiche Türmchen im Zuckerbäckerstil begeistern schon von außen. Beim Rundgang durch das im Zuge der Rheinromantik im 19. Jahrhundert restaurierte und umgebaute Schloss gibt es tolle Räume, wertvolles Inventar, Ritterrüstungen, Waffen und Möbel aus längst vergangenen Zeiten zu bestaunen. 1.4.–30.9.: 9–18 Uhr, 1.10.–30.11. und 1.1.–31.3.: 9–17 Uhr, im Dez. und am 1. Werktag der Woche geschlossen
0261/51656 www.burgen-rlp.de

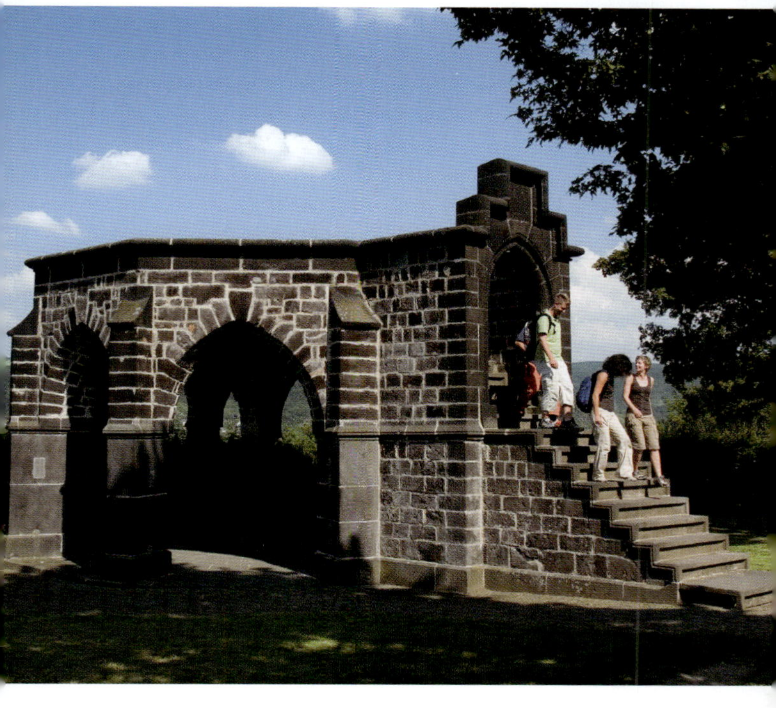

Glanzzeit im Mittelalter

Schon im 13. Jahrhundert, also mitten im sogenannten „finsteren Mittelalter", war Rhens weit über die Region hinaus bekannt. Grund hierfür war vor allem der Königsstuhl, ein damals zunächst noch hölzernes, später steinernes Bauwerk.

Am Königsstuhl kürten die deutschen Kurfürsten aus ihren Reihen den König des Reichs. Heute erhebt sich hoch über dem pittoresken Städtchen Rhens der eindrucksvolle, rekonstruierte Königsstuhl und erinnert an die Glanzzeiten des Mittelalters. Beeindruckend ist der Ausblick auf die Marksburg auf der gegenüberliegenden Rheinseite.

3 Waldschluchtenweg

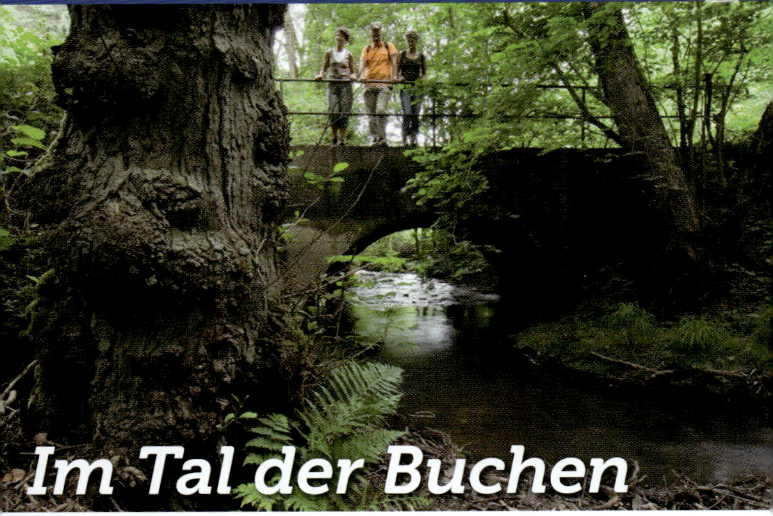

Im Tal der Buchen

- **Start/Ziel:** Parkplatz Feisternachttal

- **Tourist-Info**
  VG Vallendar, Rathausplatz 13,
  56179 Vallendar ✆ 0261/6503155
  www.vg-vallendar.de

- **Taxi:**
- Taxi Bank ✆ 0261/63066

- **Anfahrt:** B 42 nach Vallendar. Von dort L 309 Richtung Hillscheid. Parken am Eingang zum Feisternachttal.

scan to go®

QR-Code mit der App „traumtouren" einscannen und Route anzeigen lassen.

- **Parkplatz:**
- Feisternachttal
  N50° 24' 16.2'' • E7° 38' 45.4''

- **Wegpunkte:**
  P1: Parkplatz Feisternachttal
  32 U 403775 5586263
  P2: Querung L 309
  32 U 405866 5585844
  P3: Kathedralenwald
  32 U 405871 5584814
  P4: Bembermühle
  32 U 405496 5587899
  P5: Limes 32 U 405301 5588401
  P6: Schutzhütte am See
  32 U 404435 5587527

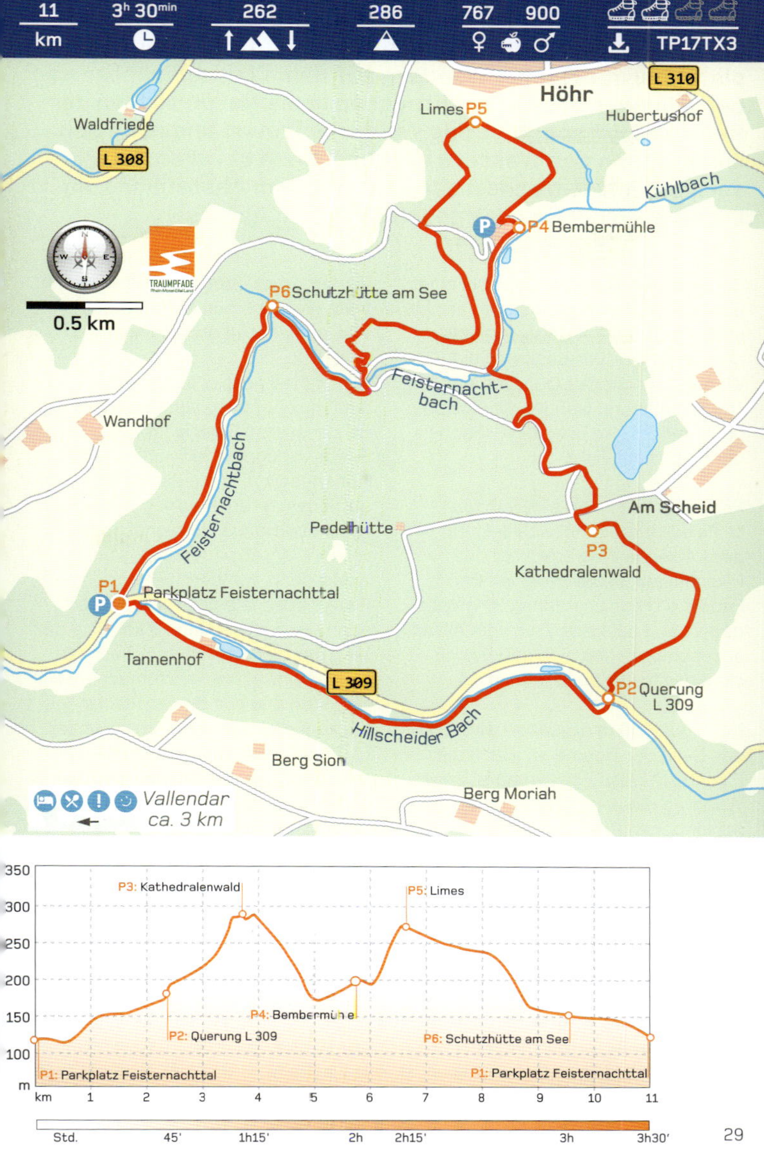

11
km
3h 30min
262
286
767
900
TP17TX3
Höhr
L 310
Limes P5
Hubertushof
Waldfriede
L 308
Kühlbach
P4 Bembermühle
TRAUMPFADE
0.5 km
P6 Schutzhütte am See
Feisternacht-
bach
Wandhof
Feisternachtbach
Pedelhütte
Am Scheid
P3
Kathedralenwald
P1
Parkplatz Feisternachttal
Tannenhof
L 309
P2 Querung
L 309
Hillscheider Bach
Berg Sion
Berg Moriah
Vallendar
ca. 3 km
350
300
250
200
150
100
m
P3: Kathedralenwald
P5: Limes
P4: Bembermühle
P2: Querung L 309
P6: Schutzhütte am See
P1: Parkplatz Feisternachttal
P1: Parkplatz Feisternachttal
km
1
2
3
4
5
6
7
8
9
10
11
Std.
45'
1h15'
2h
2h15'
3h
3h30'

Zwei Landschaftselemente prägen diesen Weg: üppige, vielgestaltige Wälder und nicht weniger als drei munter plätschernde Bäche! Wandern auf dem Waldschluchtenweg bei Vallendar bedeutet Abtauchen in die Natur, sich an der Ruhe und Erhabenheit des Waldes erfreuen und nach den leisen Tönen des Wassers horchen. Doch bei aller Naturverbundenheit bietet diese Tour mit dem Abstecher zum Limes auch noch Kulturgeschichte zum Anfassen.

Der Einstieg zu dieser Tour befindet sich am großen Wanderparkplatz (1) an der L 309 am Anfang des Feisternachttales. Wir beginnen die Wanderung mit der Querung der Landstraße und wenden uns gleich nach der Brücke über den Hillscheider Bach nach links.

Rechts erhebt sich eine imposante Felsklippe, schnell schlägt uns der idyllische Weg oberhalb des Hillscheider Bachs in seinen Bann. Federnd trägt uns der weiche Waldboden, und es bleibt Zeit, vom Alltag abzuschalten und sich den Eindrücken der Natur zu öffnen.

Nach gut **500 m** erspähen wir durch das Laub der Bäume am Bach die Fischteiche des Forellenhofs. Unser Waldweg mausert sich zum verschlungenen Pfad, der uns ohne größere Höhenunterschiede nach Osten führt. Weitere kleine Teiche breiten sich im Talgrund aus, der herrliche Laubmischwald wird kurzzeitig von einem Abschnitt Nadelwald abgelöst. Nach **2.5 km** stoßen wir auf einen Querweg an der Kläranlage und biegen nach links zur nahen Straße. Erneut queren wir die L 309 (2) und tauchen auf der anderen Seite erwartungsvoll über einen Pfad in den Wald ein, denn nun wollen weitere Waldschluchten erobert werden.

Recht steil gestaltet sich dann auch der Aufstieg von der Straße zur ersten Galerie im Wald. Ein Serpentinenpfad hilft uns beim Höhengewinn, und schon stehen wir auf einem alten Waldweg auf halber Höhe des Hangs. Zunächst noch unmerklich, aber dennoch stetig ansteigend, wandern wir entlang der Flanke oberhalb des Hirzbachtals nach Nordosten. Nach **3 km** wird der Weg deutlich steiler, vom Bach ist kaum mehr etwas auszumachen. Wir befinden uns nun an der Flanke des Kuckucksberges, den wir umrunden und besteigen. Nach einem gerodeten Areal, das uns herrliche Blicke ins unberührte Hirzbachtal gewährt, umgibt uns bald hochgewachsener Buchenwald, der willkommenen Schatten spendet. Bewundernd betrachten wir im Vorüberwandern die kapitalen Stämme, von denen schon einige mehr als ein Jahrhundert überstanden haben. Unser Weg flacht nach **3.6 km** deutlich ab und führt uns durch gemischten Hochwald vollends auf das Plateau am Kuckucksberg. Wir biegen am Rand

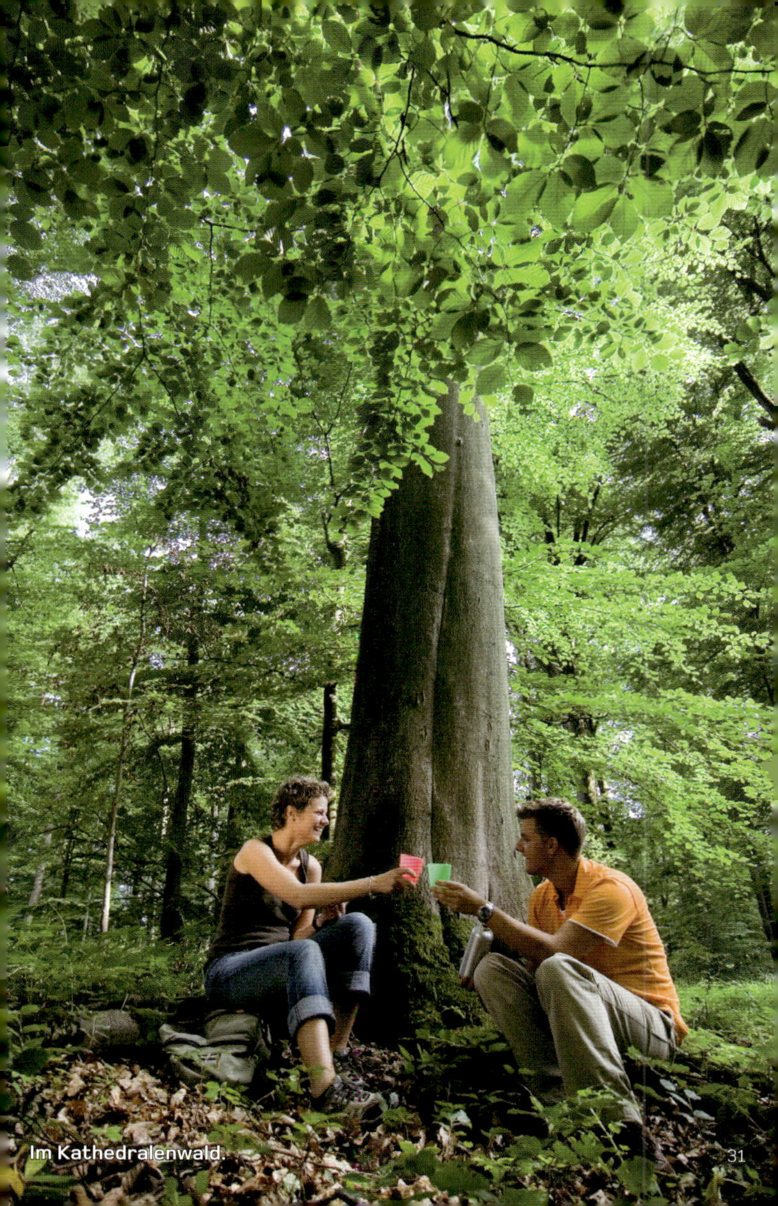

Im Kathedralenwald.

einer Lichtung links ab, erklimmen noch einige Höhenmeter, dann wechseln wir auf einen breiten Forstweg nach links. Neben dem Weg breitet sich herrlicher Buchenhochwald aus. Wer genau hinschaut erkennt die unterschiedlichen Altersstadien des Baumbestandes. Besonders beeindruckend sind aber die majestätischen Altbäume, die ihre Kronen in einem wahren Kathedralenwald in den Himmel recken (3).

Zu sehr dürfen wir aber nicht ins Träumen kommen, denn schon an der nächsten Wegkreuzung biegen wir wieder rechts ab. Wir erreichen einen breiten Forstweg, dem wir kurz nach rechts folgen, bevor es links auf einem Pfad bergab geht. Mit einer Linkskurve erreichen wir nach deutlichem Höhenverlust einen breiten Waldweg, den „Mittleren Pedelweg".

Doch schon bei nächster Gelegenheit biegen wir rechts ab und setzen den Abstieg ins Tal fort. Nach **4.7 km** verlassen wir mit einer scharfen Rechtskurve den breiten Forstweg und folgen einem zunächst noch breiten Waldweg. Nur 120 m weiter schicken uns die Logos dann aber links auf einen Naturpfad, der uns durch Mischwald und üppige Hecken zum Wasserwerk im Feisternachttal bringt.

Wir queren den Bach und wenden uns rechts auf den bequemen Talweg. Der führt uns direkt neben dem munteren Bach talaufwärts. Wir passieren einen gerodeten Nadelwald, dann schließt sich üppiges Blattwerk über unseren Köpfen.

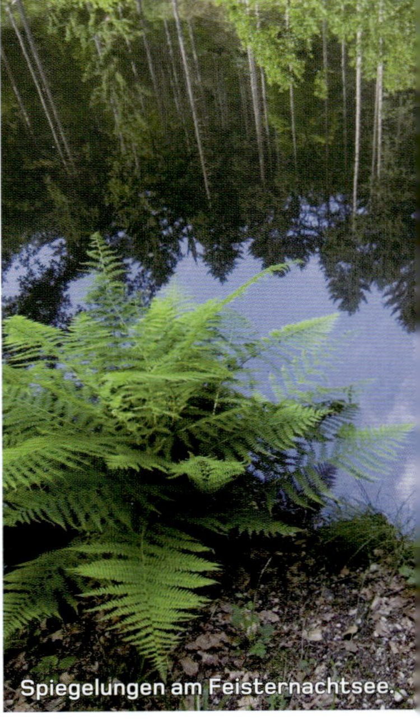

Spiegelungen am Feisternachtsee.

Nach **5.6 km** treffen wir schließlich bei gutem Blick über die Talwiesen an der Zufahrt zur Bembermühle ein. Wir folgen dem asphaltierten Sträßchen rechts und treffen nur 150 m später an der Mühle (4) ein.

Nun steht der Anstieg zum Limeswall, an. Dazu umrunden wir das Mühlenareal, steigen zum Waldrand auf und folgen einem Waldweg zunächst nach rechts. Nach dem ersten Anstieg halten wir uns dann nahe dem Waldrand links. Nun folgt der Waldschluchtenweg den mittlerweile zum UNESCO-Weltkulturerbe geadelten Relikten des römischen Bollwerks nach Nordwesten und

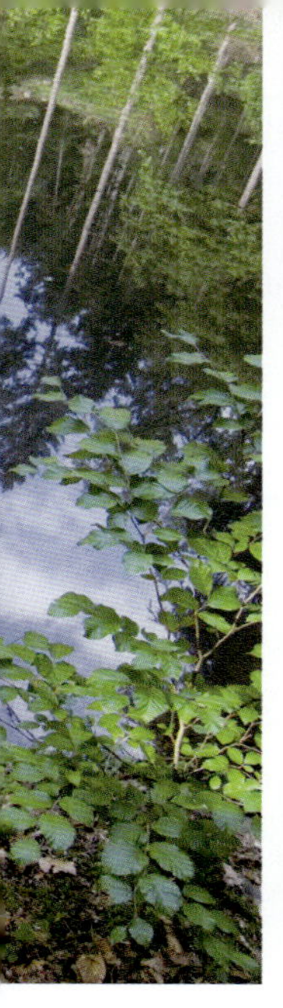

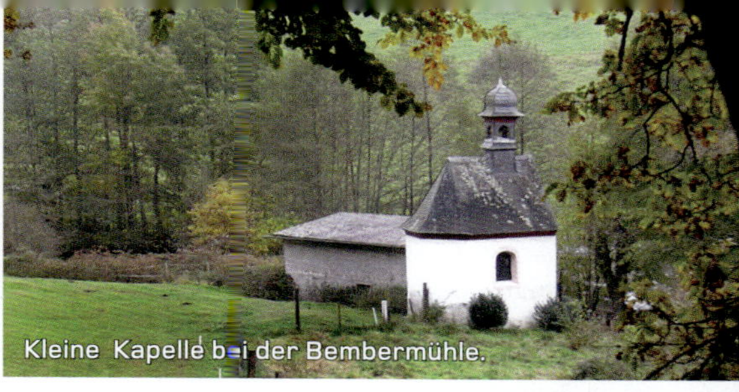

Kleine Kapelle bei der Bembermühle.

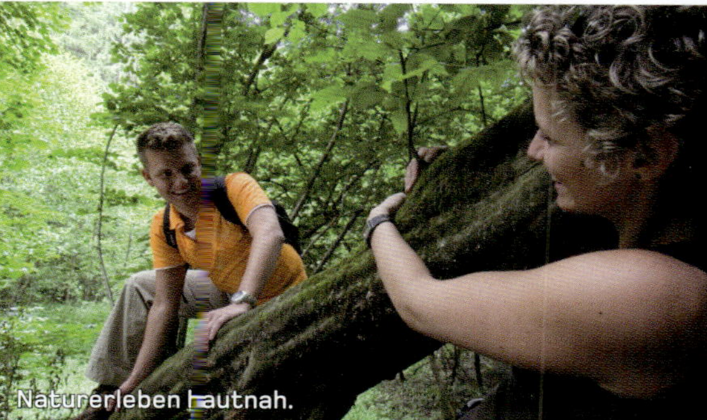

Naturerleben hautnah.

führt dabei auch am Standort eines Wachturms vorbei.

An einem Querweg **(5)** verlassen wir den Limes und genießen den Blick zu den ersten Häusern von Höhr-Grenzhausen. Auch den markanten Turm auf dem Köppel haben wir gut im Blick. Wir reißen uns los und biegen links auf einen Forstweg ab, der uns tiefer in den herrlichen Buchenhallenwald bringt. Von der ehemaligen Tongrube, die einst wichtige Rohstoffe für die Keramikindustrie des Kannenbäckerlands lieferte, bekommen wir dabei nichts mit. Nach **6.7 km** biegen wir links ab und dürfen auf weichen Waldwegen abwärtswandern. Mal rahmt dabei dichter Jungwald den Weg ein, mal wandern wir durch lichte Hochwaldpassagen. Nach einem Rechtsknick treffen wir noch einmal am Zufahrtssträßchen zur Bembermühle ein. Rasch queren wir die Straße und wenden uns links auf einen beschrankten Forstweg. Vielstufiger Hochwald begleitet uns auf dieser Passage zwischen Puschenkopf und Saustallkopf.

Nach **8.4 km** dürfen wir dann den unvermittelten Abzweig nach links auf den bald in steilen Serpentinen ins Feisternachttal absteigenden Pfad nicht verpassen.

Im Tal angelangt, laufen wir zunächst rechts auf breitem Weg weiter, dürfen aber schon 100 m später links über den Bach laufen. Gleich nach der Brücke über den leise plätschernden Bach wenden wir uns rechts auf einen Waldweg, der sich bald zum idyllischen Naturweg mausert. In unmittelbarer Nähe zum Feisternachtbach wandern wir gemächlich durch das enge Tal.

Nach **9.5 km** treffen wir schließlich an einem kleinen Stausee ein, an dem eine Schutzhütte **(6)** zum Verweilen und zu einer letzten Rast im stillen Wald einlädt. Anschließend folgen wir dem nun breiten Forstweg gemütlich abwärts zurück zum Wanderparkplatz **(1)** an der L 309.

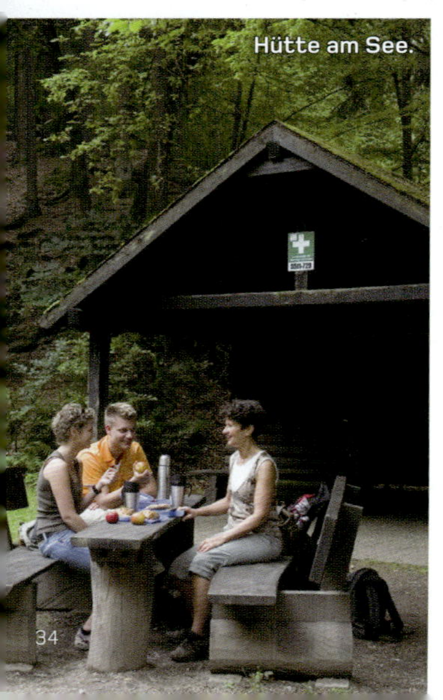

Hütte am See.

INFOS

Ristorante Petrocelli, Heerstr. 40 56179 Vallendar ✆ 0261/96387171
ⓘ www.ristorante-petrocelli.de
■ Restaurant Die Traube, Rathausplatz 12, 56179 Vallendar ✆ 0261/61162
ⓘ www.dietraube-vallendar.de
So. & Mo. Ruhetag

Hotel zwei&vierzig, Rheinstraße 31, 56179 Vallendar
✆ 0261/66046 ⓘ www. hotel42.de
■ Forum Vinzenz Pallotti, Pallottistraße 3, 56179 Vallendar ✆ 0261/6402
■ Priester- und Gästehaus Marienau Vallendar, Höhrerstr. 86, 561709 Vallendar
✆ 0261/962620
ⓘ www.leben-an-der-quelle.de

Info: ⓘ www.vrm.info
Haltestelle: Vallendar, Schönstatt
■ Mo-So: Bus/ Zug bis Bf Vallendar dann Bus 437 (Vallendar- Höhr-Grenzhausen)

Koblenz, die Stadt am Deutschen Eck, hat viel zu bieten. Ob gemütlicher Stadtbummel, Altstadt, Museen oder einfach nur gut essen oder trinken.
ⓘ 0261/31304 ⓘ www.koblenz.de

Viel Spaß verspricht das Freizeitbad Vallendar. Zahlreiche Attraktionen (Sprunganlage, Riesenrutsche, Felseninseln im Freizeitbecken, eine Felswand mit Wasserlauf und ein Strömungskanal mit Brodelbucht) begeistern die jungen Wasserratten. Für die Kleinen gibt es einen Eltern-Kind-Wasserspielgarten. Freibad Vallendar, Sebastian-Kneipp-Str. 14, 56179 Vallendar ⓘ 0261/63250 ⓘ www.vallendar.eu
Mai–Sep. Mo.–So. 9–20 Uhr

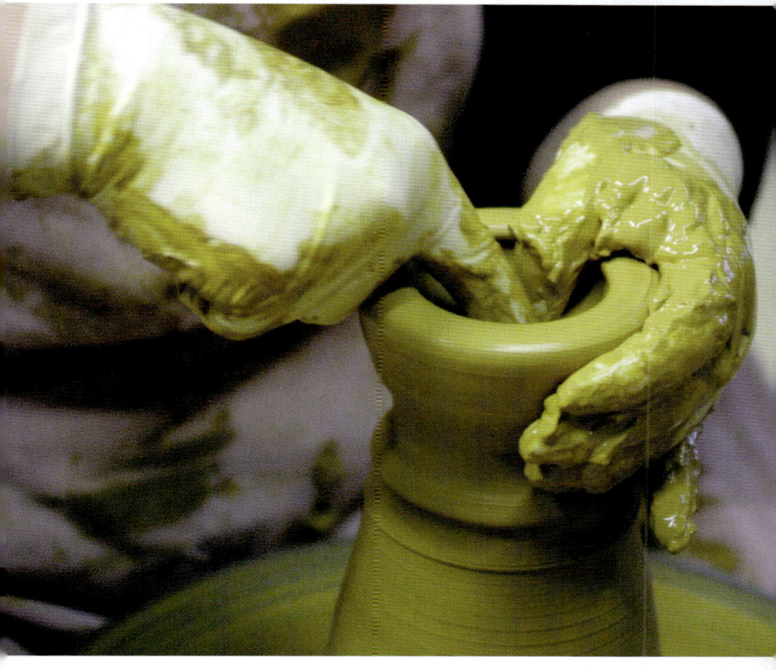

Die Kunst des guten Tons

Die Region zwischen Rhein und Westerwald ist auch als Kannenbäckerland bekannt. Einblicke in die jahrhundertelange Tradition der Keramik gibt das Keramikmuseum in Höhr-Grenzhausen. Auf mehreren Ausstellungsebenen erfährt der Besucher alles Wissenswerte zum salzglasierten Westerwälder Steinzeug oder zu den prunkvollen Gefäßen aus der Renaissance. Auch die Epochen des Jugendstils und der Neuzeit werden im Museum gebührend gewürdigt. Wechselnde Sonderausstellungen widmen sich aktuellen Themen zu Keramik und Kunst. Darüber hinaus gibt es natürlich auch einschlägige Werkzeuge und Maschinen sowie ein vier Meter hohes Modell eines Kannenofens zu besichtigen.
Di.–So.: 10–17 Uhr, am 24./25.12. und am 31.12. geschlossen. Lindenstraße 13, 56203 Höhr-Grenzhausen, 02624/946010 www.keramikmuseum.de

4 Höhlen- und Schluchtensteig Kell

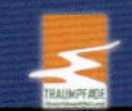

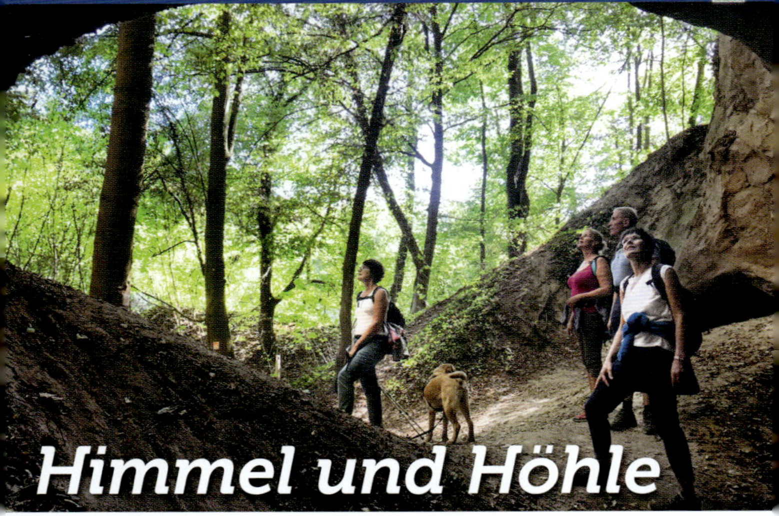

Himmel und Höhle

- **Start/Ziel:** Parkplatz Bergwege
- **Tourist-Information** Andernach.net, Hochstraße 80, 56626 Andernach ✆ 02632/987948-0 ⓘ www.andernach-tourismus.de
- **Taxi:** Taxi Marras ✆ 02632/1600
- **Anfahrt:** A 61, Abfahrt Kruft, L 113 zur Abzweigung der K 57 nach Kell. Parkplatz links an einem Wasserhaus auf freiem Feld.
- **Parkplätze:** Bergwege (K 57) N50° 26' 13.5'' • E7° 17' 52.2'

scan to go®

QR-Code mit der App „traumtouren" einscannen und Route anzeigen lassen.

- Bürgerhaus (Pöntertalstraße) Kell N50° 26' 49.4'' • E7° 18' 43.2''

- **Wegpunkte:**

P1: Parkplatz Bergwege
32 U 379124 5588613

P2: Pöntermühle
32 U 380660 5589717

P3: Schweppenburgblick
32 U 379826 5591185

P4: Heimatblick
32 U 379656 5591017

P5: Schöne Aussicht
32 U 379384 5590939

P6: Trasshöhlen beim Jägerheim
32 U 379087 5590974

P7: Wolfsschlucht
32 U 378929 5589684

P8: Römerbrunnen
32 U 378198 5589037

P9: Siebengebirgsblick
32 U 378981 5588745

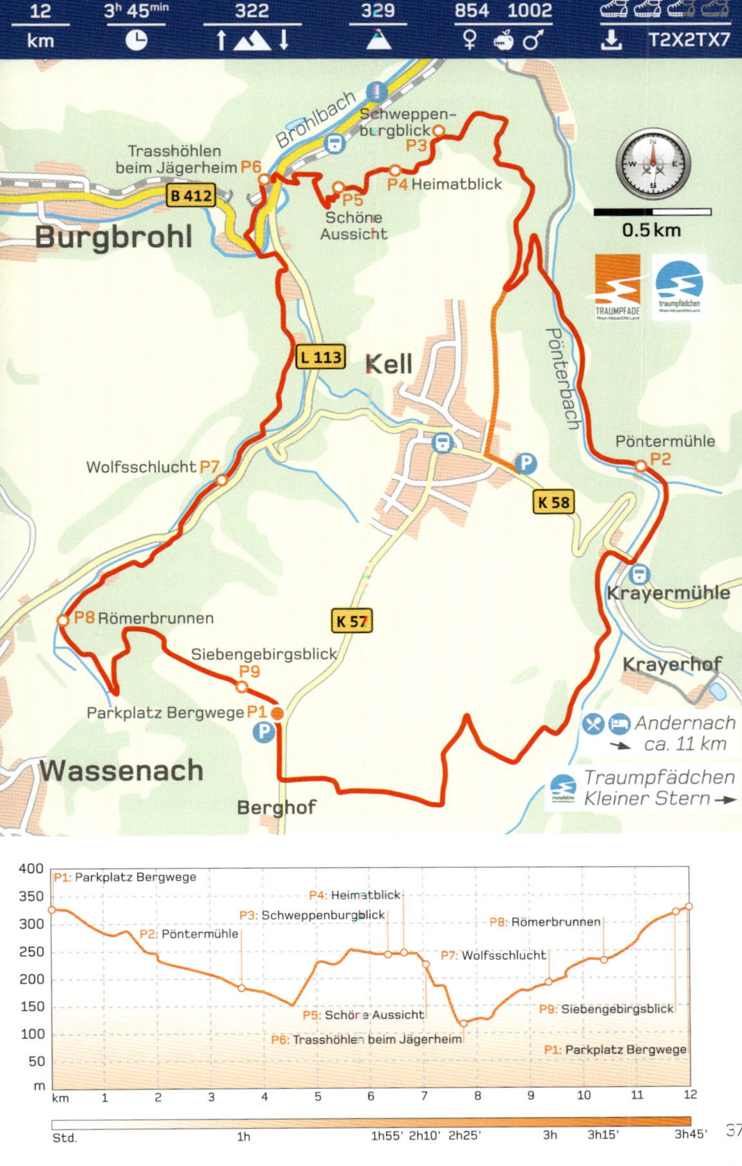

12
km
3h 45min
322
329
854 1002
T2X2TX7
Brohlbach
Schweppen-
burgblick P3
Trasshöhlen
beim Jägerheim P6
P4 Heimatblick
B 412
P5
Schöne
Aussicht
Burgbrohl
0.5 km
TRAUMPFADE
traumpfädchen
L 113
Kell
Pönterbach
Pöntermühle
P2
Wolfsschlucht P7
K 58
Krayermühle
P8 Römerbrunnen
K 57
Siebengebirgsblick
P9
Krayerhof
Parkplatz Bergwege P1
Andernach
ca. 11 km
Wassenach
Traumpfädchen
Kleiner Stern
Berghof
400
350
300
250
200
150
100
50
m
P1: Parkplatz Bergwege
P4: Heimatblick
P3: Schweppenburgblick
P2: Pöntermühle
P8: Römerbrunnen
P7: Wolfsschlucht
P5: Schöne Aussicht
P9: Siebengebirgsblick
P6: Trasshöhlen beim Jägerheim
P1: Parkplatz Bergwege
km 1 2 3 4 5 6 7 8 9 10 11 12
Std. 1h 1h55' 2h10' 2h25' 3h 3h15' 3h45'

Heute sind wir auf dem Weg der Gegensätze unterwegs: Eben begleiten uns noch schier endlose Panoramablicke bis ins Siebengebirge, dann befinden wir uns in verträumten Tälern mit wogendem Schilf, herrlichen Waldpassagen und rauschenden Wassern. Die absoluten Höhepunkte erwarten uns beim Wandern durch Trasshöhlen und in der beeindruckenden Wolfsschlucht. Naturerlebnisse der Superlative.

Mitten in freier Flur, am Parkplatz Bergwege nahe der K 57 (1), starten wir die Tour auf dem Höhlen- und Schluchtensteig. Noch vor dem ersten Schritt halten wir inne und sind begeistert von der 360-Grad-Panoramasicht, die sich uns vom höchsten Punkt der Wanderung besonders bei klarem Wetter bietet.

Zunächst geht es neben der K 57 nach Süden, bis wir die Straße queren und einem Feldweg in die offene Landschaft folgen. Wir lassen den Blick umherschweifen und können dabei auch zum benachbarten Traumpfad „Pellenzer Seepfad" blicken. Aber die Blickrichtung ändert sich bald, denn wir biegen links auf einen Wirtschaftsweg ab. Wir erfreuen uns an den Feldern und den vereinzelten, knorrigen Obstbäumen. Im Flurstück „Auf der Kehr" nehmen wir die Bezeichnung wörtlich und biegen in einer Spitzkehre scharf rechts auf einen weiteren Feldweg ab. Gemächlich geht's abwärts. Nach **1.7 km** erblicken wir vor uns eine Bank vor einem alleinstehenden Obstbaum. Doch noch bevor wir dort eintreffen, schicken uns die Traumpfad-Logos links auf einen Naturweg. Zwischen Feld und Wiese streben wir zum nahen Waldrand, wo wir uns nach rechts abwärts wenden.

Wenig später treffen wir im Talgrund ein und wandern auf ebenem Feldweg nach links. Rechts verläuft der Krayerbach, von dem wir allerdings momentan wenig ausmachen. Dafür begeistern uns die wogenden Schilfhalme, die sich auch beim leisesten Windhauch elegant wiegen. Die Strecke durch das Tal gestaltet sich sehr abwechslungsreich und setzt einen deutlichen Kontrapunkt zu den vorherigen offenen Flurpassagen.

Nach **2.9 km** passieren wir das Areal der Krayermühle und treffen an der K 58 ein. Zum Glück gibt es neben der Straße einen Wiesenpfad, der uns das Asphaltwandern erspart. An der Bushaltestelle queren wir die Straße und laufen geradeaus weiter Richtung Tönisstein. Der breite, mit Splitt befestigte Weg führt uns durch den Talgrund, in dem sich neben dem Pönterbach auch zahlreiche Quellen befinden. Abzweigende Wege ignorieren wir und bleiben stets im Talgrund. Bei **Kilometer 3.6** befinden wir uns auf Höhe der Püntermühle (2). Der Splitt verschwindet, und auf fast naturbelassenem Weg tauchen wir nun endgültig in die Waldidylle ab. Der Bach plätschert munter, und wir erfreuen uns je nach Jahreszeit am weißen Teppich der Frühjahrsblüher, am zarten Maigrün der Buchen oder am bunten Herbstlaub. Etwas oberhalb des Weges lädt die Pöntertal-Hütte zur Rast ein. Danach unterbricht eine Wiese den Wald, die „Bank Sonnenschein" bietet ein stilles Ruheplätzchen am Waldesrand. Der Pönterbach hat sich mittlerweile tief eingeschnitten, und eine steile Böschung trennt uns vom Wasser.

Nach **4.5 km** biegen wir links Richtung Kell ab und queren über einen Steg das Wasser. Die Zeit des langsamen Abstiegs ist beendet, und wir sehen uns mit einem teils recht stramm ansteigenden Pfad konfrontiert. Ein Querweg wird ignoriert, und wir streben stetig bergan. Nach kurzem Steilstück folgt eine Linkskehre, nach der sich der Höhengewinn moderat fortsetzt. Eine Bank mitten im lauschigen Grün sorgt dafür, dass wir wieder zu Atem kommen. Wenig später macht der Höhlen- und Schluchtensteig eine weitere Spitzkehre, diesmal nach rechts. Von links trifft hier der Zuweg aus Kell auf den Traumpfad.

Wir folgen dem Hinweis zum Schützenhaus und laufen unter dem schattigen Kronendach der Buchen gemächlich weiter aufwärts. Im Spätsommer erwartet uns unter der Hochspannungstrasse ein vitaminreicher Leckerbissen, denn dann tragen die üppigen Brombeersträucher am Wegesrand leckere Früchte. Doch auch ohne solche Stärkung treffen wir nach **5.6 km** auf dem Hochplateau ein und wenden uns erst nach rechts, dann links zum nahen Schützenhaus. Am Parkplatz der Schützen wenden wir uns nach rechts und verschwinden rasch wieder im lockeren Hochwald. Auf weichem Waldweg geht es im Bogen zur Hangkante. Immer hart an der Hangkante wandern wir auf gewundenem Pfad nach Westen. Kurz bevor der Traumpfad an einem

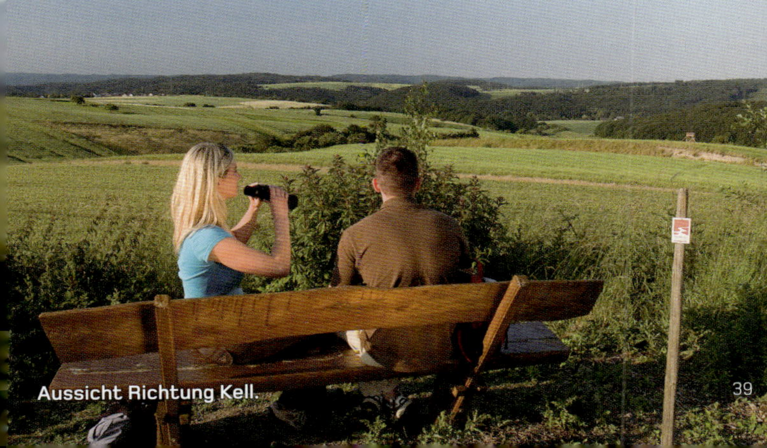
Aussicht Richtung Kell.

neuen Strommast über eine Wiese führt, bietet sich ein 50-Meter-Abstecher nach rechts an: Vom Schweppenburgblick aus (3) haben wir nicht nur die Burg fest im Blick, sondern können auch die Aussicht ins waldreiche Brohltal auskosten. Wir kehren zum Strommast zurück und lassen die Leitung schnell hinter uns. Schon eine Biegung später umfängt uns wieder die Natur mit Niederwald und Hecken. Nach **6.6 km** beglückt uns der Heimatblick (4) mit einer weiteren, sehr schönen Aussicht, eine Bank bietet zudem Gelegenheit zur Rast.

Danach verändert sich die Szenerie um uns, denn die Hecken weichen zurück, und lichter Mischwald sorgt für schattiges Ambiente. Eine unscheinbare Schutzhütte lassen wir links liegen und biegen 100 Meter später an einer Bank scharf rechts zur „Schönen Aussicht" ab. Ein Pfad führt uns mit einigen Schlenkern abwärts, bis wir nach **7 km** schließlich Bänke vor uns sehen. Wir sind sofort begeistert von der sprichwörtlich „Schönen Aussicht" (5). Das Brohltal mit der Strecke des Vulkanexpress, die Trasshöhlen und erste Ausläufer von Burgbrohl liegen wie in einer Modelllandschaft tief unter uns.

Beschwingt setzen wir die Wanderung fort und steigen dabei den Serpentinenpfad abwärts. Wir befinden uns auf dem sogenannten „Krippenweg" – weil das Wurzelmaterial am Wegesrand jedes Jahr die Krippen-Bastler magisch anzieht. Schließlich endet der Abstieg an einem breiten Waldweg. Wir wenden uns nach rechts und werden nun kurz vom Quellenweg begleitet, einem reizvollen, gut **24 km** langen Rundweg, der in Bad Breisig beginnt.

Nach einer Kurve mit guter Aussicht ins Tal verlassen wir den Quellenweg.

Bei **Tageskilometer 7.7** unterqueren wir links neben dem Jägerheim das mächtige Eisenbahnviadukt und laufen über die Wiese. Vor uns erheben sich die schmutzig-weißen Wände der Trassablagerungen, die hier bis 60 Meter Mächtigkeit erreichen. Magisch ziehen uns die Höhlen (6) an, die sich im weichen Vulkanmaterial befinden. Begeistert stellen wir unmittelbar vor der ersten Höhle fest, dass uns der Traumpfad nun nicht etwa außen entlang, sondern mitten durch die Höhlen führt. Gemeinsam mit der Georoute U gehen wir auf Entdeckertour unter Tage. Aber keine Angst, man benötigt weder Höhlenausrüstung noch Taschenlampe, denn durch die großen Öffnungen fällt genug Licht. Die geräumigen Höhlenpassagen lassen das aufrechte Durchschreiten problemlos zu, und so können wir das Abenteuer im Trass unbeschwert genießen.

Gewunden führt der Traumpfad durch das Höhlenareal – und abermals unter der Eisenbahntrasse hindurch. Von der Wiese aus hat man einen guten Blick auf die Bahnstrecke, die immer wieder von historischen Zügen befahren wird. Dann geht es noch einmal durch ɜine Höhle, bevor wir über eine ɿeitere Wiese erneut zur B 412 ıbsteigen. Gemeinsam mit der Geo-ʼoute U queren wir nach **8.2 km** die Straße und anschließend auch einen Bach. Wir wenden uns nach links, aufen zur nahen L 113 und biegen dort rechts auf einen parallelen Fußweg ab. Unmittelbar vor den Ge-bäuden von Tönisstein wenden wir ıns nach rechts und laufen hinter dem Haus vorbei. An der folgenden Weggabelung nutzen wir rechts den Pfad aufwärts. Oberhalb des Weges allen immer wieder die hellen Tras-ablagerungen auf, die der Laacher Seevulkan vor rund 13 000 Jahren ıusgespuckt hat.

Dann wird unser geologisches Wissen erweitert, denn eine Tafel nacht uns nach **8.8 km** auf einen esonderen Aufschluss aufmerk-am: Steil stehende Schiefer aus em Devon (350 Millionen Jahre lt) werden hier von den waag-echten Bims- und Trassschich-en (13 000 Jahre alt) überlagert. ınschließend führt uns der Pfad urzweilig an den Resten des Klos-ers Tönisstein vorbei, das hier im 4. Jahrhundert gegründet wurde.

Schließlich mündet unser Pfad auf inen Waldweg, der uns links zur ahen Straße bringt. Doch sogleich ürfen wir rechts auf den Pfad ı die Wolfsschlucht wechseln. ine neue Welt eröffnet sich uns: iligran hängen Efeuranken von immelhohen Trasswänden herab nd tragen zur Urwaldatmosphäre ei. Unten im Tal rauscht der Bach nd gräbt sich immer tiefer ins

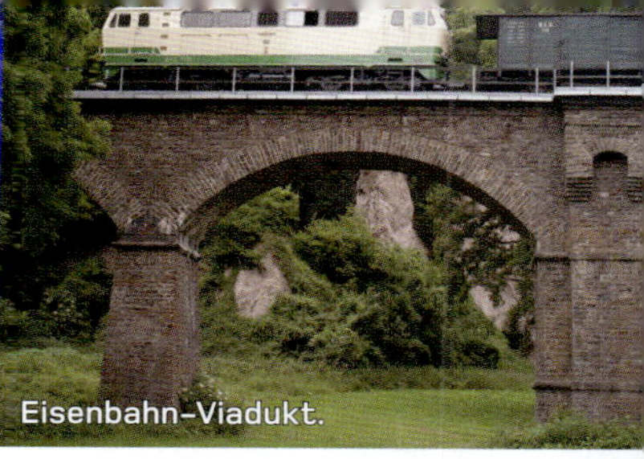
Eisenbahn-Viadukt.

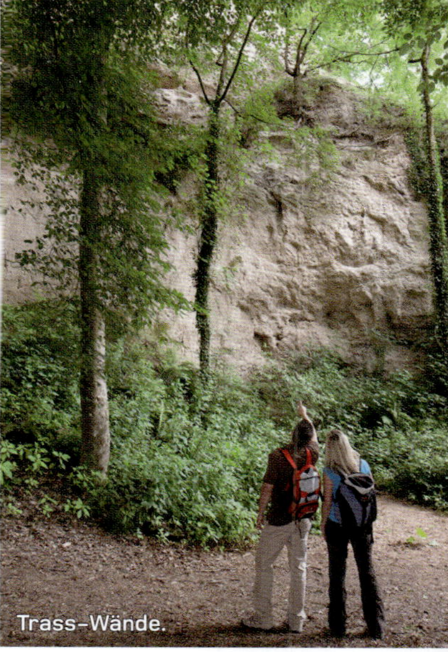
Trass-Wände.

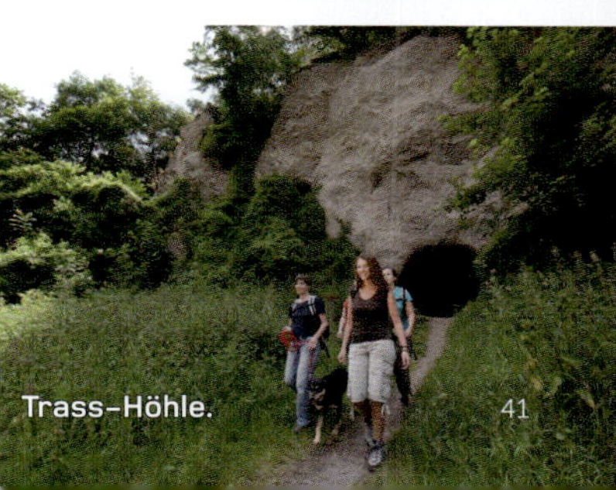
Trass-Höhle.

weiche Vulkangestein ein. Stege helfen über exponierte Stellen, und rasch kommt wieder Entdeckerlust auf. Tatsächlich gibt es hier Geologie aus nächster Nähe, denn die Landschaft verändert sich durch Wind- und Wassererosion rasant – in geologischen Zeiteinheiten gemessen (7) ...

Nach einer verträumten Passage queren wir den Bach und erspähen vom Steg aus rote Stellen im Bachbett. Wer genau hinschaut, wird es auch am Blubbern sehen: Hier steigt CO_2 an die Oberfläche, das noch immer aus der Magmenkammer tief unter unseren Füßen an die Oberfläche drängt. Der krönende Abschluss der Wanderung durch die Wolfsschlucht ist nach **9.8 km** sicherlich der Wasserfall, den wir vom letzten Steg aus und beim Aufstieg hinauf zur Straße bewundern können.

Oben queren wir die L 113 und setzen die Tour noch immer mit der Georoute U nach rechts fort. Am Waldrand passieren wir eine Wasserpumpstation und den vergitterten Stollen der Grube Bernhard. Danach laufen wir schnurstracks durch ein Gehöft und steuern zielstrebig die nächste Attraktion an. In der Kurve am Waldrand stehen wir dann am gefassten und stark rot gefärbten Becken der Römerquelle (8). Hier strömt leicht schwefelig riechendes Wasser ans Tageslicht, und auch die schon bekannten CO_2-Blubber sind wieder deutlich zu erkennen. Trinken sollte man dieses Nass freilich keinesfalls!

Wir folgen dem Traumpfad am Waldrand entlang in das herrliche Wassenacher Tal, dessen weiter Wiesengrund sich nun vor uns öffnet. Leicht ansteigend, genießen wir nach der Enge der Wolfsschlucht nun die Weite des Tals. Nach **10.8 km** treffen wir an einer Gruppe von Bänken ein, die sich um eine weitere Mineralquelle schart. Auch hier sprudelt CO_2-reiches Wasser aus der Erde, das deutlich klarer ist als das der Römerquelle.

An dieser Stelle trennen wir uns von der Georoute U und biegen am Waldrand scharf links auf einen ansteigenden Waldweg ab. Zunächst noch mit Blick auf die Wiese, bald aber mitten durch die hohen Buchenstämme, wandern wir stetig aufwärts. Rasch erobern wir den Berg und erreichen wieder das Hochplateau. Der Wald weicht zurück, und auch die Hecken verlassen uns bald. Ein Feldweg führt uns wieder mitten durch freies Feld, und besonders an der Bank des Siebengebirgsblickes (9) sind wir noch einmal überwältigt vom Panorama. Jetzt sind es nur noch wenige Schritte, bis wir nach aufregenden **12 km** wieder am Parkplatz (1) eintreffen und die Tour auf dem Höhlen- und Schluchtensteig beenden.

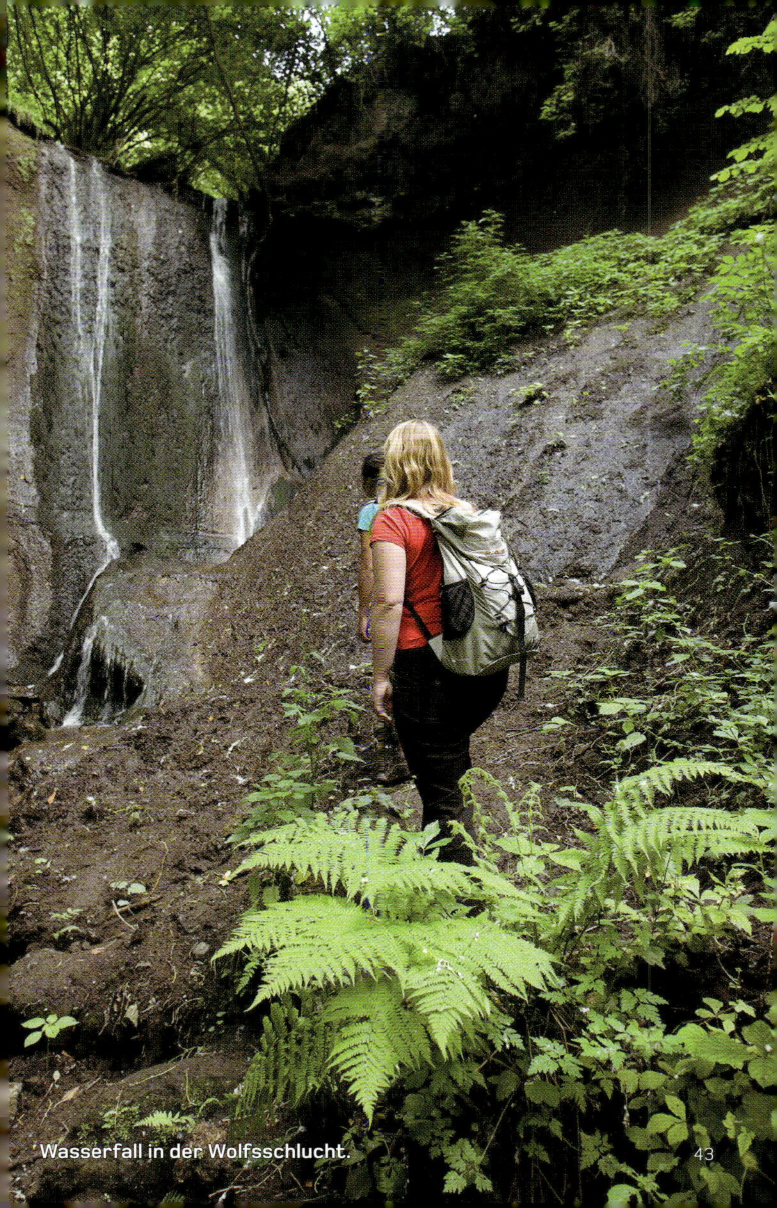
Wasserfall in der Wolfsschlucht.

4b Kleiner Stern

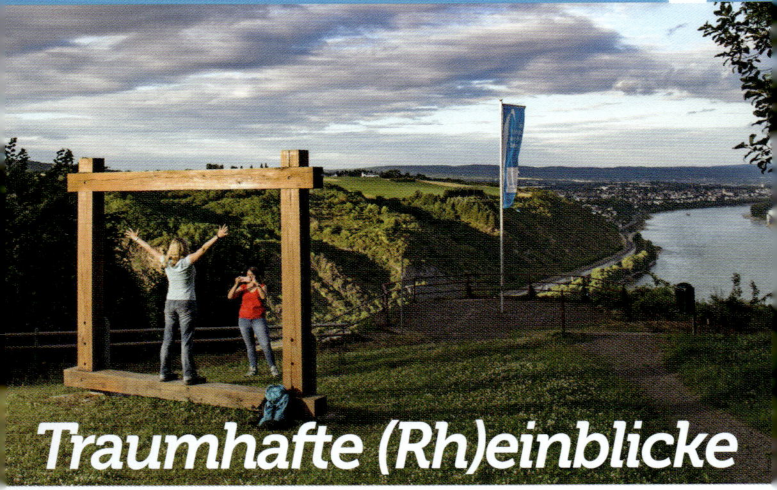

Traumhafte (Rh)einblicke

Start/Ziel: Parkplatz Krahnenberg, Andernach

Taxi: Taxi Busch, ✆ 02632/491111

Anfahrt: B 9 nach Andernach, von der Ortsmitte der Beschilderung „Zum Krahnenberg" folgen.

Parken: Parkplatz Krahnenberg
N50° 26′ 33.5″ • E7° 23′ 17.0″

scan to go®

QR-Code mit der App „traumtouren" einscannen und Route anzeigen lassen.

Wegpunkte:

P1 Parkplatz Krahnenberg
32 U 385548 5589085

P2 Aussichtskanzel
32 U 385606 5589139

P3 Weinsicht & Tripelpunkt
32 U 385185 5589235

P4 Kleiner Stern
32 U 383553 5589063

P5 Hochkreuz
32 U 383022 5588850

▶ Mit dem PKW ca. 15 km vom StartpunktTraumpfad Höhlen- und Schluchtensteig Kell entfernt

6.7 km | 2h 15min | 139 ↑ ↓ | 302 | 462 ♀ 542 ♂ | TPP10X01

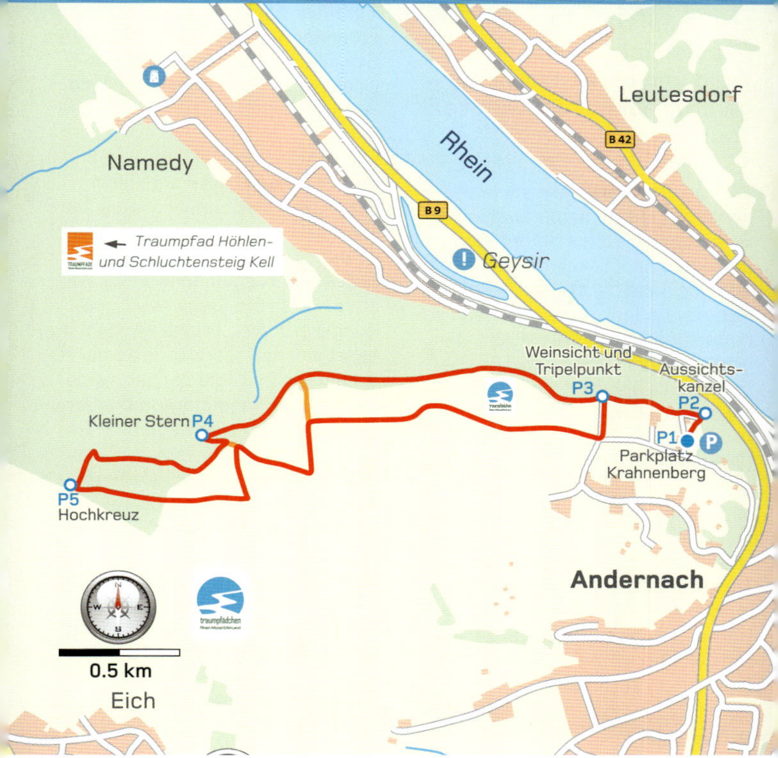

Leutesdorf
Namedy
Rhein
B 42
B 9
Traumpfad Höhlen- und Schluchtensteig Kell
Geysir
Weinsicht und Tripelpunkt
P3
Aussichts-kanzel
P2
P1
Parkplatz Krahnenberg
Kleiner Stern P4
P5 Hochkreuz
Andernach
traumpfädchen
0.5 km
Eich

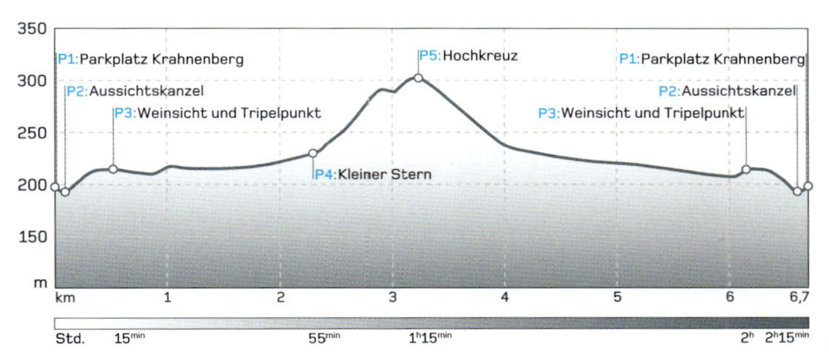

Zwischen Krahnenberg und Kleinem Stern begeistern traumhafte (Rh)ein- und (R)ausblicke. Lauschiger Wald und offen Weite sorgen für eine beschwingte Tour.

Vom großen Parkplatz am Krahnenberg (1) sind es nur wenige Schritte und schon öffnet sich der erste spektakuläre Rheinblick. Von der Aussichtskanzel (2) an der Hangkante liegt uns Andernach zu Füßen und tief im Tal glitzert der große Strom im Sonnenlicht. Besser könnte der Auftakt der Tour kaum ausfallen.

Ein schmaler Weg führt uns entlang der Hangkante durch ein kleines Wäldchen zur nächsten grandiosen Aussicht an der „Weinsicht 2016", die zugleich den Tripelpunkt der Wanderung (3) markiert. Bevor wir die Runde im Uhrzeigersinn fortsetzen, genießen wir den herrlichen Blick auf den Rhein und Leutesdorf.

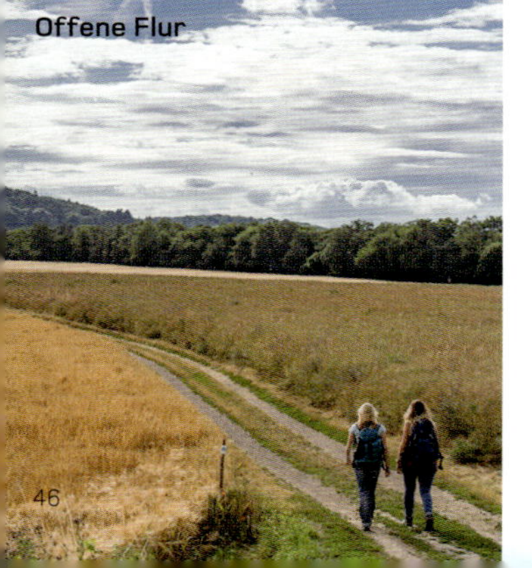
Offene Flur

Sanft rauscht der Wind im Blätterdach und ab und an erhaschen wir einen Blick zum Fluss. Dabei erkennen wir auch den Anleger des Geysirs, die Naturattraktion mit ihrer bis zu 60 m hohen Fontäne verbirgt sich dagegen im üppigen Grün.

An der Schutzhütte am Kleinen Stern (4) knickt unser Weg scharf links ab und bringt uns fast bis an den Waldrand (hier gibt es eine Abkürzungsmöglichkeit). Wir aber wollen bis „ganz rauf" zum Hochkreuz. Also folgen wir dem nun spürbar ansteigenden Pfad durch urigen Buchenwald bergan. Nach deutlichem Höhengewinn treffen wir auf einen Forstweg und wandern mit diesem links zum nahen Hochkreuz (5). Bänke laden zur Rast ein, bevor wir den 2. Teil der Tour in Angriff nehmen.

Ein federnder Waldweg führt uns sanft bergab und unvermittelt verlassen wir die Waldkulisse. Weit öffnet sich vor uns das Neuwieder Becken. Unser Blick schweift über die im Vordergrund wogenden Felder und bleibt unwillkürlich an den markanten Kegelbergen der Vulkaneifel hängen. Beschwingt wandern wir durch die offene Flur und verlieren dabei stetig an Höhe. An der Zufahrt zum Krahnenberg biegen wir links zur Hangkante ab, wo sich am Tripelpunkt (3) der Kreis der Hauptrunde schließt. Auf bereits bekanntem Pfad gelangen wir noch einmal zur Aussichtskanzel (2) und laufen von dort zurück zum Parkplatz (1).

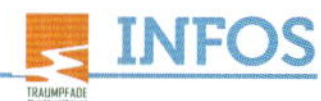

Weinhaus Merowingerhof, Hochstraße 30, 56626 Andernach
02632/44848, Mo. Ruhetag
www.merowingerhof.de

■ Kerstin's Bistro Aktuell
Auf'm Hügelchen 13, 56626 Andernach
www.bistro-aktuell.de

■ Bierkeller - Cafe-Bistro-Restaurant
An der L 113, 56626 Bad Tönisstein
www.seniorendomizil-badtoenisstein.de 02636/9690412

■ Yoso, Sushi & Seafood, Schafbachstr. 14, 56626 Andernach 02632/4998643
So. und Mo. Ruhetage
www.yoso-restaurant.de

Hotel am Ochsentor
Schafbachstraße 20-24, 56626 Andernach, 02632/9894060
www.hotel-ochsentor.de

■ Hotel Restaurant „Villa am Rhein" Konrad-Adenauer-Allee 3, 56626 Andernach 02632/92740 Sa. Ruhetag
www.villa-am-rhein.de

■ Parkhotel „Am Schänzchen" Andernach, Konrad-Adenauer-Allee 1, 56626 Andernach 02632/920500
www.parkhotel-andernach.de

■ monte mare Hotel Andernach
Klingelswiese 1, 56626 Andernach
02632/987221-0
www.monte-mare.de

Info: www.vrm.info
Traumpfad: Laacher Str. (Kell)
■ Mo-Sa: Bus 310 (Andernach - Maria Laach)
Traumpfädchen: Krahnenberg (Andernach)
■ Mo-So: Bus 363 (Anrufsammeltaxi Andernach) ab Bf Andernach
Anmeldung mind. 30 Minuten vor Abfahrt unter 02632/298321

5 Rheingoldbogen

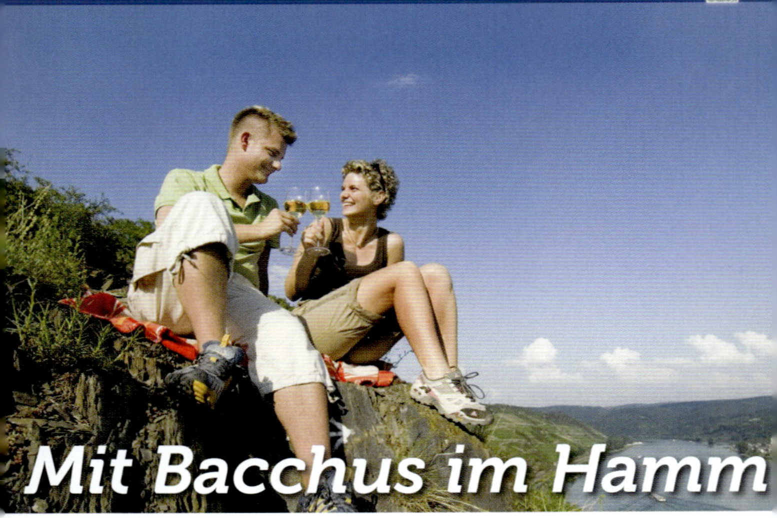

Mit Bacchus im Hamm

- **Start/Ziel:** Ortsmitte Brey
- **Tourist-Info** Erlebnis Rheingoldbogen, Am Viehtor 2, 56321 Rhens ✆ 02607/49510 ⓘ www.erlebnis-rheinbogen.de
- **Taxi:**
- Heike Kremser ✆ 06742/5530
- **Anfahrt:** B 9 durch das Rheintal bis Brey. Parken am Dorfplatz in der Ortsmitte. Anreise mit Bahn zum Bahnhof Rhens.

scan to go®

QR-Code mit der App „traumtouren" einscannen und Route anzeigen lassen.

- **Parkplätze in Brey:**
- Dorfplatz N50° 16' 22.9'' • E7° 37' 41.5''
- Friedhof N50° 16' 11.2'' • E7° 37' 43.8''

- **Wegpunkte:**

P1: Ortsmitte Brey
32 U 402112 5569681

P2: Sportplatz Brey
32 U 401582 5569483

P3: Kloster Jakobsberg
32 U 399644 5568154

P4: Trennung vom Weinlagenweg
32 U 400895 5587818

P5: Abzweig nach Spay
32 U 402123 5567494

P6: Muttergotteskapelle
32 U 402769 5568830

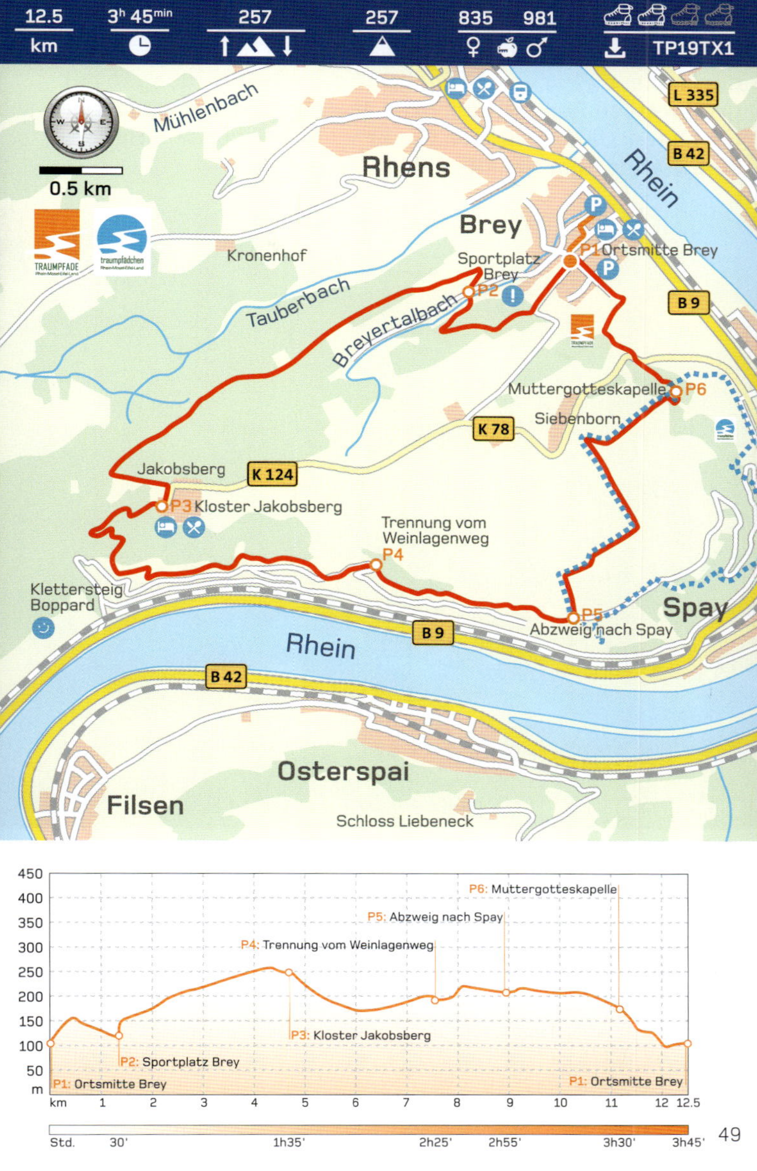
12.5
km
3h 45min
257
257
835
981
TP19TX1
L 335
B 42
Mühlenbach
Rhens
Rhein
0.5 km
TRAUMPFADE
traumpfädchen
Brey
Kronenhof
Sportplatz Brey
P1 Ortsmitte Brey
P2
B 9
Tauberbach
Breyertalbach
Muttergotteskapelle P6
Siebenborn
K 78
Jakobsberg
K 124
P3 Kloster Jakobsberg
Trennung vom Weinlagenweg
P4
Klettersteig Boppard
P5
Abzweig nach Spay
Spay
B 9
Rhein
B 42
Osterspai
Filsen
Schloss Liebeneck
450
400
350
300
250
200
150
100
50
m
P6: Muttergotteskapelle
P5: Abzweig nach Spay
P4: Trennung vom Weinlagenweg
P3: Kloster Jakobsberg
P2: Sportplatz Brey
P1: Ortsmitte Brey
P1: Ortsmitte Brey
km 1 2 3 4 5 6 7 8 9 10 11 12 12.5
Std. 30' 1h35' 2h25' 2h55' 3h30' 3h45'

Rheinschleife und Riesling: Wo der Rhein den Bogen schlägt, gedeihen die besten Weine am Mittelrhein. Mitten durch dieses Paradies führt uns der Rheingoldbogen mit großartigen Panoramablicken. Vielfältig präsentiert sich die Landschaft zwischen Niederwald, Hecken und Reben – eine Wanderung für alle Sinne.

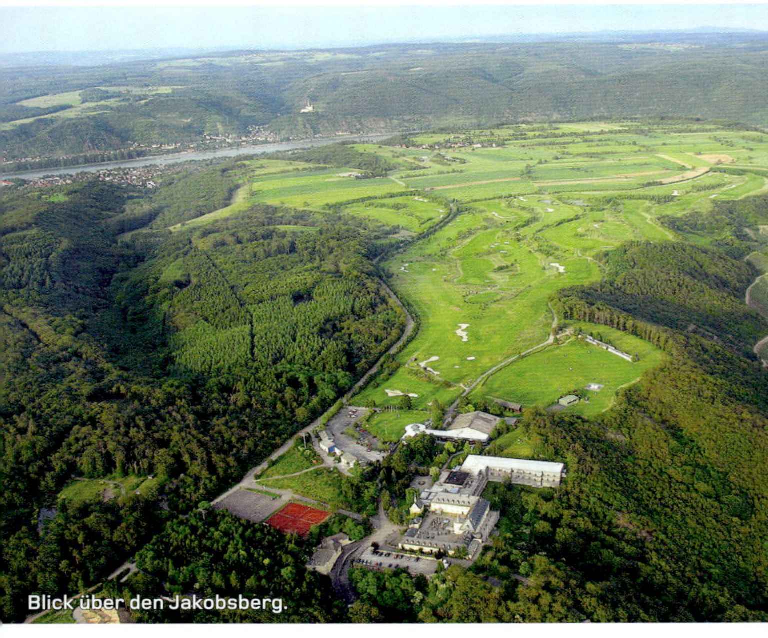

Blick über den Jakobsberg.

Vom Dorfplatz Brey gelangen wir über einen 300 m langen Zuweg zum eigentlichen Traumpfad. An der Ecke Rheingoldstraße/Plenterweg (1) begrüßt uns der Rheingoldbogen. Wir wandern rechts steil bergan und lassen den Ort hinter uns. Am Waldrand endet auf Höhe einer Hütte der Asphalt, und wir dürfen auf Feldwegen weiter ausschreiten. Bei schönem Blick auf das Tal wenden wir uns nach rechts und laufen in den Wald.

Herrlicher Mischwald umfängt uns, und nach gut **0.6 km** ziehen Löcher im Boden unsere Aufmerksamkeit auf sich. Wir sind an den Resten einer römischen Wasserleitung angelangt. In den Ausgrabungsschächten erkennen wir deutlich die technische Meisterleistung, die die Römer vor fast zweitausend Jahren hier vollbracht haben. An einer Informationstafel macht unser Weg eine scharfe Rechtskurve und führt uns nun wieder abwärts zum Talgrund. Diesen queren wir am Sportplatz von Brey (2), wenden uns auf der anderen Talseite neben einer Übersichtstafel auf einem schmalen Pfad bergan. Steil und eng führt uns dieser Pfad durch den Niederwald, bis wir auf einen alten Hohlweg stoßen und wenige Meter später an einer komfortablen Schutzhütte verschnaufen können.

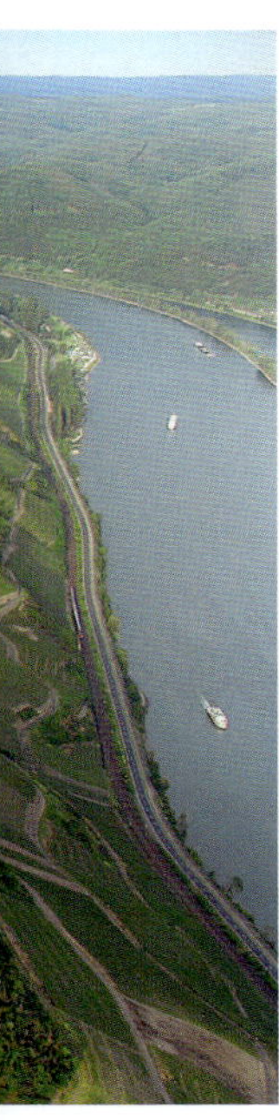

Oberhalb der Hütte zeigen die Bestrebungen eines E+E Projektes zur Wiederbelebung eines Weinberges erste Ergebnisse: Junge Reben stehen in Reih und Glied und lassen sich von der Sonne verwöhnen. Der Wanderweg führt uns nun mäßig bergan auf den Waldrand zu, allerdings lohnt es sich, auf halber Höhe zu verweilen und den Blick zurück Richtung Rheintal zu genießen: Herrlich breitet sich uns zu Füßen die Landschaft aus, die Marksburg grüßt vom rechten Flussufer.

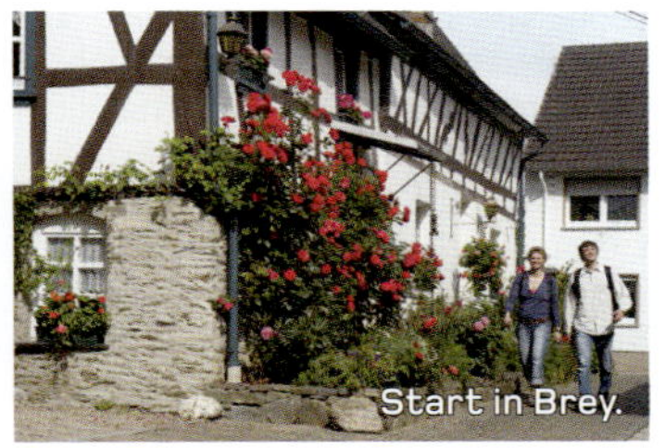
Start in Brey.

Nach **2.0 km** haben wir den Wald erreicht und folgen dort einem angenehm weichen Pfad nach rechts. Noch immer leicht ansteigend, wandern wir auf dem Kamm des Königsbergs durch den Laubmischwald. Zeitweise begleitet uns bei dieser Waldpassage auch der Rheinburgenweg mit seinem markanten roten Logo. Das Klostergut Jakobsberg bleibt zunächst links liegen, denn wir schlagen noch einen Bogen und wandern zu den unscheinbar im Wald versteckten Hügelgräbern. Erst nach **4.2 km** treffen wir so auf den breiten Forstweg, der uns mit einem Schwenk nach links zum ehemaligen Kloster Jakobsberg führt (3). Heute befindet sich hier ein modernes Hotel mit Restaurant und Golfclub (▶ Foto).

Am Kloster stoßen wir auch auf den Kulturweg, der uns im Folgenden ein Stück begleiten wird. Gemeinsam passieren wir den Klosterhof und halten uns am Hauptgebäude rechts. Bald liegt der Hotelkomplex hinter uns, und wir wandern auf dem schön eingewachsenen Waldweg bergab. Bei **Kilometer 5.3**

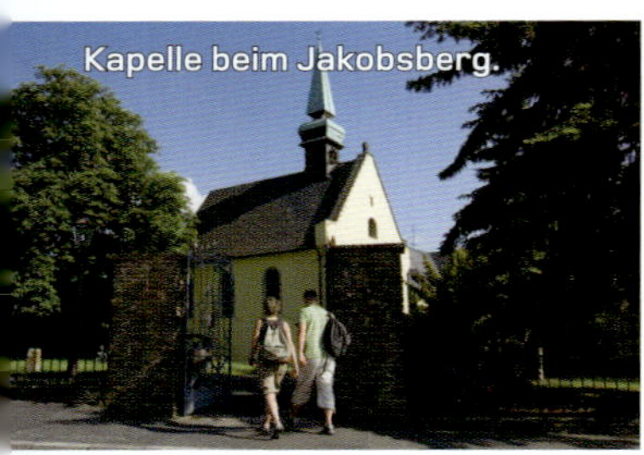
Kapelle beim Jakobsberg.

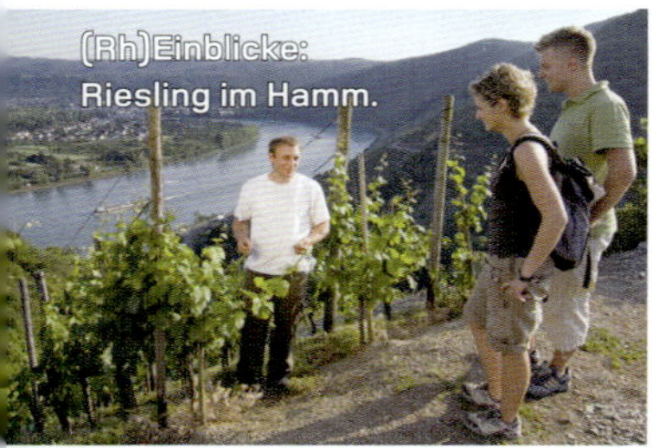
(Rh)Einblicke: Riesling im Hamm.

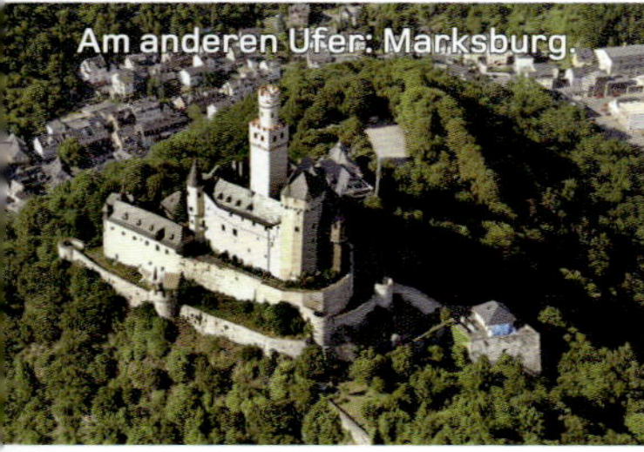
Am anderen Ufer: Marksburg.

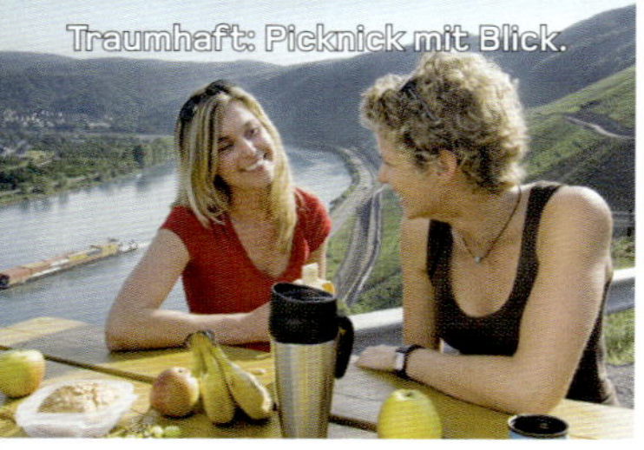
Traumhaft: Picknick mit Blick.

erwartet uns eine scharfe Kehre nach links, dann setzt sich die Route weiter abwärts Richtung Peternach fort. Schließlich weicht der Wald zurück, und die sagenhafte Aussicht auf das Rheintal, das sich majestätisch vor uns ausbreitet, ist überwältigend und macht uns sprachlos!

Auf Höhe eines kleinen Tälchens treffen wir auf den Weinwanderweg (lokale Nummer 3), und gemeinsam halten wir uns an der nächsten Kreuzung links. Ohne große Höhenunterschiede geht es nun mitten durch das Weinparadies des Bopparder Hamms. Dank mehrerer, sehr interessant gestalteter Tafeln am Wegesrand lernen wir unterwegs einiges zur Region, zu Flora, Fauna und Geologie. Zusätzlich begleitet uns die beständige Panoramaaussicht auf die berühmte Rheinschleife bei Spay, an der wir uns kaum sattsehen können.

Nach **7.6 km** stoßen wir an einer markanten Wegkreuzung (4) auf mehrere Weinbergswege. Hier folgen wir dem Traumpfad halb links bergan und finden uns nur 200 m später auf einem tollen Feldweg, unmittelbar, unterhalb der Hangkante, wieder. Wir tauschen nun die geordneten Reben gegen urwüchsige, dichte Hecken aus Schlehen und Weißdorn, die besonders im Frühjahr zur Blüte einen tollen Anblick bieten. An einem Wegweiser (5) stößt das Traumpfädchen „Spayer BlickInsTal" zu uns, das uns bis zur Muttergotteskapelle begleiten wird.

Wir folgen beiden Logos, erobern die Hangkante und genießen es, über die offene, weite Fläche des Rheinplateaus zu spazieren. Der Blick schweift weit über die Felder, und am Horizont macht die markante Silhouette der Marksburg auf sich aufmerksam. Wir steuern mit einigen Schlenkern auf den Rand der Siedlung Siebenborn zu, wenden uns aber noch vor den ersten Häusern nach rechts Richtung Muttergotteskopf.

Am Waldrand lädt die Theoretikerhütte zur Rast, bevor wir nach kurzem Abstieg und **11.2 km** die Muttergotteskapelle (6) erreichen. Anwohner der Umgebung pflegen das beliebte Wallfahrtsziel liebevoll, wovon besonders der kleine Garten zeugt. Nach kurzem Verweilen laufen wir auf dem Kreuzweg talwärts, trennen uns aber auf halber Hanghöhe vom Pilgerweg und laufen geradeaus weiter. Ein kleiner Bach quert, dann erreichen wir nach **11.6 km** die K 78. Nach vorsichtiger Querung der wenig befahrenen Straße laufen wir auf der anderen Seite auf herrlich weichem Wiesenpfad hinunter Richtung Brey.

Wiesen und Weiden bleiben hinter uns, wir schwenken nach links, und wenig später vereinigt sich unser Traumpfad wieder mit dem Kulturweg. Gemeinsam geht es die letzten 800 m nach Brey, wo am Portal (1) eine aussichts- und sehr abwechslungsreiche Wanderung durch Wälder und Weinberge nach **12.5 km** endet.

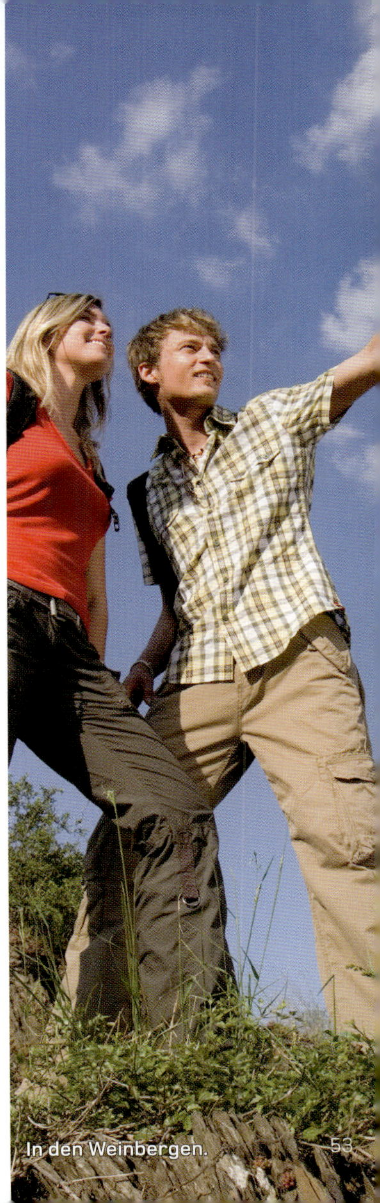

In den Weinbergen.

5 b Spayer BlickinsTal

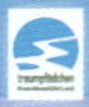

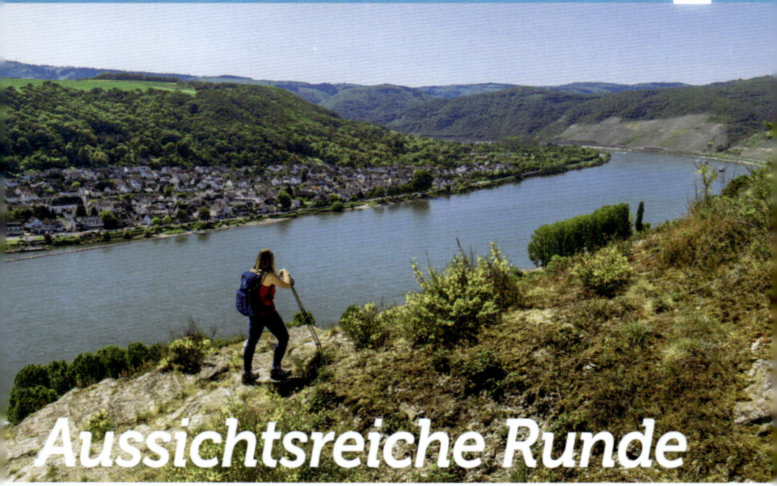

Aussichtsreiche Runde

Start/Ziel: Wanderparkplatz nahe Grünschnittsammelstelle Spay

Anfahrt: B 9 nach Spay. Außerhalb des Ortes am Portal des Weges parken.

Parken: Wanderparkplatz Spay
N50° 15′ 28.6″ • E7° 38′ 38.7″

Taxi: Heike Kremser (siehe S.48)

scan to go®

QR-Code mit der App „traumtouren" einscannen und Route anzeigen lassen.

Wegpunkte:

P1 Wanderparkplatz Spay
32 U 403348 5568190

P2 Tripelpunkt
32 U 403329 5568090

P3 Sebastian Kapelle
32 U 403126 5568361

P4 Muttergotteskapelle
32 U 402769 5568810

P5 Theoretikerhütte
32 U 402694 5568830

P6 Rheinblick
32 U 402309 5567346

► Kurz vor der Muttergotteskapelle trifft das Traumpfädchen auf den Traumpfad Rheingolbogen.

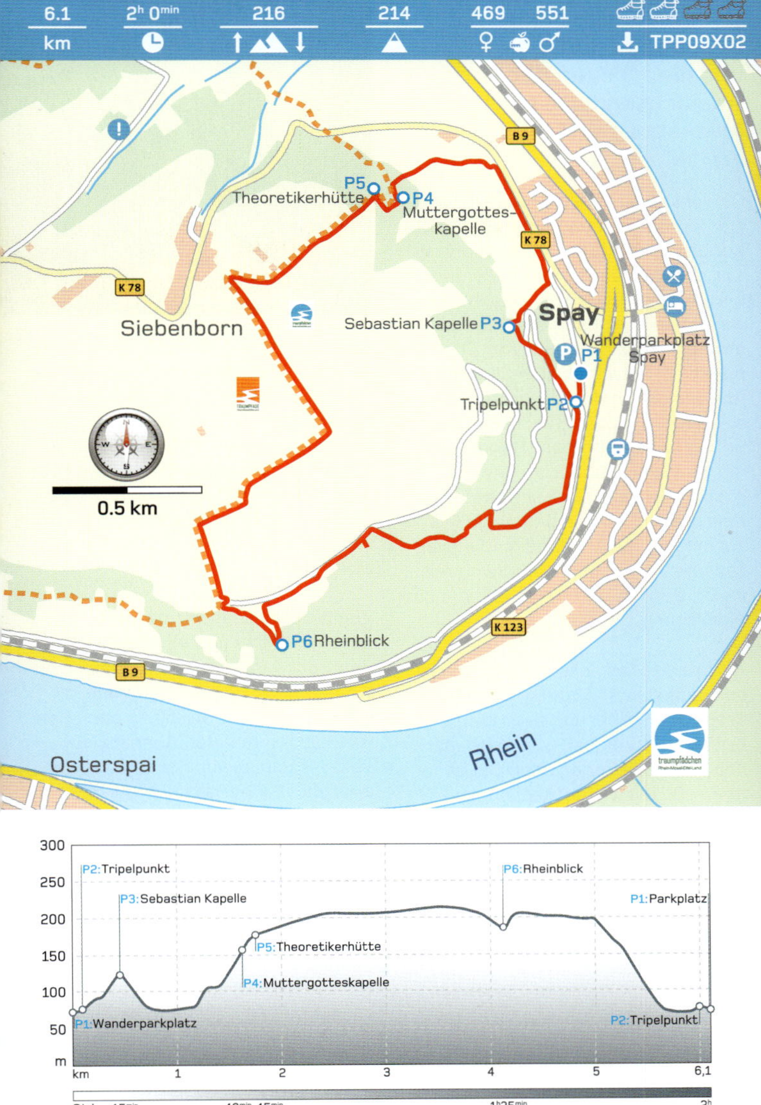
6.1
km
2h 0min
216
214
469
551
TPP09X02
B 9
K 78
K 78
Theoretikerhütte
P5
P4
Muttergottes-
kapelle
Siebenborn
Spay
Sebastian Kapelle P3
Wanderparkplatz
Spay
P1
Tripelpunkt P2
0.5 km
K 123
P6 Rheinblick
B 9
Rhein
Osterspai
traumpfädchen
300
250
200
150
100
50
m
km
1
2
3
4
5
6,1
P2: Tripelpunkt
P3: Sebastian Kapelle
P6: Rheinblick
P1: Parkplatz
P5: Theoretikerhütte
P4: Muttergotteskapelle
P1: Wanderparkplatz
P2: Tripelpunkt
Std. 15min
40min 45min
1h25min
2h

Der Name sagt eigentlich schon alles, auf was wir uns hier freuen dürfen: Aussichten satt auf Rhein, Marksburg und luftige Weite.

Obwohl es sich hier um einen Spazierwanderweg handelt, ist etwas Kondition und gute Trittsicherheit auf dem gut sechs Kilometer langen Rundkurs wichtig. Das merken wir schon kurz nach dem Auftakt am Parkplatz (1). Denn vom Tripelpunkt (2) schwingt sich die Route (die wir gegen den Uhrzeigersinn erwandern) sogleich stramm bergan. Ziel dieses ersten „Höhenflugs" ist die kleine Sebastian Kapelle (3) mitten im Wald. Kurz schnaufen wir durch, dann führen uns urige Pfade zurück ins Tal. Am Waldrand erwartet uns ein bequemer Fußweg mit vielen Bänken und tollen Blicken zur Marksburg.

Als unser Pfad links abbiegt wird es wieder anstrengend, denn nun steht die Eroberung der Hangkante an. Zunächst folgen wir den Kreuzwegstationen stetig ansteigend zur Muttergotteskapelle (4). Nun ist es fast geschafft, nur noch wenige Höhenmeter, dann lädt uns ganz vorne an der Hangkante die Theoretikerhütte (5) zur verdienten Verschnaufpause mit tollem Rheinblick ein.

Etwas oberhalb der Hütte lassen wir den Wald hinter uns, denn nun führt unser Traumpfädchen mitten durch Wiesen und Felder. Immer

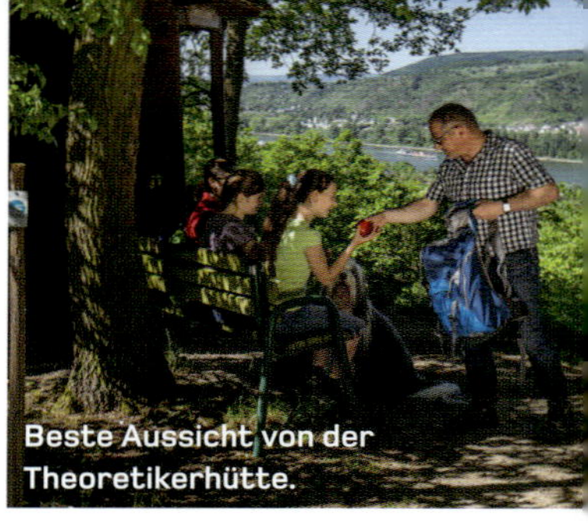

Beste Aussicht von der Theoretikerhütte.

wieder sorgen knorrige Streuobstbäume für Kurzweil, während wir fast eben und mit einigen Schlenkern wieder auf die Hangkante zusteuern.Dort wechseln wir links auf einen hohlwegartigen, teils felsigen Naturweg, der uns abwärts zu einem grandiosen Rheinblick nebst Bank (6) bringt. Was für eine Aussicht!

Zügig bewältigen wir danach durch Gehölze und ein Wäldchen den Rückanstieg zum Plateau, wo herrliche Hecken den Weg umrahmen. Vom Grillplatz genießen wir noch einmal den Ausblick auf Vater Rhein, bevor der Endabstieg ansteht. Zunächst noch durch lockere Gehölze, bald aber durch attraktiven Mischwald laufen wir stetig bergab. Dabei verlangen einige steile Passagen v.a. bei Nässe gute Trittsicherheit. Doch wir gelangen sicher ins Tal, wo wir dem bequemen Talweg links zum nahen Tripelpunkt (2) folgen. Von hier sind es nur noch ein paar Schritte, bis sich am Parkplatz (1) diese aussichtreiche Erlebnisrunde schließt.

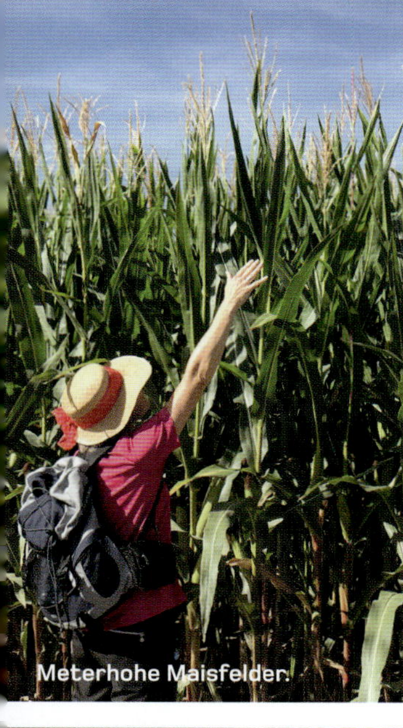
Meterhohe Maisfelder.

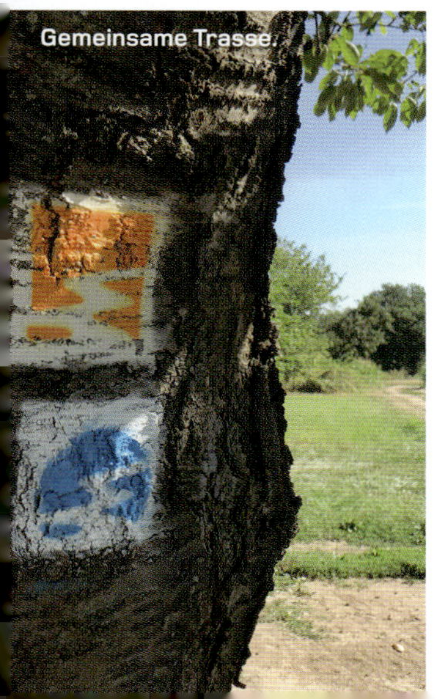
Gemeinsame Trasse.

Hotel und Golfclub Jakobsberg, Jakobsberger Hof, 56154 Boppard
✆ 06742/8080
■ AKZENT Hotel Roter Ochse, Hochstraße 27, 56321 Rhens
✆ 02628 2221 ⓘ www.roter-ochse.de
■ Restaurant Rheingold, Rheingoldstr. 8, 56321 Brey ✆ 02628/2210
■ Landgasthof Zum Mühlchen, Mühltal 6, 56154 Boppard ✆ 06742/896754
⏲ Mo. Ruhetag
■ Gasthaus Zur Marksburg, Zehnthofstraße 58, 56322 Spay
ⓘ www.gasthaus-zur-marksburg.de
✆ 02628/2285

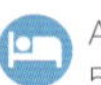
Alter Posthof, Mainzerstraße 47, 56322 Spay ✆ 02628/8708.
■ Weitere Übernachtungsmöglichkeiten in Brey, Boppard, Rhens und Spay:
ⓘ www.rhens.de

Info: ⓘ www.vrm.info
Traumpfad: Mainzer Straße (Brey)
■ Mo-So: Bus 670 (Koblenz - Boppard)
Traumpfädchen: Spay Schule
■ Mo-So: Bus 670 (Koblenz - Boppard)
■ Mo-So: RB 26 (26 Köln - Main) bis Bf.

! Bodenfunde geben Zeugnis, dass die Römer auch in Brey stationiert waren. Am Tauberbach wird der Standort eines römischen Kastells vermutet. Ein bedeutsames Bodendenkmal aus der römischen Zeit ist in der „Talheck" noch erhalten. Es handelt sich um die römische Wasserleitung. ⓘ www.brey-am-rhein.de

Eine besondere Herausforderung ist der Klettersteig in Boppard. Der gut 6 km lange Rundkurs ist für Kinder ab 6 Jahre freigegeben. Kletterausrüstung kann an der Aral-Tankstelle an der B 9 ausgeliehen werden.
⏲ Wochentags von 7 bis 22 Uhr, So. von 8.30–22 Uhr.

6 Saynsteig

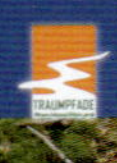

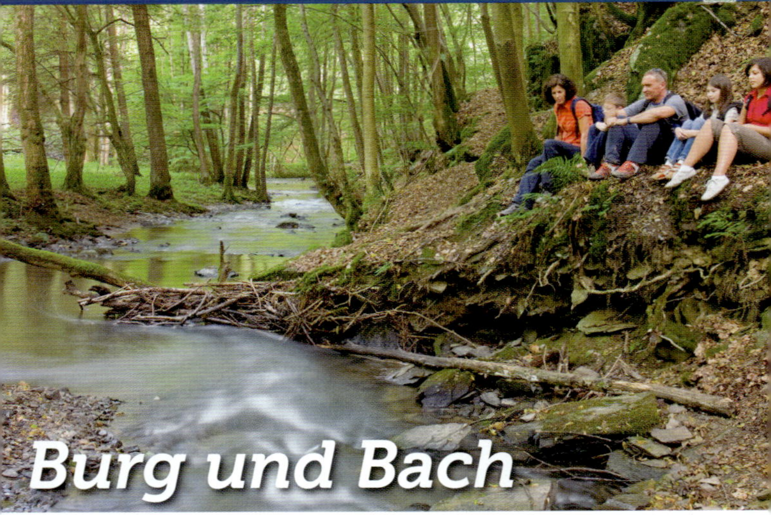

Burg und Bach

- **Start/Ziel:** Parkplatz Koblenz-Olper-Straße 176 (B 413), Sayn

- **Tourist-Info**
  Tourist-Information Bendorf, In der Sayner Hütte 8, 56170 Bendorf-Sayn
  ✆ 02622/902913 ⓘ www.bendorf.de

- **Taxi:**
- Taxi Engerser Pünktchen ✆ 02622/4444
- Taxi Kurier ✆ 02631/55555

- **Anfahrt:** Sayn erreicht man vom Rheintal aus über die B 413.

scan to go®

QR-Code mit der App „traumtouren" einscannen und Route anzeigen lassen.

- **Parkplätze:**
- B 413 N50° 26′ 25.1″ • E7° 34′ 34.9″
- Sayn, Alte Abtei (Gebühr!) N50° 26′ 17.7″ • E7° 35′ 01.9″

- **Wegpunkte:**

P1: Parkplatz Koblenz-Olper Straße 32 U 398981 5588522
P2: Burg Sayn 32 U 399162 5588420
P3: Oskarhöhe 32 U 399896 5588624
P4: Stromberg Ortsmitte 32 U 400734 5590583
P5: Rastplatz 32 U 401360 5590321
P6: Sinnesbank Brexbachtal 32 U 401201 5589687
P7: Römerturm 32 U 400468 5588721
P8: Meisenhof 32 U 400552 5588170
P9: Burgblick 32 U 399085 5588140
P10: Hein's Mühle 32 U 399136 5588222

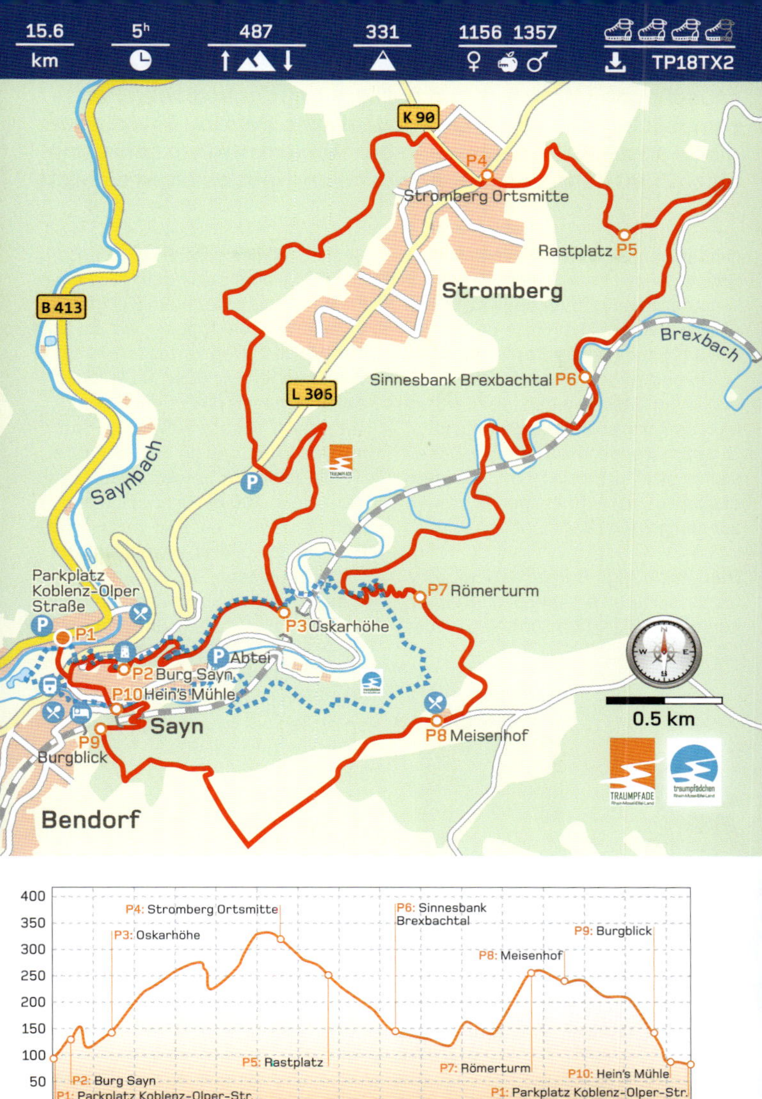
15.6
km
5h
487
331
1156 1357
TP18TX2
K 90
P4
Stromberg Ortsmitte
Rastplatz P5
Stromberg
B 413
Brexbach
Sinnesbank Brexbachtal P6
L 306
Saynbach
Parkplatz
Koblenz-Olper
Straße
P1
P3 Oskarhöhe
P7 Römerturm
P Abtei
P2 Burg Sayn
P10 Hein's Mühle
Sayn
P9
Burgblick
P8 Meisenhof
0.5 km
Bendorf
TRAUMPFADE
traumpfädchen
400
350
300
250
200
150
100
50
m
P4: Stromberg Ortsmitte
P3: Oskarhöhe
P6: Sinnesbank Brexbachtal
P9: Burgblick
P8: Meisenhof
P5: Rastplatz
P7: Römerturm
P2: Burg Sayn
P1: Parkplatz Koblenz-Olper-Str.
P10: Hein's Mühle
P1: Parkplatz Koblenz-Olper-Str.
km 1 2 3 4 5 6 7 8 9 10 11 12 13 14 15 15.6
Std. 35' 2h 2h20' 2h50' 3h50' 4h10' 4h45' 5h

Der Saynsteig entführt uns auf hohem Niveau ins idyllische Brexbachtal und in die Weiten des Rheinplateaus. Er führt zu rauschenden Wassern und beflügelt mit grandiosen Panoramablicken die Seele. Eine ordentliche Portion Mittelalter gibt's an der Burg Sayn – und der Römerturm versetzt uns glatt 2000 Jahre zurück. Abwechslung gibt es also reichlich.

Gemeinsam mit dem Traumpfädchen Sayner Aussichten, welches den Traumpfad ab und an begleitet, starten wir am Parkplatz an der B413 (1), queren die Sayn und die L 306 und folgen einem Fußweg durch ein Gatter in den Wald, wo uns bald das Traumpfad-Logo begrüßt. Stramm wandern wir bergan, passieren alte Turmrelikte und steigen schließlich mithilfe einiger Stufen zur Burg Sayn (2) hinauf.

Das weitläufige Burgareal lädt zum Umherstreifen ein und bietet einen herrlichen Blick über das Neuwieder Becken. Wir inspizieren die Reste der Burgkapelle aus dem 12. Jahrhundert und zollen dem Bergfried unseren Respekt, bevor wir die Burg auf breitem Weg verlassen. In einer Senke laufen wir über ein Wildgatter und biegen direkt nach dem Tor scharf rechts auf einen Pfad ab. Der führt uns an Felsen vorbei durch den dicht gewachsenen Laubwald. Nach **700 m** verabschiedet sich der bisher parallel verlaufende Rheinsteig vorerst nach links. Wir folgen an dieser Stelle dem Saynsteig auf einen abschüssigen Pfad nach rechts. Schnell verlieren wir an Höhe, schwenken nach rechts und biegen schließlich an einem Querweg scharf links ab. Wenig später erreichen wir eine Weggabelung und wandern links weiter.

Jetzt führen uns die Logos wieder bergan, und bald öffnet sich um uns ein Sturmwurfareal. Wir genießen den schönen Ausblick ins Brexbachtal, wo sich der Turm der Abtei Sayn in den Himmel reckt. Meter um Meter kämpfen wir uns zum Sattel an der Oskarhöhe empor. Hier lohnt der kleine Abstecher nach rechts auf die dort befindliche Felsrippe mit einer Hütte (3), die zum Rasten und Genießen des Ausblicks einlädt. Zurück am Tripelpunkt von lokalen

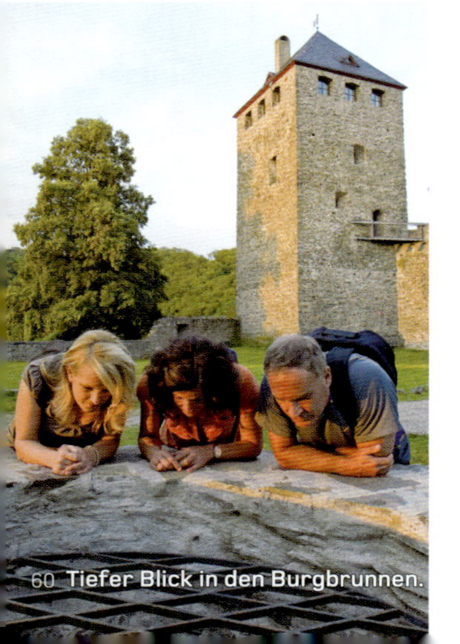

 Tiefer Blick in den Burgbrunnen.

Wegen, Rheinsteig und Saynsteig, wandern wir fast geradeaus auf einem Waldweg bergan. Leicht ansteigend, erobern wir die Flanke des Burgberges und erfreuen uns am tollen Buchenhochwald. An einer großen Waldkreuzung trennen wir uns wieder vom Rheinsteig und wandern mit dem Traumpfad leicht rechts weiter aufwärts.

Die Buchen stehen schlank und hoch Spalier. Besonders im Frühsommer und im Herbst erfreut uns eine intensive Farbenpracht aus hellgrünem Junggrün oder prächtigen Herbstfarben. Der Weg macht eine Kehre und bringt uns nach **3 km** zum Parkplatz an der L 306. Wir queren die Straße und gelangen über einen Stichpfad zu einem Waldweg. Auf diesem wandern wir rechts durch den Mischwald, bis sich vor uns eine Wiese öffnet und wir voraus die ersten Häuser von Stromberg erblicken.

Wir laufen am Waldrand abwärts, bis uns im Wald ein Wegweiser scharf rechts auf einen steilen Pfad talabwärts schickt, der gute Trittsicherheit erfordert. Etliche Höhenmeter tiefer empfängt uns ein bequemer Waldweg, dem wir nach rechts folgen. Über die Büsche am Wegesrand hinweg erhaschen wir Blicke ins bewaldete Sayntal. Wieder im schummrigen Grün, führt der Traumpfad stetig bergan an Felsklippen vorbei, mal durch Nadelwald, mal durch Laubwald.

Nach **4.7 km** ist unsere Kondition gefragt, denn der Saynsteig verlässt den breiten Weg und biegt

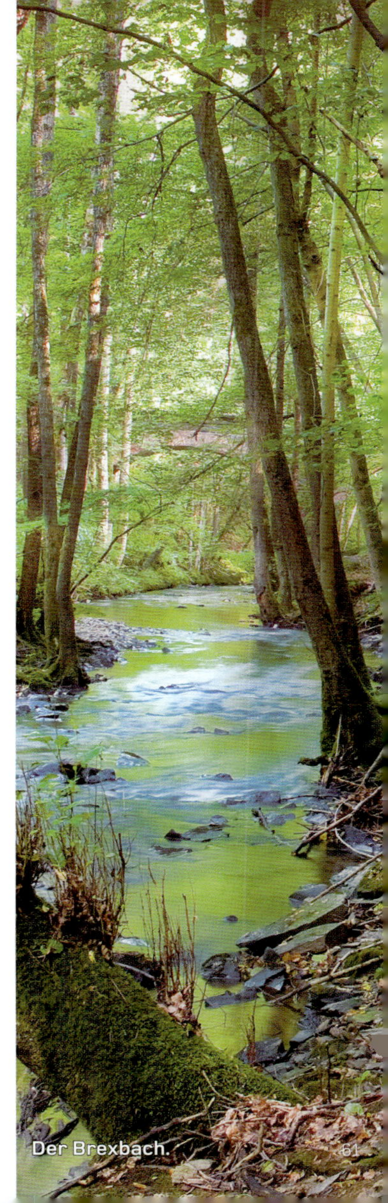

Der Brexbach.

rechts auf einen steilen Naturweg ab. Unter den Wedeln der Fichten und Tannen kämpfen wir uns bergan zu einem Querweg, an dem es leicht links sanfter weitergeht. Üppiger Jungwald begleitet uns zu den Tennisplätzen. An einem Wasserwerk verlassen wir den Wald und folgen der Isenburger Straße rechts abwärts zur Ortsmitte von Stromberg (4). Nach **5.7 km** queren wir mit kleinem Versatz nach links die Westerwaldstraße. Über den Bornweg gelangen wir an den Ortsrand, wo wir einem Wirtschaftsweg links in den Wald folgen.

Verschlungen schraubt sich der Weg ins Tal und bringt uns nach **6.7 km** zu einem idyllischen Rastplatz (5) am Rand eines Windbruchs. Unterhalb des Rastplatzes biegen wir nach links und treffen wenig später am rauschenden Nauorter Floß ein. Munter sprudelt der Bach talwärts, und wir biegen rechts auf einen weichen Waldweg ab. Den Bach stets im Blick, passieren wir eine Felsklippe mit imposanter Falte. Wenig später biegt der Saynsteig links auf einen schmalen Pfad ab, der uns steil hinunter ins Brexbachtal führt.

Wir wenden uns unmittelbar an den Gleisen nach rechts und wandern durch das enge, üppig bewachsene Tal. Hier wird der Traumpfad seinem Namen absolut gerecht, denn begleitet vom mal leise glucksenden, mal keck plätschernden Brexbach windet sich der Pfad um schroffe Felsen oder durch stille Talauen. Immer wieder zieht die Strecke der Brexbachtalbahn mit ihren zahlreichen Viadukten unsere Aufmerksamkeit auf sich. Unmittelbar vor einem Viadukt lädt nach **8.6 km** eine Sinnesbank (6) zum Verweilen ein. Als wir den Bach schließlich per Steg queren, wandelt sich die Umgebung: Nun säumen Talwiesen und Hecken den Weg durchs enge Tal, dessen Flanken steil ansteigen. Auf den Wiesen herrscht reges Treiben, wenn im Sommer die Pfadfinder campieren. Nach **9.8 km** heißt es Abschied nehmen vom Brexbach, denn der Saynsteig biegt an einer Furt links auf einen Waldpfad ab. Der bringt uns, stetig ansteigend, durch ein Tannenwäldchen zu einem Forstweg. Hier biegen wir rechts ab und wandern auf halber Hanghöhe hoch über

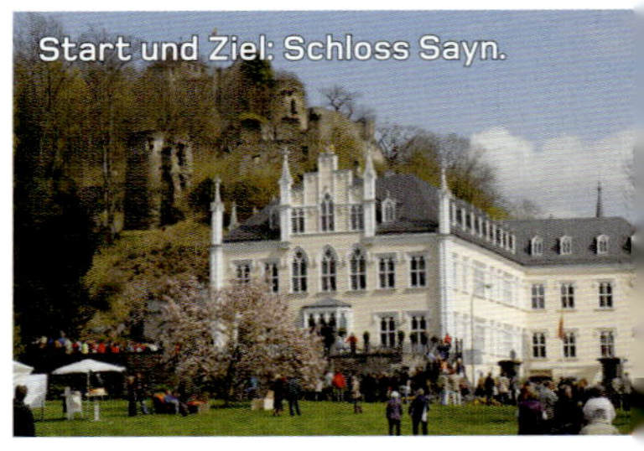
Start und Ziel: Schloss Sayn.

dem Tal durch abwechslungsreichen Mischwald. Auf der ebenen Strecke ist kaum Kondition gefragt. Erst als wir wieder auf den Rheinsteig treffen, wird es anstrengend. Denn der kommt auf engem Pfad aus dem Tal herauf. Und auch unser Saynsteig schwingt sich nun zum Rheinplateau auf. Gemeinsam wandern wir auf steilem Serpentinenpfad durch den Wald bergan, streifen durch Farne und Hecken. Plötzlich ragt eine Holzpalisade vor uns auf. Kein Zweifel: Wir haben den Römerturm (7) auf dem Pulverberg erreicht. Ein Rastplatz bietet Gelegenheit zum Verschnaufen, während die Gedanken in die Römerzeit reisen ...

Wir kehren dem Turm den Rücken und folgen dem fast ebenen Waldweg zum Waldrand. Die Weite der Felder und Wiesen bietet nach den engräumigen Waldpassagen eine willkommene Abwechslung. Wir stoßen auf die Zufahrtsstraße zum nahen Meisenhof (8), der nach **12.5 km** zur zünftigen Einkehr lockt. Nach dem Meisenhof schlängeln sich Rheinsteig und Saynsteig mal durch Wald, mal durch freies Feld. Dabei ergeben sich fantastische Aussichten über das Neuwieder Becken zum Rheintal und bis in die Vulkaneifel. An einer üppigen Brombeerhecke nehmen wir letztmals Abschied vom Rheinsteig und biegen rechts auf einen Grasweg ab. Der führt uns zwischen den Feldern hindurch zum Waldrand und eröffnet unterwegs tolle Aussichten zum Rhein. Pfadig treten wir in den Wald ein, wo sich der Saynsteig zunehmend steiler abwärts windet und uns nach **14.7 km** zu einem Querweg bringt. Bevor wir den Logos nach rechts folgen, lassen wir uns die grandiose Aussicht auf Sayn (9) und die Burg nicht entgehen.

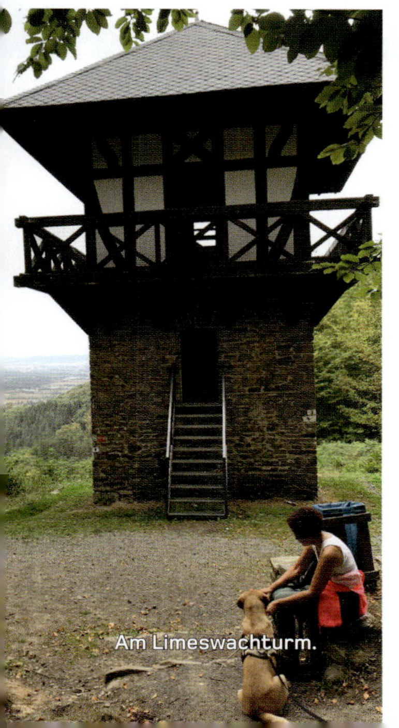
Am Limeswachturm.

Anschließend führt uns der Waldweg in ein vom Sturm gerodetes Areal, und wir können die Burg Sayn noch einmal aus neuer Perspektive bewundern. An einem Wegweiser wandern wir scharf links steil hinunter zu den Gleisen, die wir in Sichtweite eines Tunnels queren.

Am Bach wenden wir uns nach links und erreichen nach **15.2 km** das restaurierte Gebäude von Hein's Mühle (10), in dem heute ein Mühlenmuseum untergebracht ist. Wir queren den Bach und wandern erst links, dann mit der Burggasse rechts hinauf ins alte Ortszentrum. Nun sind es nur noch wenige Schritte, bis wir vor der schmucken Fassade des Fürstlichen Schlosses eintreffen. Wir spazzieren durch den Schlosspark, bevor wir Abschied nehmen vom Traumpfad und auf dem vom Beginn bekannten Weg zurück zum Parkplatz (1) laufen, wo die Tour nach **15.6 km** endet.

6 b Sayner Aussichten

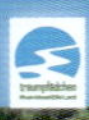

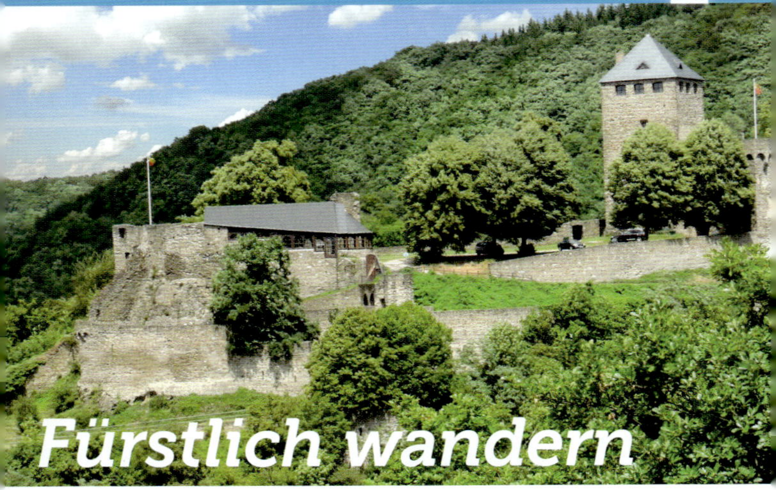

Fürstlich wandern

Start/Ziel: Parkplatz Koblenz-Olper-Straße 176 (B 413), Sayn

Anfahrt: Vom Rheintal über die B 413 nach Sayn.

Parken: Parkplatz Koblenz-Olper-Straße
N50° 26' 24.8'' • E7° 34' 35.3''
Sayn Alte Abtei
N50° 26' 17.7'' • E7° 35' 01.9''

scan to go®

QR-Code mit der App „traumtouren" einscannen und Route anzeigen lassen.

Wegpunkte:

- **P1** Parkplatz Koblenz-Olper-Straße
  32 U 398881 5588522
- **P2** Beginn/Ende Rundweg
  32 U 398900 5588481
- **P3** Burg Sayn
  32 U 399162 5588420
- **P4** Oskarhöhe
  32 U 399896 5588624
- **P5** Emma-Höhe
  32 U 400414 5588516
- **P6** Kletterwald
  32 U 399639 5588202
- **P7** Alte Abtei Sayn
  32 U 399583 5588328
- **P8** Eingang Schlosspark
  32 U 398914 5588352

6.1 km	2h 0min	235 ↑ ↓	197	480 ♀ 565 ♂	TPP08X03

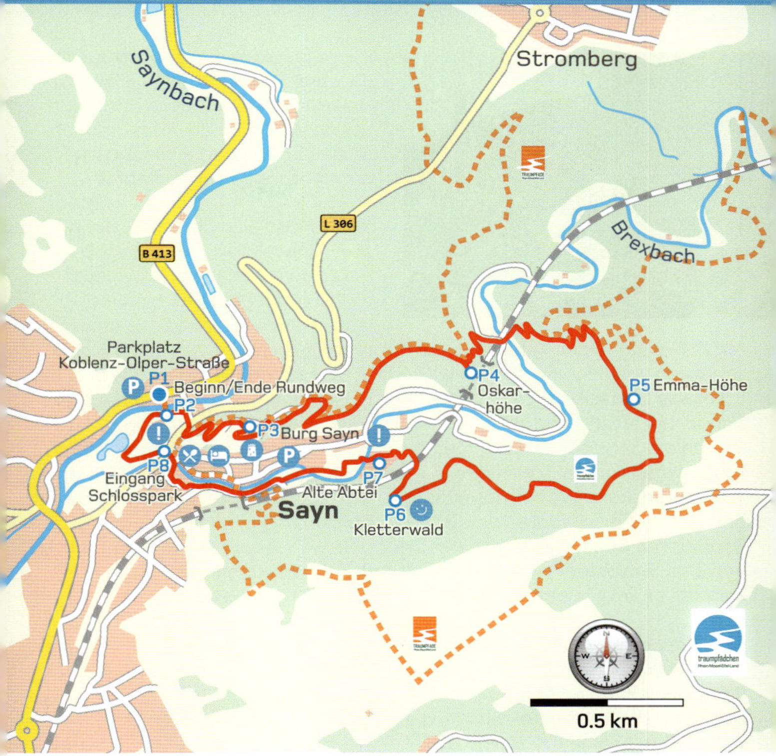

Stromberg

Saynbach

Brexbach

L 306

B 413

Parkplatz Koblenz-Olper-Straße

P1 Beginn/Ende Rundweg

P2

P3 Burg Sayn

P4 Oskar-höhe

P5 Emma-Höhe

P6 Kletterwald

P7 Alte Abtei

P8 Eingang Schlosspark

Sayn

TRAUMPFADE

traumpfädchen Rhein-Mosel-Eifel-Land

0.5 km

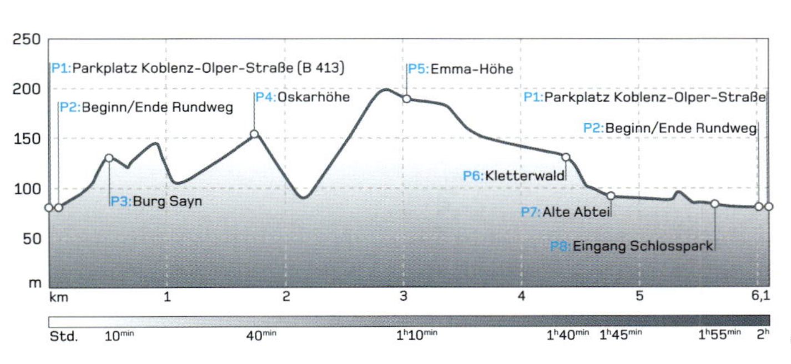

Fürstlich wandern: in Sayn fällt uns das zwischen Schloss, Burg, Alter Abtei und Schmetterlingsgarten wirklich nicht schwer...

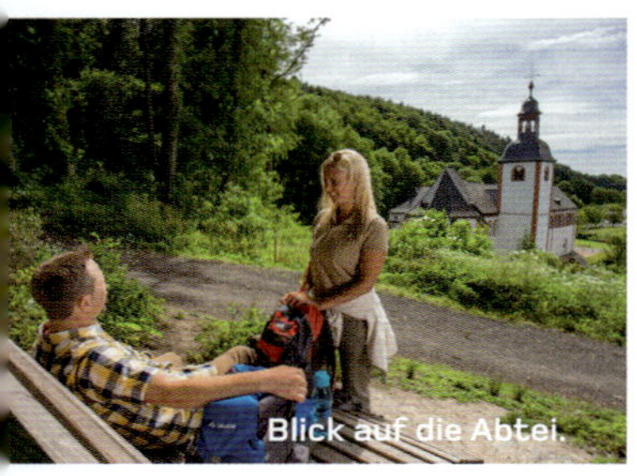
Blick auf die Abtei.

Am Parkplatz in der Koblenz-Olper Straße (1) beginnen wir diese kulturell wie landschaftlich reizvolle Runde. Unser erster Abstecher im Schlosspark ist nur kurz, denn kaum haben wir am Portal des Traumpfädchens (2) den Saynbach gequert, laufen wir links zur L 306. Nach deren Querung nähern wir uns dem Schloss, schwenken aber kurz davor links in den Burgwald.

Gemeinsam mit dem Saynsteig erobern wir Schritt für Schritt den Berg, genießen den Ausblick hinab zur Sayner Hütte und erreichen die weitläufige Anlage der Burg Sayn (3). Neben dem alten Gemäuer beeindruckt uns auch die phantastische Aussicht über das Neuwieder Becken.

Kaum haben wir die Burg hinter uns gelassen, übernimmt uriger Wald die Regie. Auf verschlungenem Pfad, der bei Nässe gute Trittsicherheit erfordert, geht es auf und ab, wobei sich schöne Blicke zur ehrwürdigen alten Abtei ergeben. Als wir stetig bergan zur Oskarhöhe (4) wandern, wird uns etwas Kondition abverlangt, doch an der Schutzhütte können wir aussichtsreich verschnaufen.

Nun windet sich der Pfad recht steil hinab ins Brexbachtal, wo wir unter dem himmelhohen Viadukt der Brexbachtalbahn hindurch laufen. Nach Querung des munteren Brexbachs gewinnen wir stramm an Höhe, doch schroffe Felsen und herrlicher Wald sorgen für Kurzweil. An einem Querweg ist es geschafft: im Gegensatz zu Saynsteig und Rheinsteig dürfen wir rechts abbiegen und uns nun fast eben dem Waldwandern hingeben. Wir passieren die Schutzhütte der Emma-Höhe (5) und genießen Natur und Ruhe. Doch immer deutlicher hören wir Stimmen und leises Klirren. Bald ist die Ursache klar: wir haben den Sayner Kletterwald (6) erreicht.

Wir bewahren Bodenhaftung und queren im Tal die Gleise der Brexbachtalbahn, bevor wir die Alte Abteikirche (7) passieren. Nun folgen wir dem Mühlbach zu Heins Mühle. Ein Pfad führt uns neben dem Bach in ein ruhiges Wohngebiet. Wir laufen zum Schloss (8) und mit einer abschließenden Runde durch den gepflegten Park, erreichen wir wieder das Portal (2) und kurz darauf auch den Parkplatz (1).

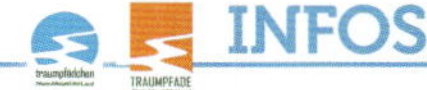

Meisenhof, Meisenhofweg 55, 56170 Bendorf ✆ 02622/3101
◷ Di. Ruhetag. ⓘ www.meisenhof.com
■ Sayner Scheune, Koblenz-Olper-Straße 165, 56170 Bendorf/Sayn,
✆ 026 22/9062018 ⓘ sayner-scheune.de

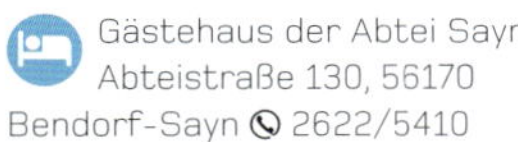

Gästehaus der Abtei Sayn, Abteistraße 130, 56170 Bendorf-Sayn ✆ 2622/5410
■ Romantik Hotel /Villa Sayn, Koblenz-Olper-Str. 111, 56170 Bendorf
✆ 02622/94490ⓘ www.villasayn.com
■ Weitere Übernachtungsmöglichkeiten:
ⓘ www.bendorf.de

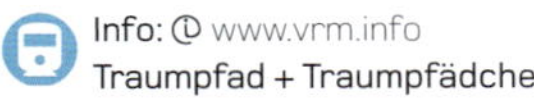

Info: ⓘ www.vrm.info
Traumpfad + Traumpfädchen
Haltestelle: Schloss Sayn
■ Mo-So: Bus 8 (KO-Zentrum - Sayn)

Ein besonderes Erlebnis ist der Besuch im Garten der Schmetterlinge. Die filigranen Exoten fühlen sich im eigens erbauten Schmetterlingshaus im Schlosspark von Sayn sichtlich wohl und umschwirren den Besucher beim Rundgang im gut geheizten Haus. Erstmalig können Besucher wechselnde Sonderausstellungen bekannter Künstler zu den Themen Natur und Kunst erleben. Ein Kombiticket ermöglicht den Eintritt in das Schloss Sayn und das Denkmalareal Sayner Hütte. Infos: ⓘ www.sayn.de

Kletterwald Sayn, Brexbachtal, 56170 Bendorf/Sayn
✆ 0176/80054013
ⓘ www.kletterwald-sayn.de

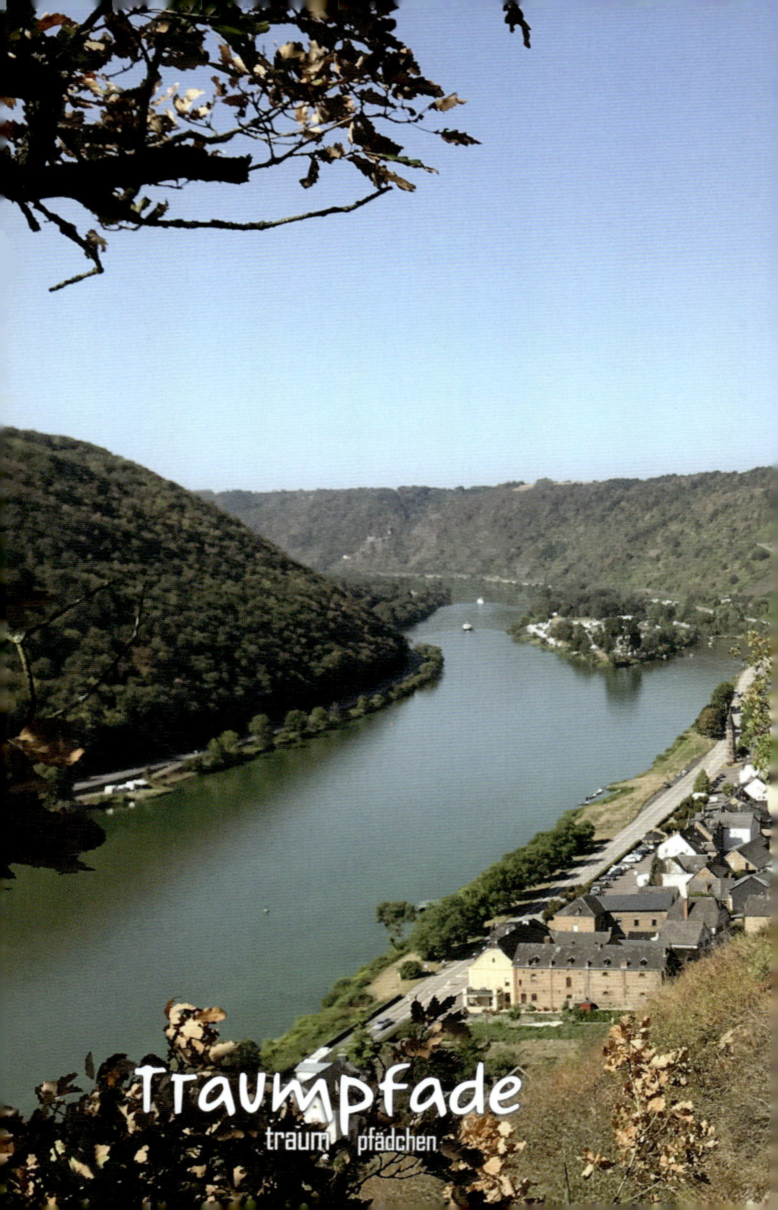
Traumpfade
traum pfädchen

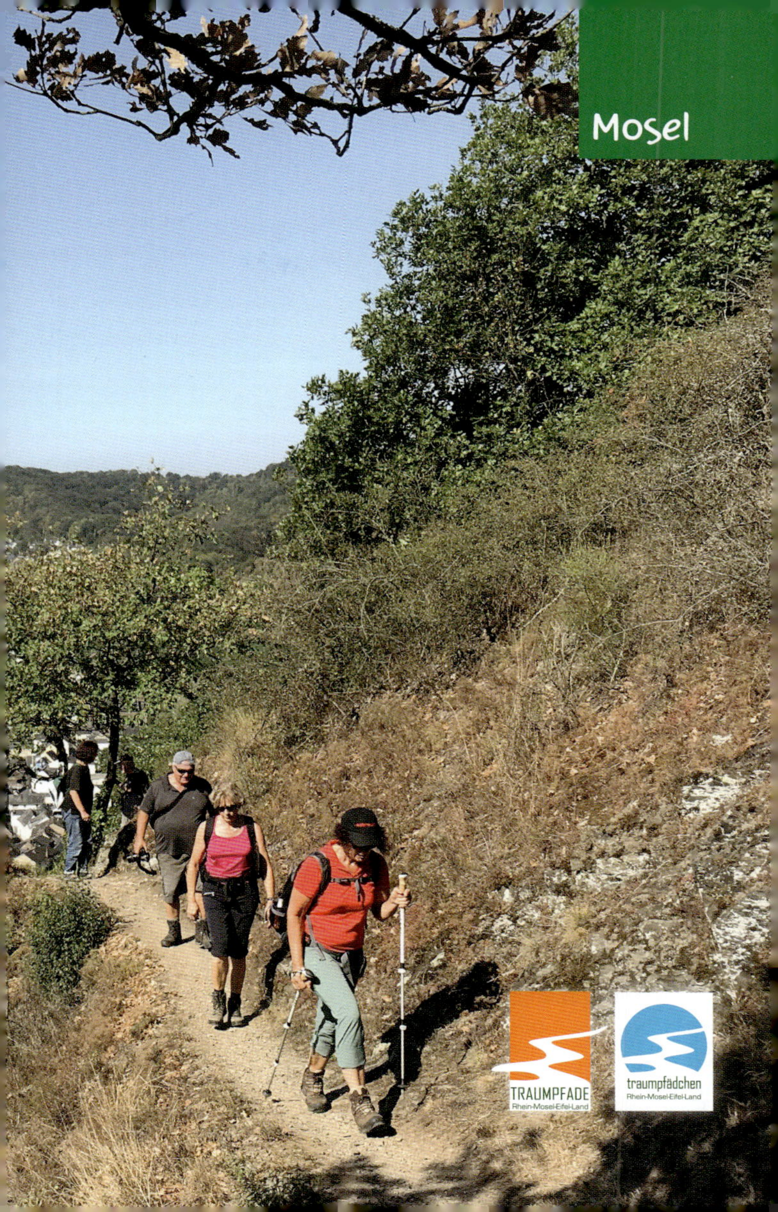
Mosel
TRAUMPFADE
Rhein-Mosel-Eifel-Land
traumpfädchen
Rhein-Mosel-Eifel-Land

7 Pyrmonter Felsensteig

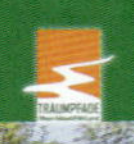

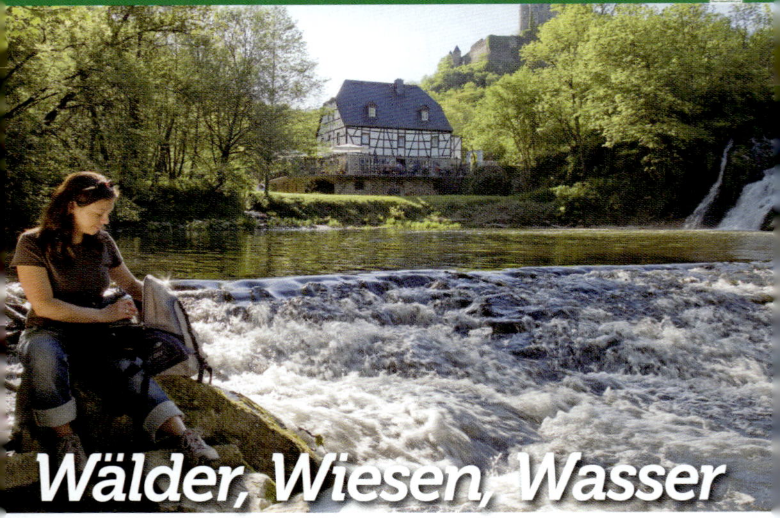

Wälder, Wiesen, Wasser

- **Start/Ziel:** Parkplatz bei Burg Pyrmont an der K 27

- **Tourist-Info**
  Touristik-Information Maifeld
  Münsterplatz 6, 56294 Münstermaifeld
  ✆ 2605/9615026 ⓘ www.maifeldurlaub.de

- **Taxi:**
- Charly ✆ 02605/2022

- **Anfahrt:** Über die A 48 bis zur Abfahrt Kaifenheim. Weiter über die L 109 nach Roes. Auf der K 27 Richtung Burg Pyrmont dem Parkleitsystem folgen.

scan to go®

QR-Code mit der App „traumtouren" einscannen und Route anzeigen lassen.

- **Parkplatz in Roes:**
- Burg Pyrmont (K 27)
  N50° 14' 17.7'' • E7° 17' 14.3''

- **Wegpunkte:**

P1: Parkplatz an Burg Pyrmont
32 U 377918 5566512

P2: Burg Pyrmont
32 U 377788 5566462

P3: Ausblick auf Burg Pyrmont
32 U 378004 5566216

P4: Pyrmonter Mühle
32 U 378092 5566353

P5: „Drei Kreuze"
32 U 378506 5566544

P6: Sammetzkopf
32 U 377762 5568847

P7: Hütte 32 U 377254 5568272

P8: Zugang Brückenmühle
32 U 376818 5568046

P9: Teufelskammer
32 U 377359 5567314

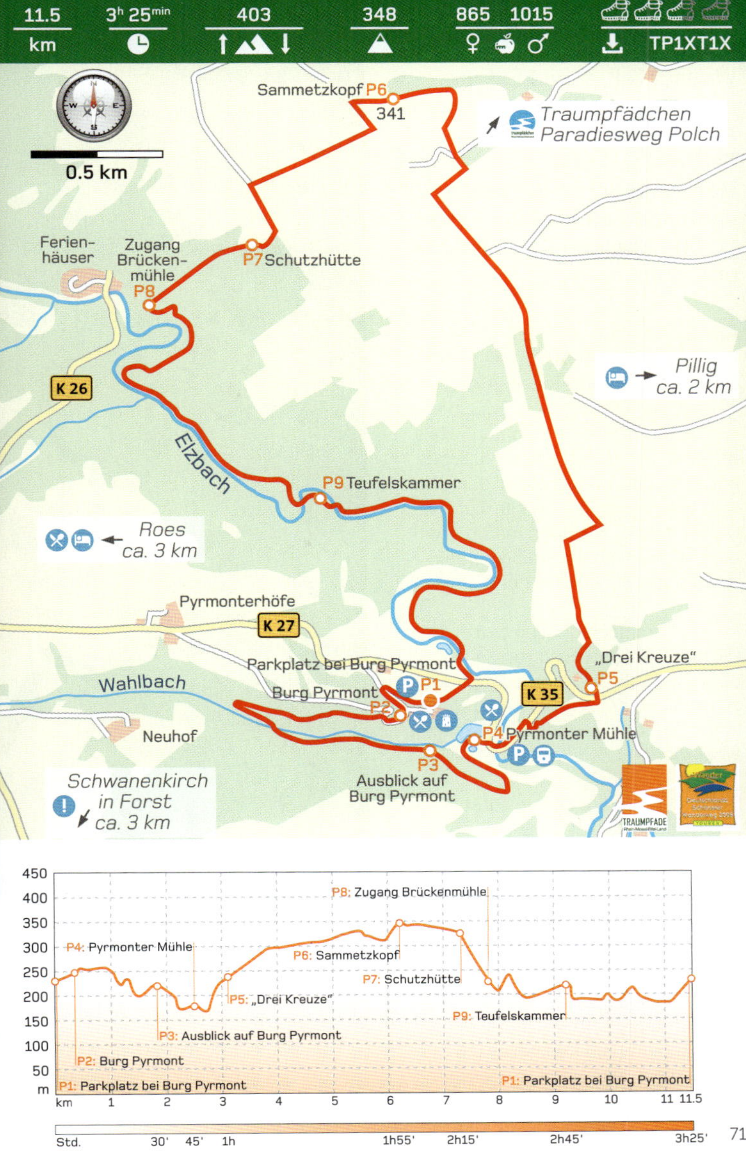
11.5 km
3h 25min
403
348
865 1015
TP1XT1X
0.5 km
Sammetzkopf P6
341
Traumpfädchen Paradiesweg Polch
Ferienhäuser
Zugang Brückenmühle P8
P7 Schutzhütte
K 26
Pillig ca. 2 km
Elzbach
P9 Teufelskammer
Roes ca. 3 km
Pyrmonterhöfe
K 27
Parkplatz bei Burg Pyrmont
„Drei Kreuze"
P5
Wahlbach
Burg Pyrmont
P1
P2
K 35
P4 Pyrmonter Mühle
Neuhof
P3
Ausblick auf Burg Pyrmont
Schwanenkirch in Forst ca. 3 km
TRAUMPFADE
450
400
350
300
250
200
150
100
50
m
P8: Zugang Brückenmühle
P4: Pyrmonter Mühle
P6: Sammetzkopf
P7: Schutzhütte
P5: „Drei Kreuze"
P9: Teufelskammer
P3: Ausblick auf Burg Pyrmont
P2: Burg Pyrmont
P1: Parkplatz bei Burg Pyrmont
P1: Parkplatz bei Burg Pyrmont
km 1 2 3 4 5 6 7 8 9 10 11 11.5
Std. 30' 45' 1h 1h55' 2h15' 2h45' 3h25'

Ein Wanderweg wie aus dem Bilderbuch: ein rauschender Wasserfall, steile Felsen, ein quirliger Fluss, herrliche Aussichten, die Kammer des Teufels und eine stolze Burg. Der Pyrmonter Felsensteig verbindet auf seinen knapp 12 000 Metern Wanderspaß und Kulturgenuss.

Am großen Parkplatz (1) an der K 27 unterhalb der Burg beginnen wir die spannende Tour auf dem Pyrmonter Felsensteig. Zwar biegen einige Wanderwege bald nach links ab, aber wir lassen es gemütlicher angehen und wandern auf dem Radweg bis zur gepflasterten Zufahrt. Dieser folgen wir dann mäßig steil bergan, bis sich vor uns die beeindruckende Burg (2) erhebt.

In den Sommermonaten bietet Burg Pyrmont Gelegenheit zur Zeitreise ins Mittelalter. Man sollte also zusätzliche Zeit für einen ausführlichen Rundgang oder eine Einkehr einplanen.

Der Traumpfad folgt der Zufahrt zum oberen Parkplatz und bietet vom Fahrradparkplatz aus einen großartigen Blick auf die Burg und ein erstklassiges Fotomotiv. In der Kurve verlassen wir die Straße und laufen geradeaus auf einen herrlichen Pfad. Hier macht der Pyrmonter Felsensteig seinem Namen alle Ehre. Efeuumrankte Schieferfelsen begleiten uns, bei **Kilometer 0.6** öffnet sich gar eine Höhle im Gestein.

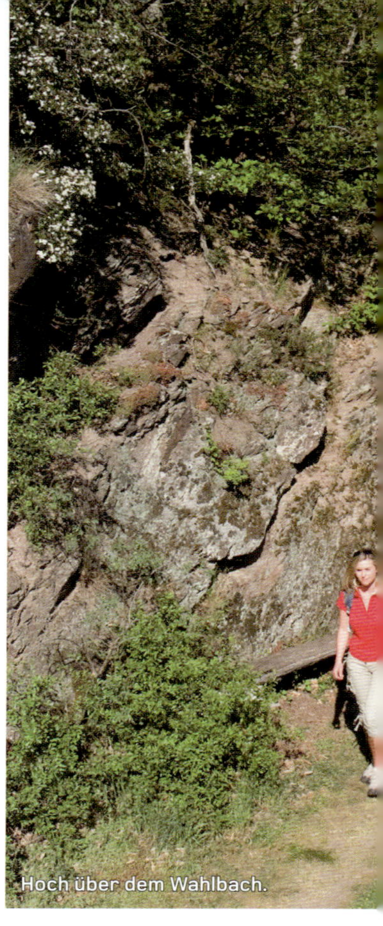

Hoch über dem Wahlbach.

Nur wenige Meter weiter ragt der Schiefer als fast senkrechte Wand empor. Immer auf Tuchfühlung mit dem Grundgebirge, schlängelt sich der Pfad hoch über dem Wahlbachtal gen Westen. Natürlich bieten sich von so exponierter Stelle auch

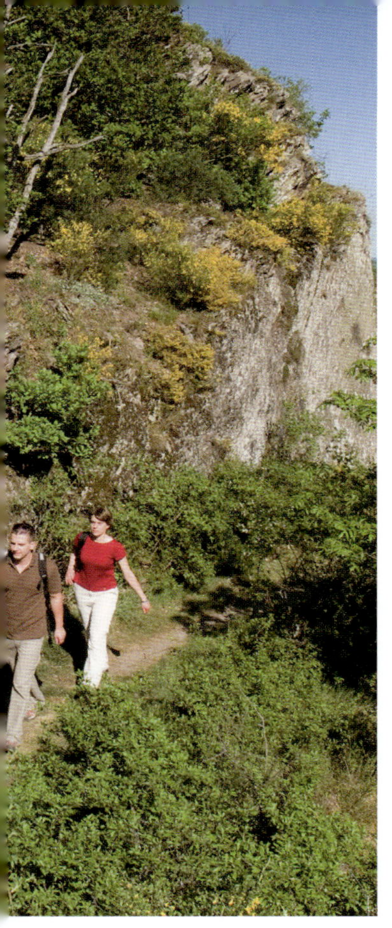

sagenhaft schöne Ausblicke auf das Tal. Viel zu schnell endet dieser spektakuläre Auftakt der Tour. An einer Weggabelung halten wir uns links, und wenig später beschreibt der Weg knapp oberhalb des Wahlbachs eine Spitzkehre.

Nun folgen wir dem kleinen Bach ostwärts. Wir queren das Bächlein und laufen auf dem Waldweg etwas aufwärts, um nach **1.8 km** einen echten Logenplatz (3) zu erreichen: Fast auf Augenhöhe grüßt von der anderen Talseite durch das Blätterwerk die trutzige Burg Pyrmont. Nun folgen wir dem talwärts führenden Weg und stoßen 200 m später auf eine Wegkreuzung: Hier halten wir uns scharf links und treffen im Tal auf einen breiten Wanderweg, der uns links zur nahen Mühle bringt.

Bevor wir diese passieren, lohnt ein kleiner Abstecher auf dem unteren Weg nach rechts, um den zweigeteilten Wasserfall, der je nach Wasserstand mal verspielt plätschert oder donnernd zu Tal rauscht, genauer in Augenschein zu nehmen. Anschließend laufen wir an der Pyrmonter Mühle (4) vorbei, und erreichen die K 35. Hier biegen wir auf einen parallelen Fußweg ab.

Nach kurzer Straßenbegleitung queren wir die Straße und steigen auf schmalem Waldweg im Zickzack durch den lichten Wald etwas bergan. Schnell haben wir die notwendige Höhe gewonnen und folgen dem Traumpfad- Logo sanft aufwärts hinaus auf freies Feld. Wir wandern zur nahen K 35 und queren die schmale Kreisstraße ein weiteres Mal. Voraus sehen wir eine eindrucksvolle Kreuzigungsgruppe. Auf erdigem Weg laufen wir zu dem aus dem 17. Jahrhundert stammenden Stationsaltar „Drei Kreuze" (5). Unmittelbar nach der

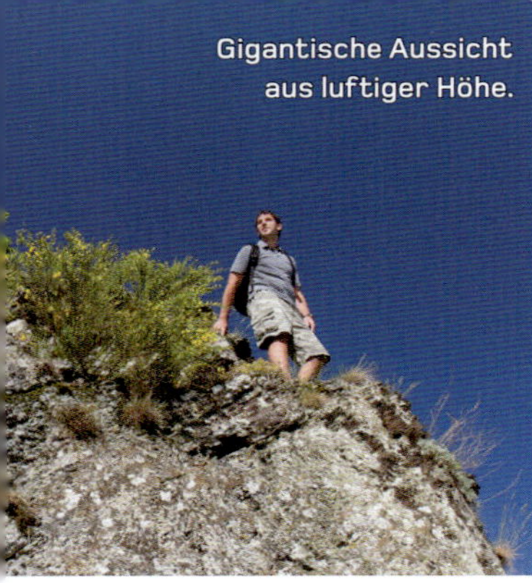
Gigantische Aussicht aus luftiger Höhe.

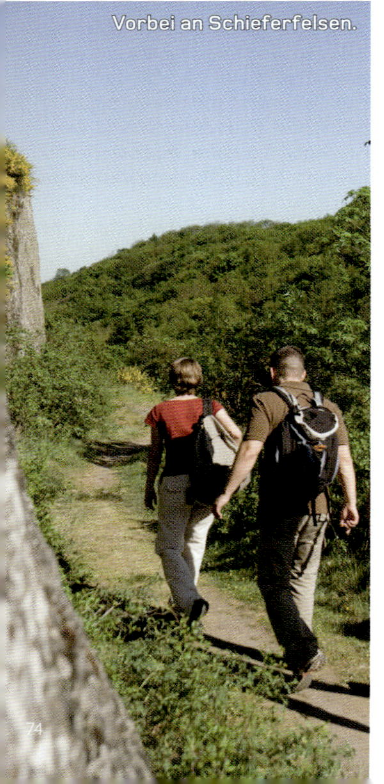
Vorbei an Schieferfelsen.

Kreuzigungsgruppe halten wir uns rechts und steigen auf weichem Wiesenweg bergan. Besonders im Frühsommer leuchtet am Wegesrand der Ginster in sattem Gelb. Nach links erhaschen wir über die Büsche hinweg tolle Blicke auf die Burg Pyrmont. Es folgt eine kurze Waldpassage, die uns schließlich an den Rand eines Feldes bringt. Hier orientieren wir uns nach links und befinden uns bald mitten in den weiten Feldern der Kolliger Höhe. Bei erster Gelegenheit biegen wir mit einem Feldweg nach rechts ab, erobern den Heidberg und wandern nun durch freie Flur.

Nach **4.5 km** passieren wir ein kleines Wäldchen und laufen weiter ansteigend nach Norden. Der erdige Weg führt auf ein weithin sichtbares Kreuz zu. Doch zunächst passieren wir ein kleines, steinernes Wegkreuz und biegen auf den nächsten Wiesenweg nach rechts ab. Vor einem Wäldchen geht es links, wir queren einen Teerweg und laufen geradeaus durch die Felder weiter.

Am nächsten Waldrand halten wir uns erneut links und gelangen mit diesem Umweg nach **6.2 km** zu dem hochaufragenden Holzkreuz (6) auf dem Sammetzkopf. Bänke laden zum Verweilen und Ausschauhalten ein. Wir verlassen diesen nördlichsten Punkt der Rundtour und biegen links auf den querenden Feldweg ab.

Doch schon die nächste Gelegenheit nach rechts ergreifen wir, unterqueren eine Stromleitung und wenden uns nur 100 m später nach links. So stehen wir rasch am Rand des Naturschutzgebiets am Juckelberg. Jetzt tauschen wir die breiten Feldwege und die offene Landschaft wieder ein gegen enge Pfade und üppige Vegetation. Wir wandern am Wäldchen nach links und dürfen nicht verpassen, an der ersten Verzweigung nach rechts zu laufen! Eng rücken Ginsterbüsche an den schmalen Pfad heran.

Kaum lichtet sich das Grün, lädt nach **7.3 km** eine Schutzhütte (7) zur Rast ein. Gestärkt setzen wir den Abstieg ins Elztal fort. Lianengleich hängen Waldreben von den knorrigen Baumveteranen, die den Niederwald und die Hecken überragen. Gut 100 Höhenmeter tiefer erreichen wir eine Weggabelung (8): Rechts geht es zur nahen Brückenmühle und zum Feriendorf. Unser Traumpfad setzt sich aber links auf tollem Waldpfad fort. Mit etwas Auf und Ab passieren wir eine alte Schieferhalde nebst Schutzhütte und genießen die wechselnden Ausblicke ins Tal. Nach **8.4 km** haben wir dann das Niveau des Flusses erreicht. Unter dem schattigen Dach der mächtigen Schwarzerlen folgen wir dem Pfad durch die Aue.

Ständig gibt es Neues zu entdecken: Mal liegt ein Baum quer über dem Fluss und sorgt für Strömungswirbel, mal sind es emsige Wasservögel bei der Nahrungssuche, die unsere Aufmerksamkeit auf sich ziehen. Der Traumpfad führt uns auf diesem Abschnitt mitten durch ein Naturidyll erster Güte. Dann geht es wieder aufwärts und imposante Felsen rücken in den Mittelpunkt. Wir erklimmen die Felsrippen der Teufelskammer (9) – vom gehörnten Fabelwesen ist nichts zu sehen ... Dafür beeindrucken uns die karge Bergvegetation und die mächtig und steil aufragenden Schieferfelsen umso mehr.

Zurück im Tal, dürfen wir nach **9.1 km** die Elz kurz hintereinander zweimal auf Stegen überqueren. Wieder folgen wir mit unserem Pfad jeder Biegung der ruhig strömenden Elz. Eine Treppe kündigt die nächste Herausforderung an. Kaum haben wir nach kurzem Aufstieg wieder den Fluss erreicht, lädt ein kurios gewachsener Baumstamm zum „Ritt an der Elz" ein.

Sehr abwechslungsreich setzen wir die Wanderung mal nah am Fluss, mal mit kurzen Aufstiegen fort. Nach **10.8 km** beschreibt die Elz eine große Biegung, und wir laufen an einer Auwiese vorbei. Wenig später trifft unser Pfad auf einen breiteren Talweg. Er bringt uns zu einem Steg, auf dem wir ans andere Ufer gelangen. Wir folgen dem Waldweg aufwärts und queren die wenig befahrene K 27. Über die Zufahrt legen wir die letzten Meter bis zum Parkplatz (1) zurück, wo nach **11.5 km** diese grandiose Traumwanderung zu rauschenden Wassern, wilden Felsen, stillen Winkeln und herrlichen Ausblicken zu Ende geht.

Der Pyrmonter Felsensteig wurde als Deutschlands schönster Wanderweg 2015 ausgezeichnet

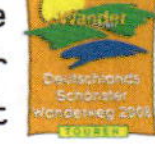

7 b Paradiesweg Polch

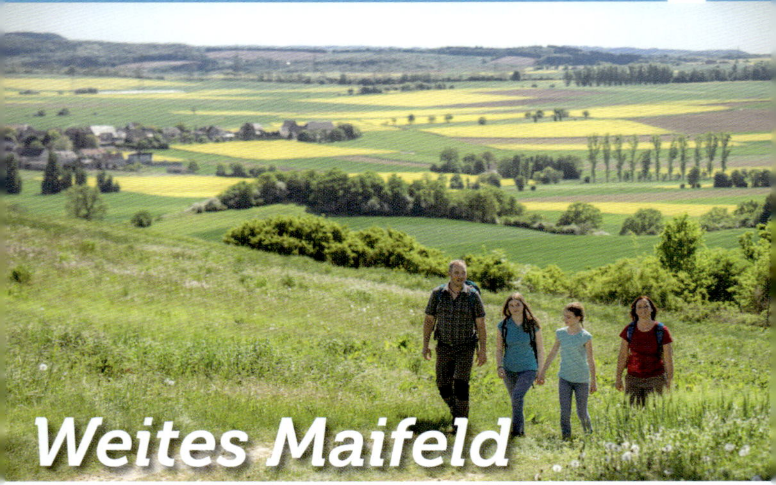

Weites Maifeld

Start/Ziel: Polch

Anfahrt: A 48 bis zur Abfahrt Polch, dann L 113 Richtung Münstermaifeld. Am Ortsende links auf Justus-von-Liebig Straße. Abzweig zum Schützenhaus liegt „Am Blumenberg".

Taxi: Taxi Rasbach, Koblenzer Str. 171, 56727 Mayen, ✆ 02651/496085
▪ Taxi Charly, Hauptstr. 13, 56753 Pillig, ✆ 02605/2022

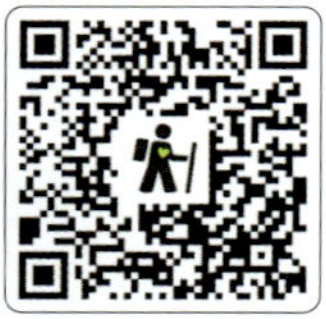

scan to go
QR-Code mit der App „traumtouren" einscannen und Route anzeigen lassen.

Parken: Schützenhaus Polch
N50° 17' 52.5'' • E7° 19' 28.8''

Wegpunkte:
P1 Parkplatz Schützenhaus Polch
32 U 380681 5573098
P2 Aussicht Uhlenberg
32 U 381677 5572471
P3 Rastplatz & Maifeldblick
32 U 382618 5572151
P4 Abzweig Kolpingkreuz
32 U 381672 5571954

▶ Mit dem PKW ca. 12 km vom Startpunkt Traumpfad Pyrmonter Felsensteig entfernt

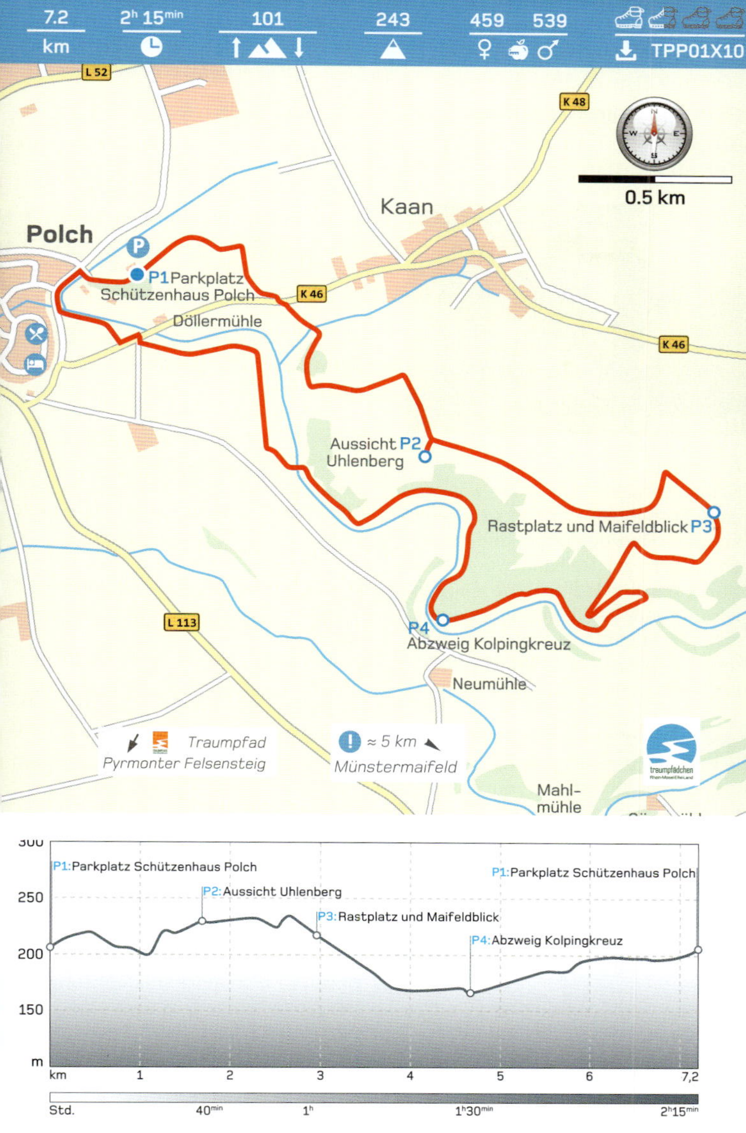

7.2
km
2h 15min
101
243
459
539
TPP01X10
L 52
K 48
0.5 km
Kaan
Polch
P
P1 Parkplatz
Schützenhaus Polch
K 46
Döllermühle
K 46
Aussicht P2
Uhlenberg
Rastplatz und Maifeldblick P3
L 113
P4
Abzweig Kolpingkreuz
Neumühle
Traumpfad
Pyrmonter Felsensteig
≈ 5 km
Münstermaifeld
traumpfädchen
Mahl-
mühle
300
250
200
150
m
P1: Parkplatz Schützenhaus Polch
P2: Aussicht Uhlenberg
P3: Rastplatz und Maifeldblick
P4: Abzweig Kolpingkreuz
P1: Parkplatz Schützenhaus Polch
km
1
2
3
4
5
6
7,2
Std.
40min
1h
1h30min
2h15min

Maifeld wir kommen! Lust auf Entschleunigung in der Natur? Dann sind wir auf dem Paradiesweg Polch mit seiner offenen Weite genau richtig.

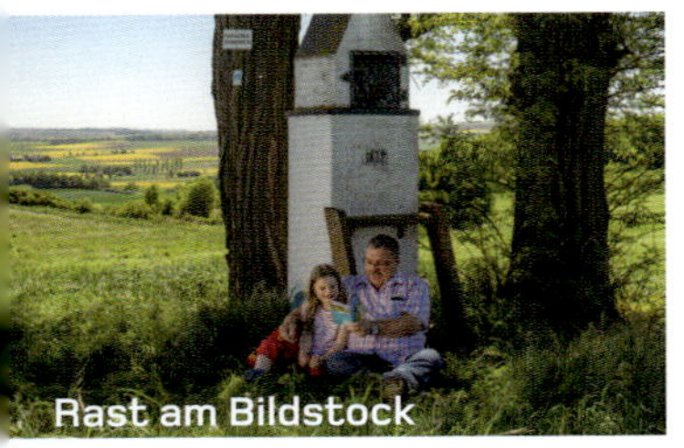

Rast am Bildstock

Am Parkplatz (1) des Polcher Schützenhauses beginnen wir unsere Entschleunigungstour. Der besondere Reiz des Maifeldes kommt am besten zur Geltung, wenn wir im Uhrzeigersinn laufen. Also wenden wir uns vom Parkplatz dem gemütlich ansteigenden Feldweg zu, der uns durch ein kleines Wäldchen bald erstmals in die offene Flur bringt.

Während wir den mittlerweile naturbelassenen Feldwegen mit einigen Schlenkern durch die Felder folgen, bleibt unser Blick v.a. am Kirchturm von Kaan hängen. Wir queren eine kaum befahrene Straße und passieren ein Gehölz und einen Heckenriegel, aus dem im Frühling emsiges Gesumme zu vernehmen ist.

Nun schwingt sich der Weg sanft bergan und bringt uns auf den Uhlenberg. Was für eine Panorama-aussicht! Schier endlos können wir den Blick über die Felder und Wiesen des Maifeldes schweifen lassen. Mittendrin erhebt sich Münstermaifeld mit seiner dominanten Kirche. Weiter am Horizont setzen die Kegelberge der Eifelvulkane die für die Region typischen Akzente. Bei einem solchen „Fernsehangebot" ist es klar, dass wir den kurzen Abstecher zu einer bestens positionierten Sinnesbank (2) nicht auslassen....

Anschließend frönen wir dem beschwingten Wandern und passieren dabei einen markanten Solitärbaum, der seine knorrige Krone in den blauen Himmel reckt. Kurz darauf überschreiten wir eine Kuppe und beginnen den sanften Abstieg ins Tal. Dabei bietet ein aussichtsreicher Rastplatz (3) Gelegenheit zum Verweilen. Im Tal ändert sich die Szenerie, denn nun sorgt der Polcher Bach mit seinen Wiesen für Kurzweil.

Mitten in diesem Naturidyll ergibt sich die Möglichkeit zu einem Abstecher (4): wer zusätzliche Höhenmeter nicht scheut, kann zum Kolpingkreuz aufsteigen (Entfernung einfach 250m) und dort von einer Bank die Aussicht nach Münstermaifeld auskosten.

Zurück im Tal queren wir etwas später den Polcher Bach und wandern mitten durch die Felder. Voraus ist bereits Polch auszumachen. Unweit der Döllermühle queren wir noch einmal die Straße nach Kaan und folgen dann dem Bach zurück zum Parkplatz am Schützenhaus (1).

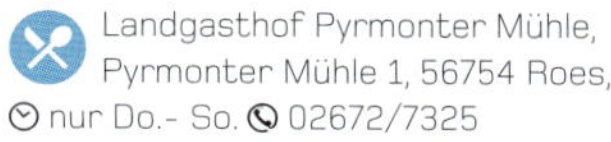

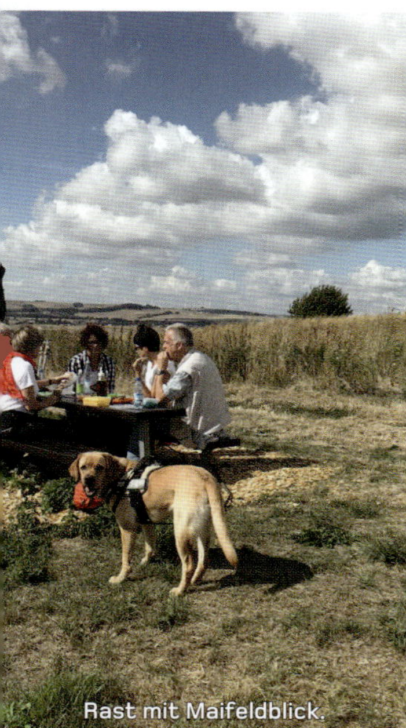

Rast mit Maifeldblick.

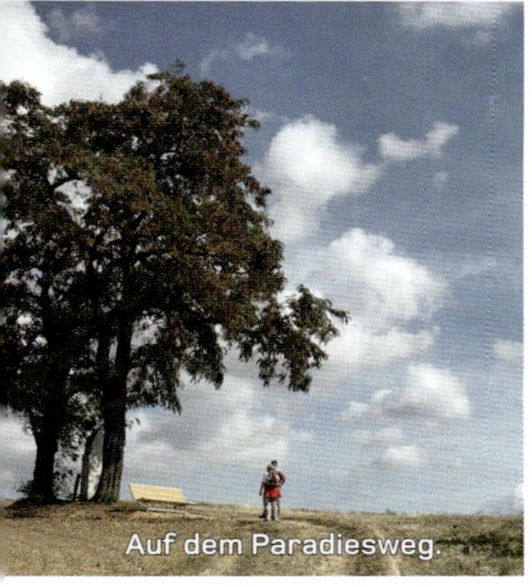

Auf dem Paradiesweg.

Landgasthof Pyrmonter Mühle, Pyrmonter Mühle 1, 56754 Roes, nur Do.- So. 02672/7325 www.pyrmonter-muehle.de
- Hotel-Restaurant Gilles, Schulstraße 5, 56751 Kollig nur Mo.- Do. 02654/7510 www.hotel-gilles.de
- Die kleine Bauernschmause, St. Georgenstr. 34, 56751 Polch, 02654/6171, www.bauernschmause.de
- mehr unter www.maifeldurlaub.de

Landgasthof Pyrmonter Mühle, Pyrmonter Mühle 1, 56754 Roes, nur Do.- So. 02672/7325 www.pyrmonter-muehle.de
- Pilliger Hof, Hotel und Restaurant Hauptstr. 13, 56753 Pillig 02605/4425 www.pilliger-hof.de Di. Ruhetag
- Hotel Pastis, Elztalstrasse 1, 56753 Pillig 02605/8495727 www.hotelpastis.de
- Weitere Unterkunftsmöglichkeiten unter www.maifeldurlaub.de

Info: www.vrm.info
Traumpfad: Burg Pyrmont
- Sa & So: RB 81 (Koblenz - Treis-Karden) dann Bus 330 „Burgenbus" (Treis-Karden - Burg Pyrmont)

Traumpfädchen: Polch Markt
- Mo-So: Buslinie 353 (Koblenz - Polch)

Zwar handelt es sich bei der Schwanenkirche in Forst um einen Neubau aus den 1950er-Jahren, aber die Tradition dieser Wallfahrtskirche reicht bis ins Jahr 1460 zurück. Die ursprüngliche dreischiffige Hallenkirche im gotischen Stil wurde bei einem Luftangriff 1944 zerstört. Das stark beschädigte Vesperbild aus dem 15. Jahrhundert konnte gerettet und restauriert werden.

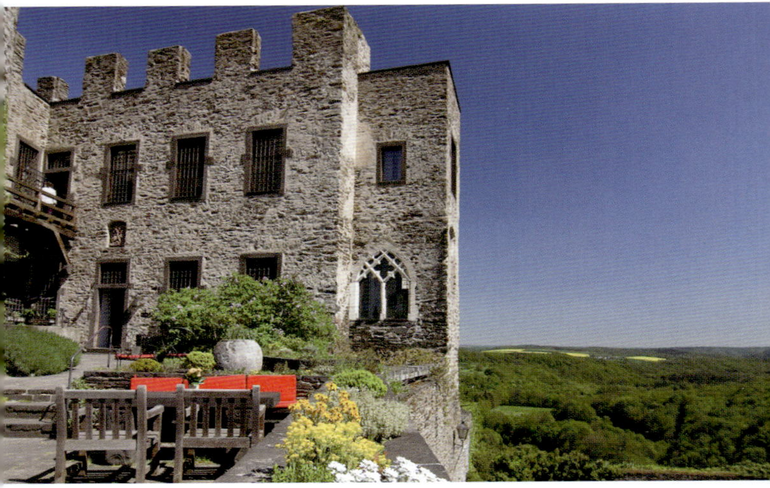

Besuch im Mittelalter

Beeindruckend wacht die Burg Pyrmont in luftiger Höhe über das Wahlbachtal und das Elzbachtal. Weit zurück reichen die Wurzeln der mächtigen Feste: Bereits 1225 wird die Burg zum ersten Mal urkundlich erwähnt. Im Gegensatz zu vielen Burgen am Rhein blieb die Pyrmonter Burg sowohl im pfälzischen Erbfolgekrieg 1688–1697 als auch beim Einmarsch der Franzosen 1794 unzerstört. Das Schicksal des stolzen Gemäuers wurde 1810 besiegelt, als die Burg von den Franzosen an einen Bauunternehmer versteigert wurde, der sie fortan als Steinbruch nutzte. Nach zahlreichen Besitzerwechseln begann erst 1963 die systematische Rekonstruktion der Burg.

Heute ist es bei einem Rundgang möglich, nicht nur die restaurierten Wehranlagen aus dem Mittelalter zu bestaunen, sondern auch den Ausblick vom Bergfried zu genießen. Spätestens beim Besuch der Rüstkammer, des Verlieses oder der Folterkammer fühlt sich der Besucher ins Mittelalter versetzt, und manch einer wird beim Anblick der gruseligen Gerätschaften froh sein, im zivilisierten 21. Jahrhundert zu leben. Öffnungszeiten bitte vorab prüfen.

Weitere Informationen unter: ✆ 02672/2345 ⓘ www.burg-pyrmont.de

Notizen

8 Hatzenporter Laysteig

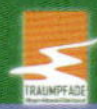

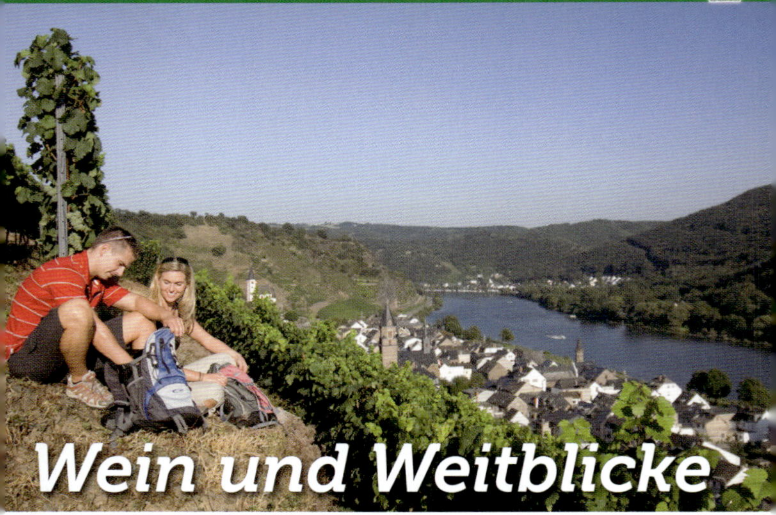

Wein und Weitblicke

- **Start/Ziel:** Hatzenport, Bahnhof

- **Tourist-Info**
  Sonnige Untermosel, Moselstraße 7,
  56332 Alken ✆ 02605/8472736
  www.sonnige-untermosel.de

- **Taxi:**
- Ewald ✆ 02605/4700

- **Anfahrt:** Über die B 416 entlang der Mosel nach Hatzenport. Parkmöglichkeit unweit des Fährturms an der Moselstraße. Anreise mit der Bahn zum Bahnhof Hatzenport.

scan to go®

QR-Code mit der App „traumtouren" einscannen und Route anzeigen lassen.

- **Parkplätze in Hatzenport:**
- Bahnhof N50° 13' 38.9'' • E7° 24' 47.4''
- Fährturm N50° 13' 35.5'' • E7° 24' 46.2''

- **Wegpunkte:**

P1: Hatzenport, Portal am Bahnhof 32 U 386784 5565133
P2: Wetterstation 32 U 386870 5565252
P3: Winzerhütte 32 U 387426 5565380
P4: Rabenlay 32 U 387426 5565380
P5: Kreuzlay 32 U 386951 5565359
P6: Schrumpftal an K 40 32 U 386050 5565805
P7: Westlicher Wendepunkt 32 U 384888 5564227
P8: Einstieg Klettersteig 32 U 386333 5565117

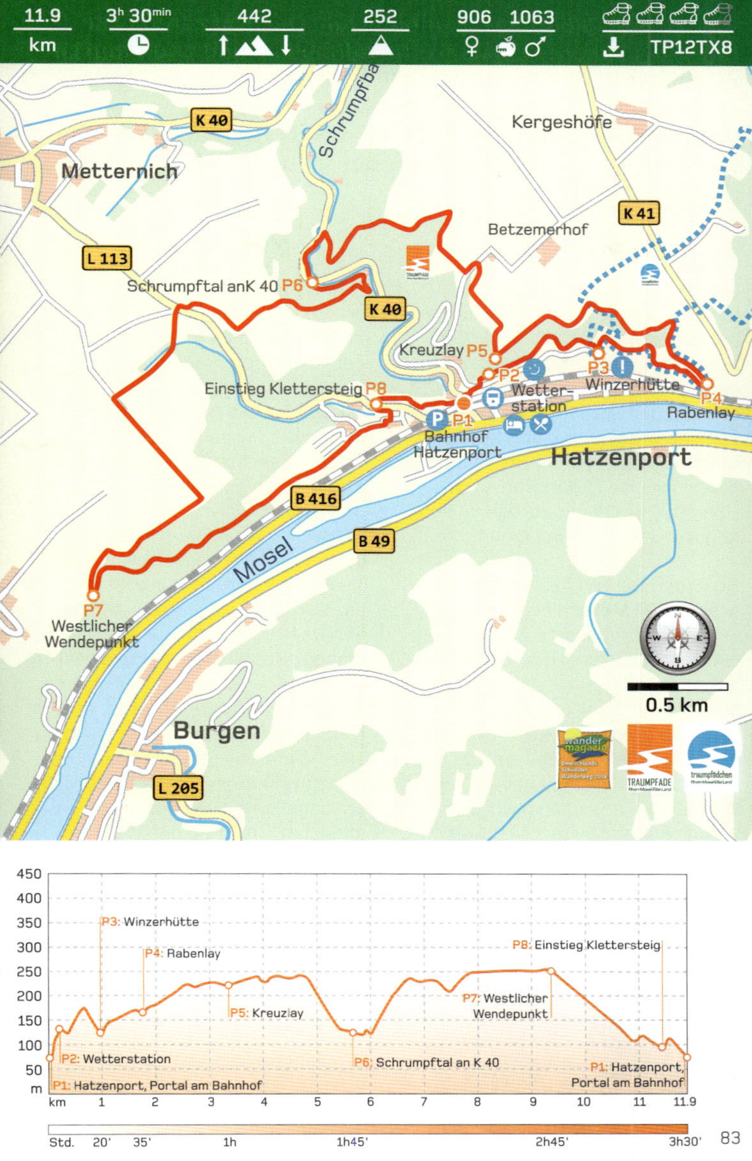

11.9
km
3h 30min
442
252
906 1063
TP12TX8
K 40
Kergeshöfe
Schrumpfbach
Metternich
K 41
Betzemerhof
L 113
Schrumpftal anK 40 P6
K 40
Kreuzlay P5
P2
P3
Winzerhütte
Einstieg Klettersteig P8
Wetter-
station
P4
Rabenlay
P1
Bahnhof
Hatzenport
Hatzenport
B 416
B 49
Mosel
P7
Westlicher
Wendepunkt
0.5 km
Burgen
L 205
TRAUMPFADE
traumpfädchen
450
400
350
300
250
200
150
100
50
m
P3: Winzerhütte
P4: Rabenlay
P8: Einstieg Klettersteig
P5: Kreuzlay
P7: Westlicher
Wendepunkt
P2: Wetterstation
P6: Schrumpftal an K 40
P1: Hatzenport, Portal am Bahnhof
P1: Hatzenport,
Portal am Bahnhof
km 1 2 3 4 5 6 7 8 9 10 11 11.9
Std. 20' 35' 1h 1h45' 2h45' 3h30'

Welch eine grandiose Kombination: Der Hatzenporter Laysteig vereint spielerisch Weinkultur und sagenhafte Ausblicke. Von den steilen wie schroffen Felsen der Moselhänge geht es auf dieser Genuss-Tour zu den sanften Weiten des Höhenplateaus und durch verträumte Waldabschnitte. Sportliche Kür (aber keine Pflicht!) ist der Klettersteig am Dolling.

Direkt am Fahrkartenautomat neben dem Bahnhof Hatzenport (1) nehmen wir die Spur des „Hatzenporter Laysteigs" auf. Wir unterqueren die Bahntrasse, und schon geht es richtig los: Nicht gemütlich entlang der Straße, wie es der Moselhöhenweg macht, sondern steil, pfadig und aufregend führt uns das markante Traumpfad-Logo den Hang auf einem neuen, den Felsen abgerungenen Steig empor.

So haben wir schon nach den ersten **200 Metern** einen Vorgeschmack auf diesen streckenweise recht anspruchsvollen Traumpfad bekommen. Doch kaum haben wir neben einer Bank den querenden Teerweg erreicht, belohnt uns die erste schöne Aussicht auf das Moseltal und macht Lust auf mehr. Wir wenden uns nach rechts und verlassen den Wirtschaftsweg gemeinsam mit dem „Wein-Wetter-Weg" 80 m später. Links führt eine Treppe hinauf zur Wetterstation (2), an der uns eine Tafel Wissenswertes zum Klima vermittelt. Zum Greifen nah kommen wir anschließend mit dem Weinbau in Kontakt: Der Traumpfad führt uns direkt durch die Rebenzeilen nach Osten. Noch einmal berühren wir fast den asphaltierten Weg, doch unmittelbar davor folgen wir wieder dem Pfad durch den frisch ausgeputzten, längst aufgelassenen Weinberg. Wir gewinnen an Höhe und queren nach **600 m** den Naafgraben. An der nächsten Weggabelung halten wir uns rechts und wandern wenig später durch urwüchsige Natur – Felsklippen und Krüppeleichen dominieren hier seit Jahrhunderten den Steilhang. Viel zu schnell haben wir diese herrliche Passage hinter uns gebracht und erreichen am Ende des Wirtschaftsweges eine Wegkreuzung an der das Traumpfädchen Löfer Rabenlaypfad zu uns stößt. Bevor wir nun also in Gesellschaft dem unteren Pfad nach links folgen, lohnt sich ein 50m kurzer Abstecher zur Winzerhütte (3) an der Hangkante. Hier bietet sich nach **1 km** neben der Gelegenheit zur Rast auch ein grandioser Ausblick auf die Mosel,

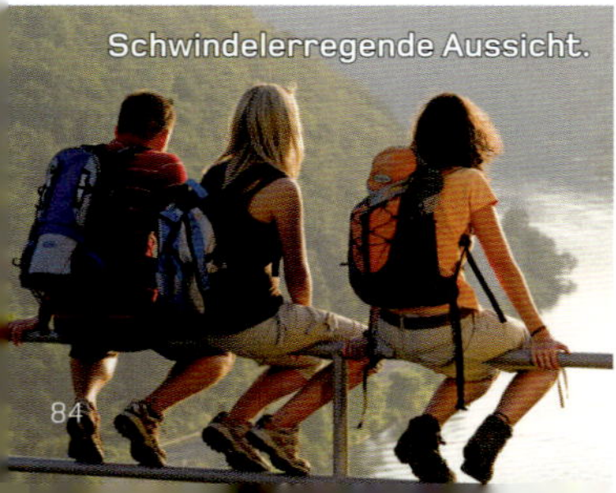

Schwindelerregende Aussicht.

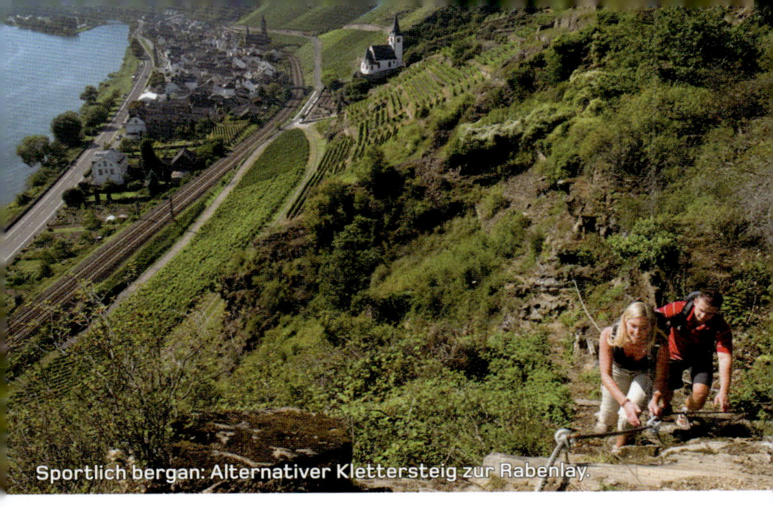
Sportlich bergan: Alternativer Klettersteig zur Rabenlay.

Hatzenport und die Alte Kirche. Frisch gestärkt, wandern wir weiter auf meist schmalem Pfad durch Niederwald. Auch bei den folgenden Abzweigungen behalten wir Richtung und Höhe bei und gelangen bald wieder in freies Weinbergsgelände. Immens steil fallen die Hänge nach Süden ab – und wir bekommen eine Vorstellung, wie hart die Winzer für jeden Tropfen Rebensaft arbeiten müssen. Nach **1.8 km** treffen wir am östlichsten Punkt der Tour, der Rabenlay **(4)**, ein. Hier mündet an einer Schutzhütte auch ein anspruchsvoller, mit Leitern versehener Klettersteig. Nach ausgiebigem Genuss der Aussicht wenden wir uns nun von der Hangkante ab nach Nordwesten.

Am Feldrand begleiten uns üppige Hecken. Mit einigen Richtungswechseln folgen wir immer der Hangkante, bis sich an einer Wegkreuzung das Traumpfädchen verabschiedet. Die folgenden Verzweigungen mit lokalen Wanderwegen lassen wir unbeachtet, und auch die Gebäude des einsam in freier Flur liegenden Betzemerhofs sind für uns nicht von Bedeutung. Nach **3.3 km** treffen wir an der Kreuzlay **(5)** ein, die mit dem markanten weißen Kreuz und der Fahne bereits vom Start aus zu sehen war. Eine Bank lädt zum Verweilen ein, und wir schwelgen in der fantastischen Aussicht, die uns von der hohen Felsklippe aus geboten wird. Es bleibt nicht der einzige Höhepunkt des Hatzenporter Laysteigs. Wir folgen den weichen Wiesenwegen meist unmittelbar neben den Hecken der Hangkante. Nach **3.9 km** stößt der Wiesenweg auf einen asphaltierten Weg. Hier biegen wir nach links und laufen etwa 150 m abwärts, bevor wir mit einem Schwenk nach rechts wieder Naturbelag unter den Füßen haben und zwischen den Feldern an Höhe gewinnen. Wir nähern uns nun dem Schrumpftal. Natürlich bringt das auch wieder einen Wechsel in der Vegetation mit sich: Kaum senkt sich der Weg ab, treten wir in den Wald ein. Niedrig gewachsene Eichen – uralt und durch den kargen Boden kleinwüchsig geblieben – begleiten uns abwärts. Felsklippen lassen sich erahnen und geben diesem Abschnitt einen verträumten Charakter.

Bei **Kilometer 5.4** treffen wir im idyllischen Schrumpftal ein und wenden uns nach links. In Sichtweite des kleinen Bachs verlieren wir weiter an Höhe. Das Murmeln des Schrumpfbaches begleitet uns zur Querung der K 40 (6). Auf der anderen Seite geht es zunächst noch ohne größere Höhenunterschiede auf weichem Waldpfad bis zur Probstmühle. Wir lassen sie links liegen und dürfen etwa 100 m hinter der Mühle die scharfe Kehre nach rechts aufwärts nicht verpassen. Nun ist Kondition gefordert, denn die beim Abstieg verlorenen Höhenmeter wollen wieder erklommen werden.

Kurzweilig geht es durch den herrlichen Hochwald, bis wir den Waldrand erreichen und uns nach **6.7 km** wieder auf freiem Feld befinden. An einem Querweg halten wir uns geradeaus und wandern nun bei freier Rundumsicht durch die leicht gewellte Landschaft. Nach Querung der L 113 biegen wir sofort links auf einen Feldweg ab. Dieser bringt uns ins nahe Tal hinab, wo wir einen nur noch zu erahnenden Bach queren.

Ein kleiner Richtungswechsel nach rechts und vorbei an Schafweiden geht es wieder bergan. Auf der Anhöhe des Rothenbergs treffen wir nach **7.8 km** auf einen asphaltierten Weg und schwenken nach links. Nur 100 m später endet der Asphalt, und wir laufen geradeaus (nun auch mit dem Moselhöhenweg, weißes M) auf Naturweg weiter. Wir genießen die Weite des Plateaus und wandern, an der Hangkante angelangt, rechts nach Südwesten. Schnell erreichen wir entlang den Hecken den westlichen Umkehrpunkt des Traumpfads (7): Mit einer scharfen Wendung nach links knickt der Hatzenporter Laysteig nach **9.4 km** mit M und weiteren Wegen auf einen idyllischen Pfad durch den Niederwald ab.

Der Pfad schlängelt sich durch den steilen Hang, und bald öffnet sich das dichte Blattwerk: Wir haben die ersten Weinberge erreicht und können von dem kleinen Aussichtsplateau das Moseltal und Hatzenport aus neuer Perspektive in Augenschein nehmen. Gemächlich verlieren wir an Höhe und nähern uns den ersten Häusern. Gemeinsam mit Moselsteig M, Jakobsweg und Wein-Wetter-Weg passieren wir das ruhige Neubaugebiet und folgen dem Fußweg hinab ins Tal und zur L 113. Doch Achtung: Wer das Finale auf dem Klettersteig nicht verpassen will, der darf nicht bis zur Straße an der Bushaltestelle laufen (von dort geht es mit „M" neben der Straße zum Bahnhof), sondern muss bei **Kilometer 11.3** links über die Wiese zur Straße hin abbiegen. Hier geht es gut 50 m neben der Leitplanke links bergan, bis wir die Straße queren und dann den Einstieg in den Klettersteig (8) nutzen. Eine Warntafel weist darauf hin, dass nur geübte Wanderer mit guter Trittsicherheit und Schwindelfreiheit diese Route nehmen sollen.

Der Dolling Klettersteig stellt eine Schlüsselstelle auf diesem Traumpfad dar, und liegt in der Schwierigkeit deutlich über dem Rest der ansonsten mittelschweren Strecke. Daher sind Trittsicherheit und festes Schuhwerk wirklich absolut notwendig, und auch Schwindelfreiheit sollte man mitbringen, um die exponierten Abstiege und die Leitern problemlos zu meistern. Dennoch gehört dieser Klettersteig noch zu den einfacheren Steigen und darf nicht mit dem Klettersteig Boppard oder dem Calmont Klettersteig verglichen werden, die beide deutlich anspruchsvoller sind.

Zunächst führt uns der Dolling sanft durch die Rebzeilen, dann verengt sich der Weg zum Pfad. Hart am Hang schlängelt sich der Pfad, überwindet einige Absätze und findet seinen Kletter-Höhepunkt schließlich an zwei Leitern. Unten angelangt, geht es neben den Gleisen nach Osten, und nach **11.9 km** erreichen wir nach großartigen Erlebnissen und voller Eindrücke das Startportal in Hatzenport (1).

Der Hatzenporter Laysteig errang 2018 den 3. Platz beim Wettbewerb „Wanderweg des Jahres". Streckenweise führen auch das Traumpfädchen „Löfer Rabenleypfad" und der „Moselsteig" über die Trasse.

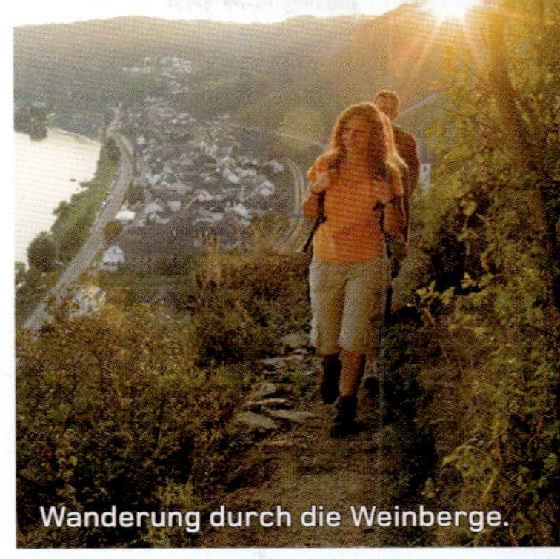

Wanderung durch die Weinberge.

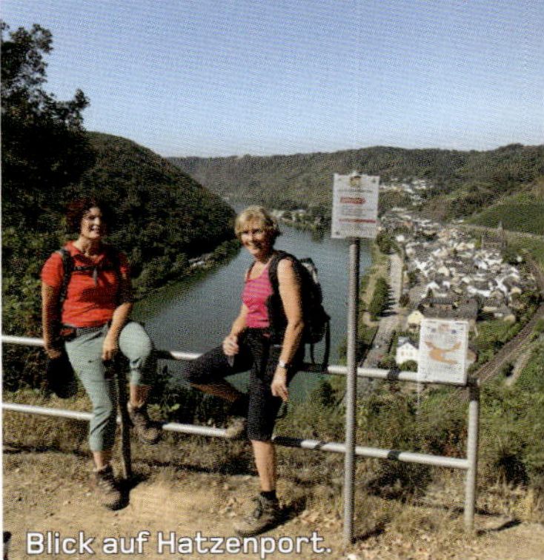

Blick auf Hatzenport.

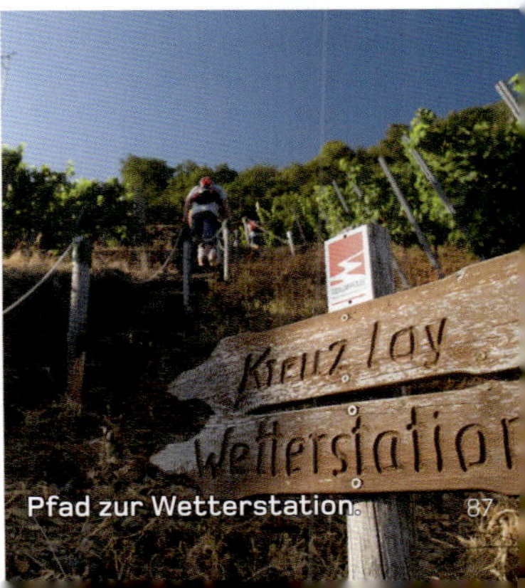

Pfad zur Wetterstation.

8 b Löfer Rabenlaypfad

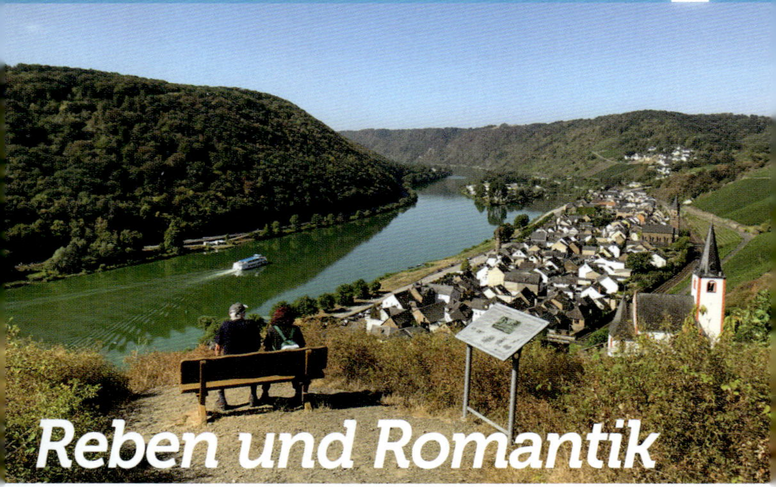

Reben und Romantik

Start/Ziel: Schutzhütte Alzbachtal oder Sportplatz Löf (Zuweg)

Taxi: Taxi Ewald, ✆ 02605/4700

Anfahrt: Über die B 416 entlang der Mosel. Der Parkplatz befindet sich beim Sportplatz Löf „In der Mark". Von dort ist ein Zuweg (350m einfach) zum Start der Tour ausgeschildert.

scan to go®

QR-Code mit der App „traumtouren" einscannen und Route anzeigen lassen.

Parken: Sportplatz Löf „In der Mark"
N50° 14' 06.5'' • E7° 26' 15.2''

Wegpunkte:

P1 Schutzhütte Alzbachtal
32 U 388423 5566080

P2 Treffen Traumpfad
32 U 387426 5565649

P3 Winzerhütte
32 U 387455 5565380

P4 Rabenlay
32 U 387986 5565194

▶ Bei P2 trifft man erstmals auf den Traumpfd Hatzenporter Laysteig

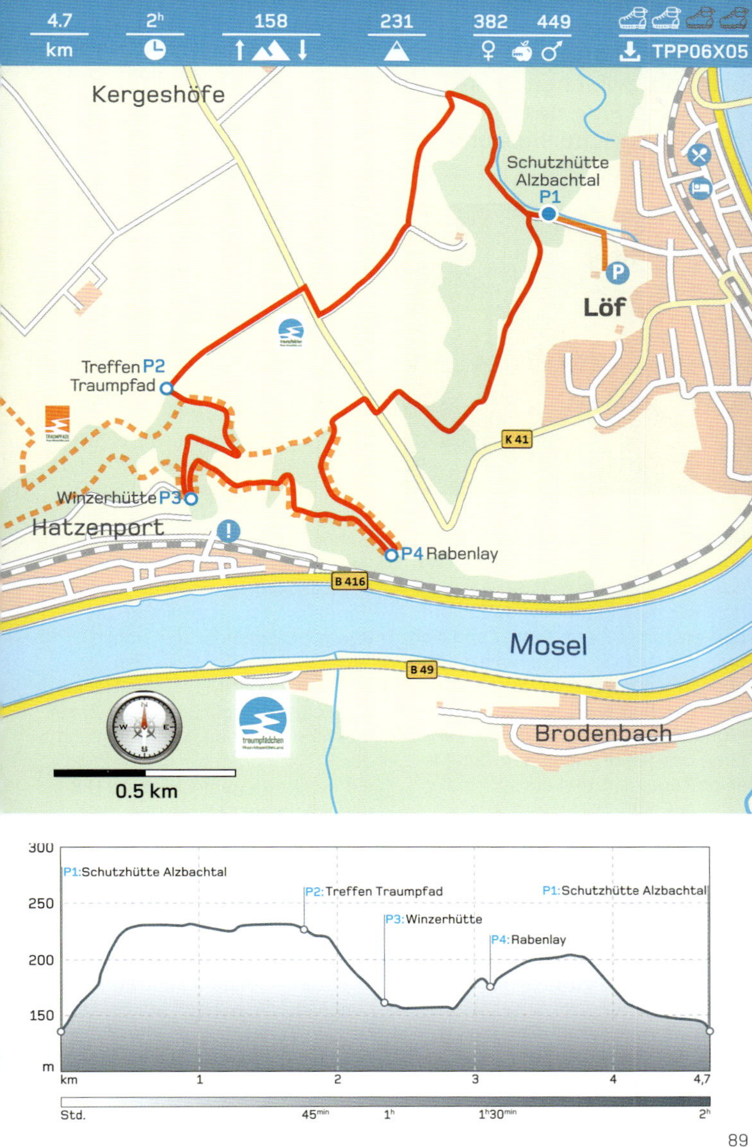
4.7
km
2h
158
231
382
449
TPP06X05
Kergeshöfe
Schutzhütte
Alzbachtal
P1
Löf
Treffen P2
Traumpfad
Winzerhütte P3
Hatzenport
P4 Rabenlay
K 41
B 416
Mosel
B 49
Brodenbach
traumpfädchen
0.5 km
300
250
200
150
m
P1:Schutzhütte Alzbachtal
P2:Treffen Traumpfad
P3:Winzerhütte
P4:Rabenlay
P1:Schutzhütte Alzbachtal
km
1
2
3
4
4,7
Std.
45min
1h
1h30min
2h

Moselsteilhang – wir kommen: Ein grandioses Erlebnis zwischen Fels, Fluss und Flur, das aber gute Trittsicherheit und Kondition benötigt ...

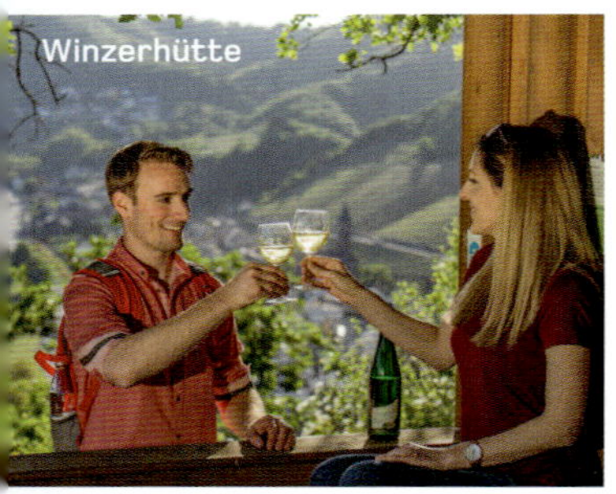
Winzerhütte

Nach kurzem Zuweg vom Parkplatz am Löfer Sportplatz erreichen wir das Portal an der Schützhütte am Alzbach (1) und merken schon auf den ersten Metern: ohne Kondition wird das nichts.... Stramm steigt unser Traumpfädchen durch den artenreichen Wald bergan. Kein Wunder also, dass wir bei Erreichen des Waldrandes auf dem Moselplateau erst mal durschnaufen.

So anstrengend der Auftakt war, so angenehm ist die folgende offene Flurpassage: fast eben wandern wir durch Felder und Wiesen und genießen den Weitblick. Auf der anderen Moselseite erkennen wir sogar die Ehrenburg. An einem Wäldchen biegen wir links ab und erstmals gesellt sich der Traumpfad Hatzenporter Laysteig (2) zu uns. Doch schon bald setzen wir die Tour wieder alleine fort und bewältigen den strammen Abstieg durch den urigen Hangwald, dank guter Trittsicherheit, ohne Probleme. Der Pfad windet sich um tief eingeschnittene, idyllische Kerbtäler und bringt uns in offenes Terrain, wo wir auf den Moselsteig stoßen. An der nahen Winzerhütte (3) bietet sich eine aussichtsreiche Rastmöglichkeit.

Anschließend führt unser Pfad noch einmal durch den Hangwald, verläuft aber bald in freiem Gelände. Felsen und herrliche Ausblicke prägen diesen Abschnitt, auf dem der Pfad allerdings unsere volle Aufmerksamkeit fordert, denn der Hang fällt steil zur Mosel hin ab. Immer wieder bieten aber Bänke sichere Logenplätze. Nach einer letzten spektakulären Pfadpassage stehen wir an der Hütte der Rabenlay (4) und genießen die Aussicht von einer der Bänke.

Wir kehren der Mosel den Rücken und folgen prächtigen Hecken auf das Moselplateau. Nach Querung der K41 tauchen wir in den Wald ein, verlieren gemächlich an Höhe und wechseln bald an den Waldrand. Durch die Kronen knorriger Streuobstbäume erhaschen wir einen Blick auf Burg Thurant, deren Türme keck vom rechten Moselufer grüßen. An der Festwiese wechselt unser Pfad noch einmal in lichten Mischwald und führt uns zum Alzbach, wo sich am Portal bei der Schutzhütte (1) der Kreis unserer reizvollen Moselwanderung schließt.

Weinhaus Ibald, Moselstraße 34
56332 Hatzenport
✆ 02605/2043
ⓘ www.weinhaus-ibald.de
■ Zur Traube, Moselstr. 7,
56332 Hatzenport ✆ 02605/777
■ Winzerhof Gietzen, Moselstr. 70,
56332 Hatzenport ✆ 02605/952371
ⓘ www.winzerhof-gietzen.de
■ Weitere Einkehrmöglichkeiten:
ⓘ www.sonnige-untermosel.de

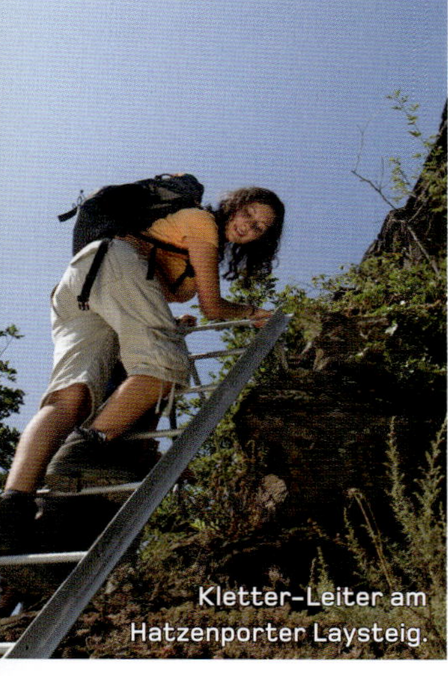

Kletter-Leiter am Hatzenporter Laysteig.

Beide Wege verlaufen zwischen Winzerhütte und Rabenlay über teils ausgesetzte, felsige Pfade (Vorsicht bei Nässe!). Sehr gute Trittsicherheit und Schwindelfreiheit sind sehr wichtig. Zudem verlangen die An- und Abstiege ein stabiles Schuhwerk.

Brunnenhof, Moselstraße 58
56332 Hatzenport
ⓘ www.brunnenhof-hatzenport.de
✆ 02605/952485
■ Winzerhof Gietzen, Moselstr. 70,
56332 Hatzenport ✆ 02605/952371
ⓘ www.winzerhof-gietzen.de
■ Weitere Übernachtungsmöglichkeiten:
ⓘ www.sonnige-untermosel.de

Info: ⓘ www.vrm.info
Traumpfad: Bf. Hatzenport
■ Mo-So: RB 81 (Koblenz - Trier)
Traumpfädchen: Bf. Löf
■ Mo-So: RB 81 (Koblenz - Trier)

Auch als „Alte Kirche" ausgeschildert, gilt die St. Johannes-Kirche von Hatzenport als Kleinod der Spätromanik. In den Weinbergen gelegen, ist vor allem das Fenster des linken Nebenaltars sehenswert. Es zeigt die Kreuzigung Christi und ist um 1480 entstanden. Das Uhrwerk wurde Ende des 16. oder Anfang des 17. Jahrhunderts gefertigt und funktioniert bis heute.

Teilweise folgt der Hatzenporter Laysteig dem Wein-Wetter-Wanderweg zwischen Hatzenport, Löf und der Burg Bischofstein. Es lohnt sich dem Logo des Kulturwegs zu folgen und unterwegs Interessantes zu Themen wie Wein, Wetter und Trockenmauern im Moseltal zu erfahren. ⓘ www.weinwetterweg.de

9 Eltzer Burgpanorama

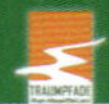

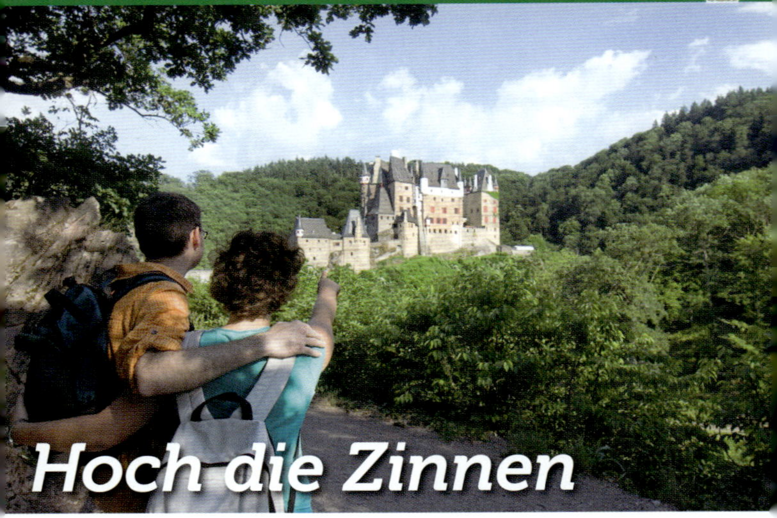

Hoch die Zinnen

- **Start/Ziel:** Dorfgemeinschaftshaus Wierschem

- **Tourist-Info**
  Verbandsgemeinde Maifeld,
  Münsterplatz 6, 56294 Münstermaifeld
  ✆ 02605/9615026 ⓘ www.maifeld.de

- **Taxi:**
- Charly ✆ 02605/2022

- **Anfahrt:** Über die A 48 bis zur Abfahrt Trimbs. Nun folgt man der L 113 nach Münstermaifeld. Dort gelangt man über die K 38 (Pappestraße) nach Wierschem.

scan to go®

QR-Code mit der App „traumtouren" einscannen und Route anzeigen lassen.

- **Parkplatz in Wierschem:**
- In den Wiesen
  N50° 13' 33.9'' • E7° 20' 51.0''

- **Wegpunkte:**
  - **P1:** Dorfgemeinschaftshaus Wierschem 32 U 382139 5565022
  - **P2:** Aussicht 32 U 381508 5564709
  - **P3:** Rastplatz im Elzbachtal 32 U 380645 5563606
  - **P4:** Burg Eltz 32 U 391309 5562823
  - **P5:** Ringelsteinermühle 32 U 382595 5562284
  - **P6:** Aussichtsfelsen 32 U 382810 5562333
  - **P7:** Abzweig Tholeisterhof 32 U 382965 5563538
  - **P8:** Schutzhütte 32 U 382657 5564303

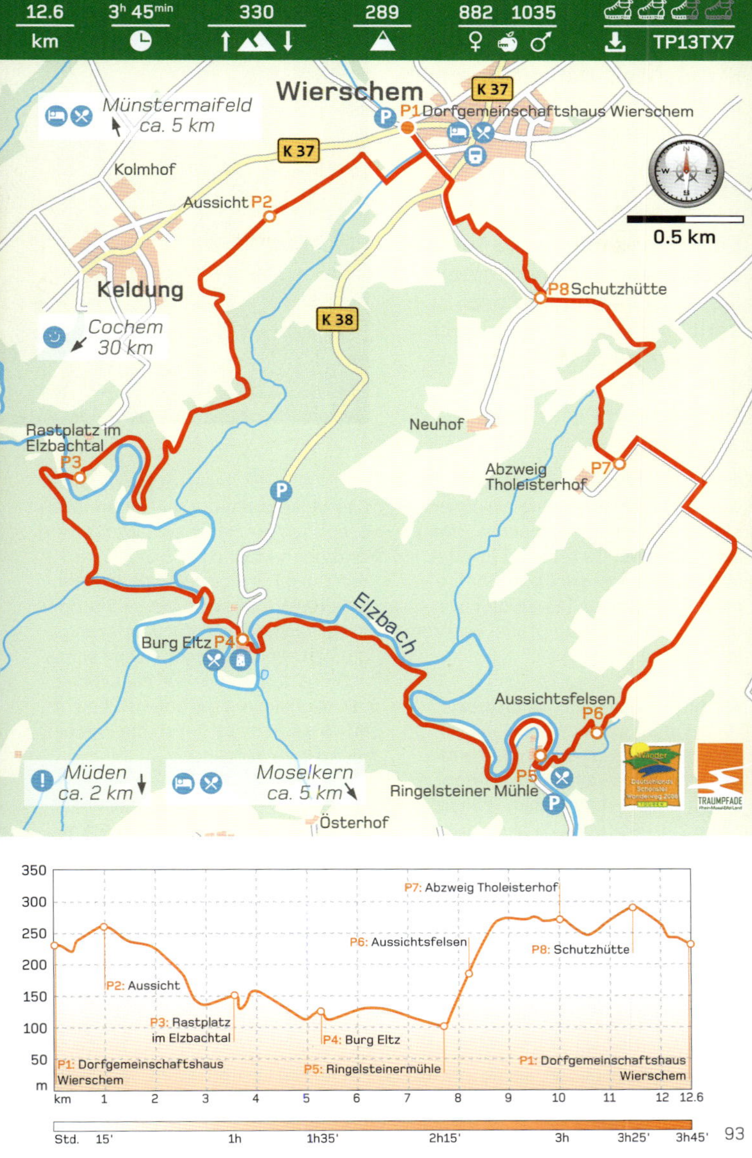
12.6
km
3h 45min
330
289
882 1035
TP13TX7
Wierschem
K 37
P1 Dorfgemeinschaftshaus Wierschem
Münstermaifeld
ca. 5 km
Kolmhof
Aussicht P2
Keldung
K 38
0.5 km
P8 Schutzhütte
Cochem
30 km
Neuhof
Rastplatz im
Elzbachtal
P3
Abzweig
Tholeisterhof
P7
Elzbach
Burg Eltz P4
Aussichtsfelsen
P6
P5
Ringelsteiner Mühle
Müden
ca. 2 km
Moselkern
ca. 5 km
Österhof
TRAUMPFADE
P2: Aussicht
P3: Rastplatz
im Elzbachtal
P1: Dorfgemeinschaftshaus
Wierschem
P4: Burg Eltz
P5: Ringelsteinermühle
P6: Aussichtsfelsen
P7: Abzweig Tholeisterhof
P8: Schutzhütte
P1: Dorfgemeinschaftshaus
Wierschem
350
300
250
200
150
100
50
m
km 1 2 3 4 5 6 7 8 9 10 11 12 12.6
Std. 15' 1h 1h35' 2h15' 3h 3h25' 3h45'

Von der Weite der Hochfläche hinab ins geheimnisvolle Elzbachtal: Begleitet vom munter murmelnden Wasser, erwartet uns auf halber Strecke eine der meistbesuchten Attraktionen aus dem Mittelalter – die Burg Eltz. Stolz ragen die Türme und Zinnen in den Himmel. Geradezu königlich präsentiert sich der gesamte Traumpfad mit anspruchsvollen Bergpassagen und fürstlichen Fernblicken.

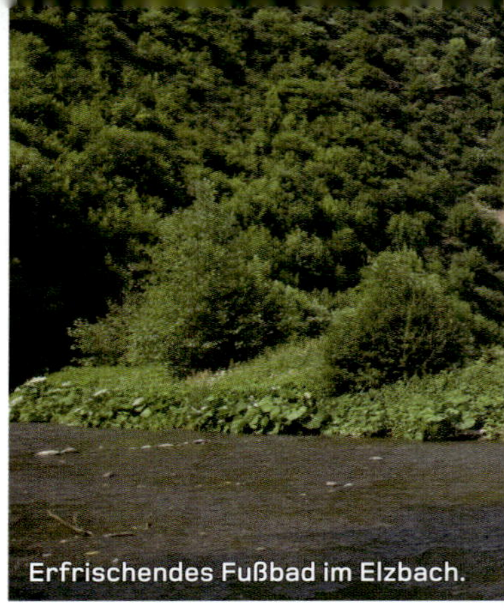
Erfrischendes Fußbad im Elzbach.

Im kleinen Wierschem starten wir zur Rundwanderung zwischen Moselplateau und Elzbachtal. Direkt am westlichen Ortsrand befindet sich das Feuerwehr- und Dorfgemeinschaftshaus (1), an dem wir das markante Traumpfad-Logo zum ersten Mal entdecken.

Wir laufen an einem Spielplatz vorbei, bis sich rechts die erste Gelegenheit zum Abzweigen anbietet. Der Feldweg bringt uns neben einem kaum erkennbaren Rinnsal zügig zur nächsten Wegkreuzung, an der wir uns rechts halten. Die ersten Höhenmeter beanspruchen uns noch nicht wirklich – und so können wir uns nach einem Schwenk nach links ganz dem Vergnügen des „Fern-Sehens" widmen. Vor allem nachdem wir nach **1 km** eine Anhöhe (2) erreicht haben, präsentiert sich uns ein atemberaubendes Panorama. Tief schneidet sich das Elzbachtal in die gewellte Landschaft des Moselplateaus, im Nordwesten erspähen wir bei gutem Wetter die trutzigen Mauern und den Turm der Burg Pyrmont. Wir passieren eine Bank und einen Jungwald, dann steht die nächste Kursänderung an: Während der Hauptweg rechts abbiegt, laufen wir auf naturbelassenem Feldweg geradeaus. Leicht abwärts geht es durch die Felder Richtung Waldrand.

Wir biegen auf einen breiteren Weg ab und erreichen nach **2 km** den Waldrand. Hier halten wir uns geradeaus und erfreuen uns nach der nächsten Kurve an dem herrlichen Waldpfad. Viel zu schnell endet diese idyllische Passage durch den Mischwald. Am Waldrand führt ein Forstweg weiter abwärts. Doch Vorsicht: Am Ende der Wiese und des Wildgeheges dürfen wir den Abzweig nach rechts nicht verpassen,

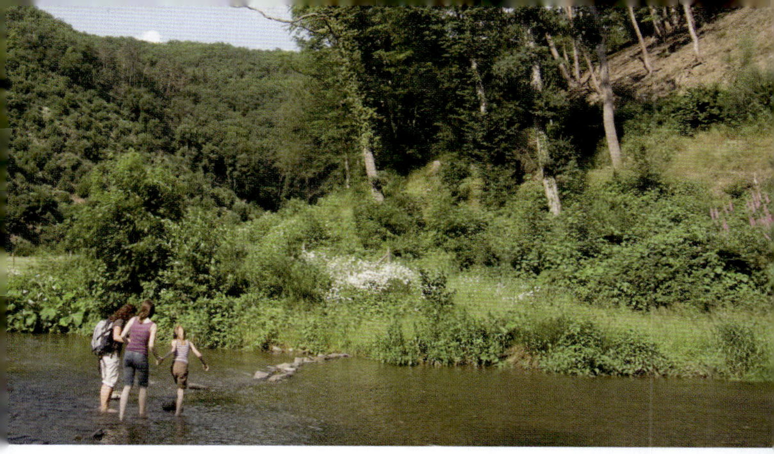

dem nur 50 m später einer nach links folgt! Nun bietet sich rechts eine Bank mit schönem Talblick zum Rasten an. Doch noch ist von Erschöpfung keine Rede.

Auf weichem Waldpfad verlieren wir kontinuierlich an Höhe und treffen im Elzbachtal auf einen querenden Wanderweg. Hier biegen wir nach rechts, denn die Mäander des Elzbachs sind viel zu schön, um auf direkter Route zur Burg zu wandern. So können wir im weiteren Verlauf des Traumpfads die engen Schleifen des Elzbachs ausgiebig erleben, denn unser Weg folgt unmittelbar dem Flusslauf.

Nach **3.5 km** gelangen wir an eine Wegkreuzung nebst Wandertafel und Rastplatz (3). Die Bänke laden dazu ein, sich von der Sonne verwöhnen zu lassen und die Ruhe des Tals in vollen Zügen zu genießen.

Anschließend folgen wir dem schmalen Weg zum Steg über den Elzbach. An der folgenden Weggabelung halten wir uns links und erklimmen mit einer Linkskurve den Prallhang oberhalb des Bachs. Doch lange währt der Aufenthalt in luftiger Höhe nicht, denn der Weg senkt sich schnell wieder ab. Ein alter Steinbruch bleibt rechts liegen, und dann biegen wir links auf einen breiten Forstweg, der dem kleinen Filsenfluss Richtung Elzbach folgt.

Nach **4.9 km** treffen wir an einer großen Waldkreuzung neben der Brücke über die Elz ein. Wir queren den Fluss. Gemeinsam mit dem Moselhöhenweg laufen wir über die Auwiese des Elzbachs. Nach einem kurzen Anstieg stoßen wir auf den Wanderweg, der vom Parkplatz an der Antoniuskapelle kommt, biegen dann um eine imposante Felsklippe und bleiben unwillkürlich stehen: Vor

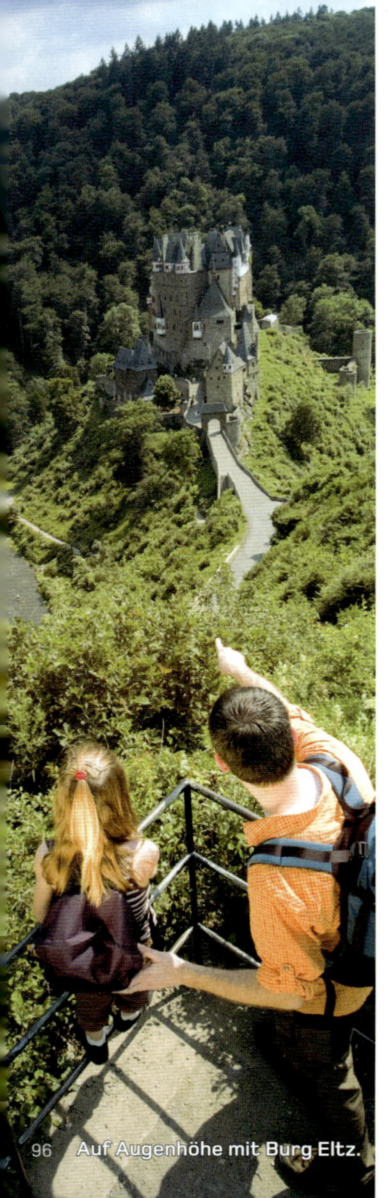

Auf Augenhöhe mit Burg Eltz.

uns ragt die mächtige Burg Eltz empor. Die kompakte Burg mit ihren markanten Türmchen und Mauern, Erkern und der trutzigen Brücke ist immer wieder ein imposanter Anblick. Natürlich lassen wir es uns nicht nehmen, die Burg (4) genauer zu erkunden – und zu sehen, wie der Adel hier lebte.

Auch beim anschließenden Abstieg zum Steg über den Fluss begleitet uns mittelalterliches Flair, denn von hier unten betrachtet, wirken die dicken Mauern der Burg noch beeindruckender und versetzen uns in die Zeit der Ritter zurück. Doch dann gehört unsere Aufmerksamkeit wieder ganz der Natur. Auf halber Hanghöhe folgen wir dem Elzbach, der sich weiterhin durch Wald und Felsen schlängelt. Steile Klippen säumen den Weg, Krüppeleichen und Mischwald begleiten uns.

Nach Passieren einer Anhöhe steigen wir auf das Niveau des Flusses ab und treffen nach **7.5 km** an der Ringelsteiner Mühle (5) ein – genau richtig für eine Einkehr. Zu deftig sollte man sich allerdings nicht stärken, denn nachdem wir ein letztes Mal den Elzbach gequert haben, beginnt der anstrengende Abschnitt der Tour.

Auf einem wunderschönen Pfad erklimmen wir nach den ersten Serpentinen recht steil den Hang. Nach knapp 100 Höhenmetern gibt es allerdings einen guten Grund zum Verschnaufen: Ein kurzer Stichweg bringt uns rechts zu einer nahen Felsenklippe mit fantastischer Aussicht auf das Tal (6). Danach setzen wir den Aufstieg etwas gemächlicher fort. Schließlich öffnet sich rechts der Wald, und wir wandern am sonnigen Waldrand entlang hinauf auf das weite Moselplateau. Vor uns breiten sich nun wieder die ausgedehnten Felder aus, die einen freien Blick in die Umgebung erlauben. Diverse Richtungswechsel stellen keine Herausforderung dar.

Vor uns erkennen wir in der Hochfläche die Einkerbung eines Tals. Langsam geht es abwärts, und kurz vor dem Tholeisterhof (7) biegen wir nach **10 km** rechts ab. Nach kurzer Waldpassage treffen wir am Ursprung des Kerner Bachs auf den Moselhöhenweg. Nun begleitet uns also auch das weiße „M". Wir halten uns rechts und laufen auf heckengesäumtem Naturweg bergan zu einem kleinen Wäldchen.

Kaum haben wir es hinter uns gelassen, biegen wir links auf einen Feldweg ab. Freie Flur umgibt uns, und links erspähen wir in der Ferne den Neuhof. Am Waldrand angekommen, stoßen wir auf die befestigte Zufahrt zum Neuhof – und eine Schutzhütte (8). Zum Glück führt uns das Traumpfad-Logo aber nicht auf den breiten Fahrweg, sondern es geht auf weichem Untergrund hinein in den Wald.

Wenig später verlassen wir das schummrige Grün des Waldes und folgen nun dem Waldrand entlang den weiten Feldern. Dabei schweift der Blick zum nahen Wierschem. Wir gehen unbeirrt am Waldrand entlang, ignorieren zwei einmündende Wege und treffen einige Schlenker später bei **Kilometer 12.1** auf den Wirtschaftsweg zwischen Neuhof und Wierschem, dem wir nach rechts zu den ersten Häusern der Gemeinde folgen.

An einem Landgasthof erreichen wir die Zufahrt zur Antoniuskapelle und wenden uns wieder nach rechts. Schon 80 m später dürfen wir die Straße verlassen und links auf „In den Wiesen" abbiegen. Nun erkennen wir die Umgebung wieder, denn die letzten Meter am Spielplatz vorbei zum Startpunkt sind wir bereits zu Beginn gewandert.

Nach **12.6 km** schließt sich am Dorfgemeinschaftshaus Wierschem (1) unser Kreis auf einer herrlichen Traumpfad-Tour zu quirligen Wassern und trutzigen Mauern!

Der Traumpfad Eltzer Burgpanorama ist Wanderweg des Jahres 2013

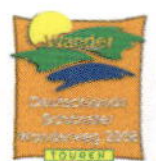

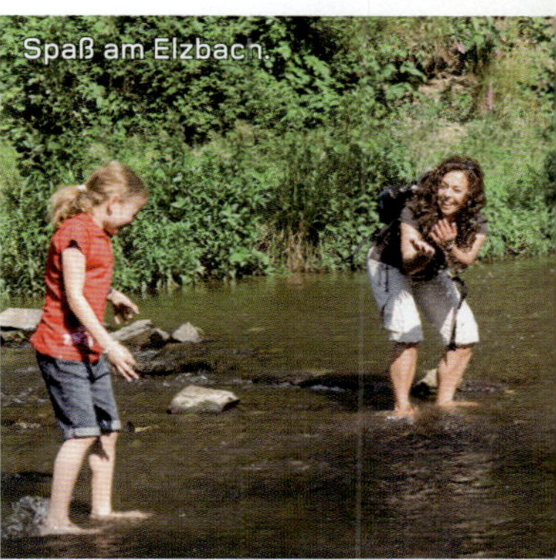
Spaß am Elzbach.

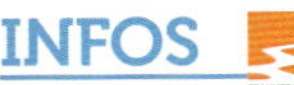

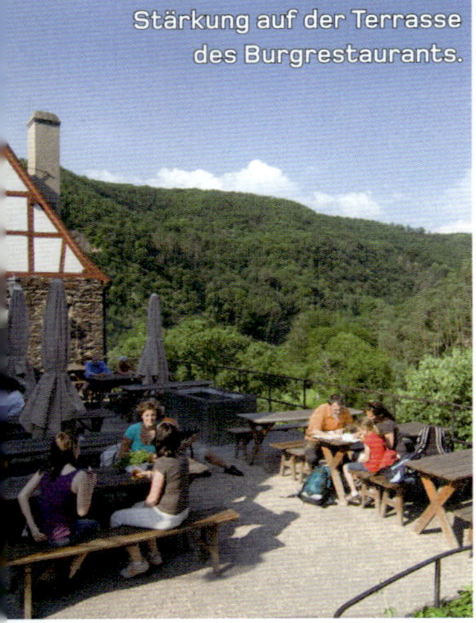

Stärkung auf der Terrasse des Burgrestaurants.

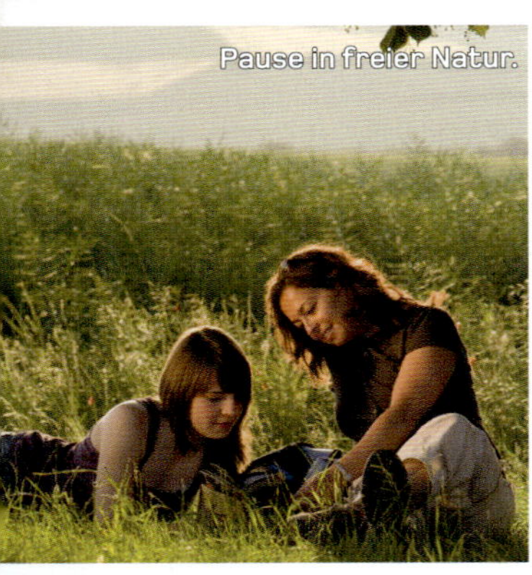

Pause in freier Natur.

Burg Eltz bietet zwei Restaurants mit Selbstbedienung ⏲ Nur während der Saison ⓘ www.burg-eltz.de
■ Landhotel Ringelsteiner Mühle, Im Elztal 94, 56254 Moselkern ✆ 02672/910201 ⓘ www.ringelsteiner-muehle.de
■ Löffel's Landhaus, Obertorstrasse 42 56294 Münstermaifeld ✆ 02605/953773 ⏲ Montag und Dienstag geschlossen ⓘ www.loeffelslandhaus.de
■ Café KOSTBAR, Hauptstraße 7, 56294 Gappenach ⏲ nur am Wochenende ⓘ www.cafe-kostbar.com

Landhaus vor Burg Eltz, Burg-Eltz-Straße 23, 56294 Wierschem ⓘ www.landhaus-vor-burg-eltz.de ✆ 02605/565 ⏲ Montag Ruhetag
■ Hotel und Restaurant Athen, Obertor Straße 4–6, 56294 Münstermaifeld ⓘ www.hotel-restaurant-athen.de ✆ 02605/1715
■ Weitere Einkehr- und Unterkunftsmöglichkeiten ⓘ www.maifeldurlaub.de

Info: ⓘ www.vrm.info
Haltestelle: Wierschem Kirchgasse
■ Sa & So: RB 81 (Koblenz - Treis-Karden) dann Bus 330 „Burgenbus" (Treis-Karden - Burg Pyrmont)

Zwischen Müden und Karden befindet sich das größte wilde Verbreitungsgebiet des Buchsbaums nördlich der Alpen. Infos ⓘ www.mueden-mosel.de

Wasserwelten erwarten die Besucher im Hallen-Wellenbad des Freizeitlandes Cochem. Moritzburger Straße 1, 56812 Cochem ✆ 02671/97990 ⓘ www.moselbad.de

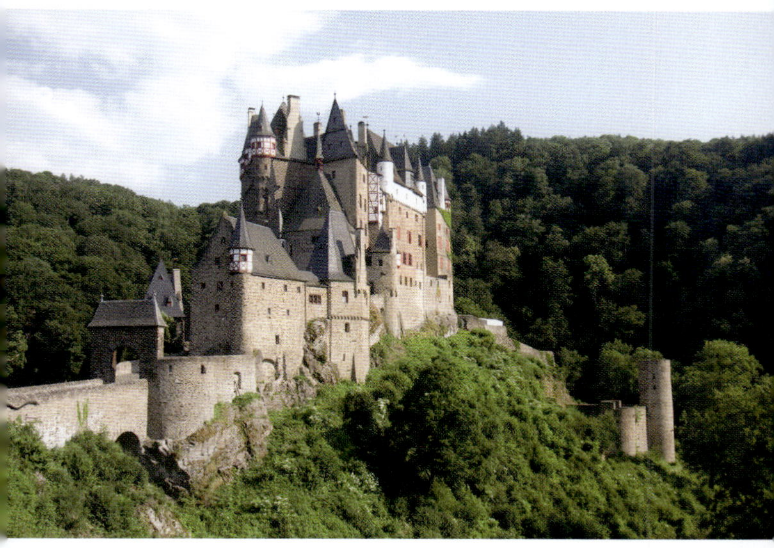

Gold und Geld

Die Burg Eltz wurde bereits 1157 erstmals in Urkunden erwähnt. Versteckt im Elzbachtal, entging die Burg nicht nur im Dreißigjährigen Krieg, sondern auch während der pfälzischen Erbfolgekriegen der Zerstörung. Somit ist das beeindruckende Gebäude eine der wenigen nie zerstörten Burgen im Rhein-Mosel-Gebiet. Bekannt wurde die Burg auch durch den 500-Mark-Schein, dessen Rückseite sie zierte.

Mittelalterliches Flair umfängt die Besucher schon beim Überschreiten der Brücke und Durchqueren des ersten Tores. Eine Besichtigungstour durch die authentisch eingerichteten Räume ist ein besonderes Erlebnis. Neben den eigentlichen Burgräumen kann auch die reichhaltige Schatzkammer besichtigt werden. Sie beherbergt eine eindrucksvolle und wertvolle Sammlung von Gold- und Silberschmuck, Waffen und feinem Porzellan.

Kastellanei Burg Eltz, 56294 Münstermaifeld ✆ 02672/950500
ⓘ www.burg-eltz.de ⊙ Burg: April bis Nov. tägl. 9.30–17.30 Uhr (letzter Einlass).

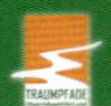

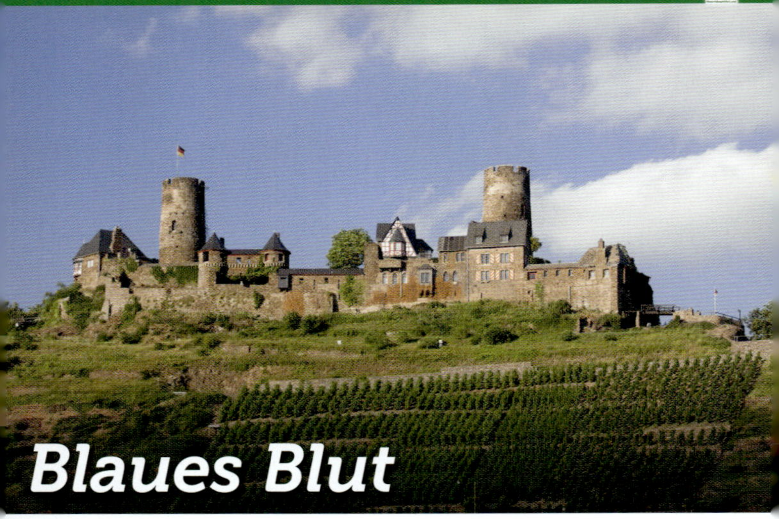

Blaues Blut

- **Start/Ziel:** Startportal, Oberfell
- **Tourist-Info**
  Sonnige Untermosel, Moselstraße 7, 56332 Alken ✆ 02605/8472736
  www.sonnige-untermosel.de
- **Taxi:** Allard ✆ 02605/2360
- **Anfahrt:** Über die B 49 nach Oberfell oder von der A 61 bis Abfahrt Waldesch, weiter über die B 327 und die K 71.
- **Parkplatz:**
- Oberfell N50° 15' 30.7'' • E7° 26' 47.1''

scan to go®

QR-Code mit der App „traumtouren" einscannen und Route anzeigen lassen.

- **Wegpunkte:**

P1: Startportal „Im Kirchenstück", Oberfell 32 U 389247 5568476
P2: Hütte „Auf dem Schild" 32 U 390250 5568866
P3: Hütte am Dickenberg 32 U 390658 5568112
P4: Querung K 71 32 U 392349 5567791
P5: Steinbruch im Alkener Bachtal 32 U 391656 5566897
P6: Hütte an der Link-Eiche 32 U 390903 5567038
P7: Burg Thurant 32 U 389691 5567307
P8: St. Michael 32 U 389394 5567608
P9: Wallfahrtskirche 32 U 389944 5567690
P10: Keltische Pfostenschlitzmauer 32 U 389239 5568091

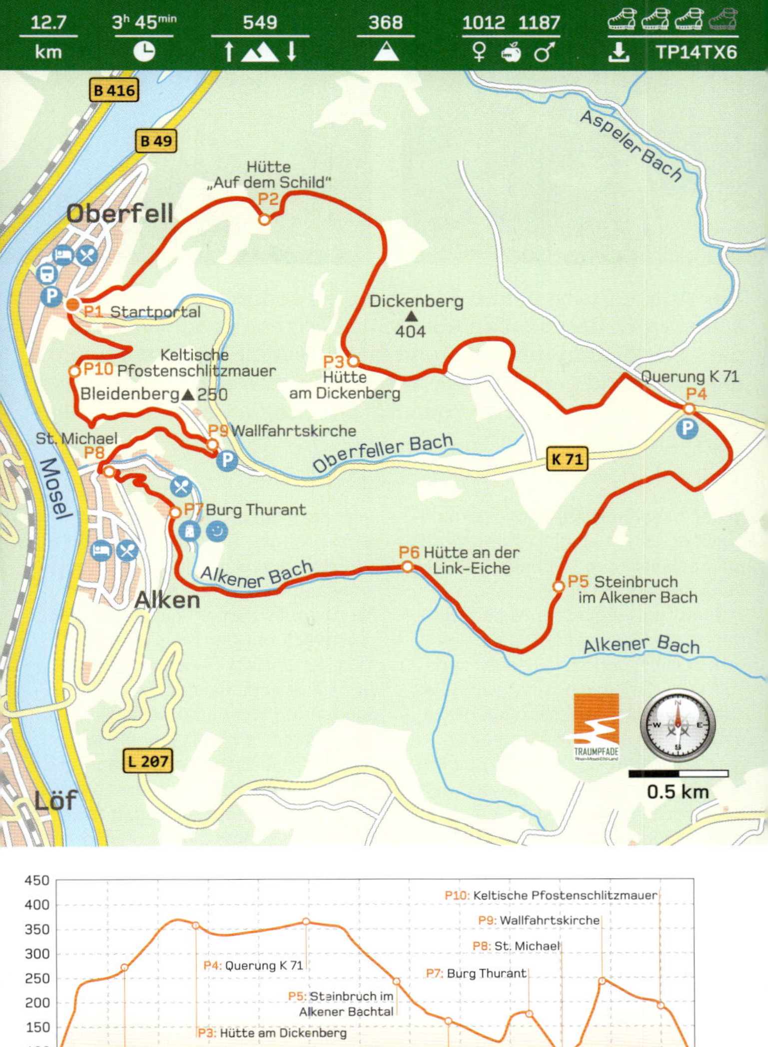

Std. 25' 45' 1h25' 2h 2h15' 2h40' 3h10' 3h25' 3h45'

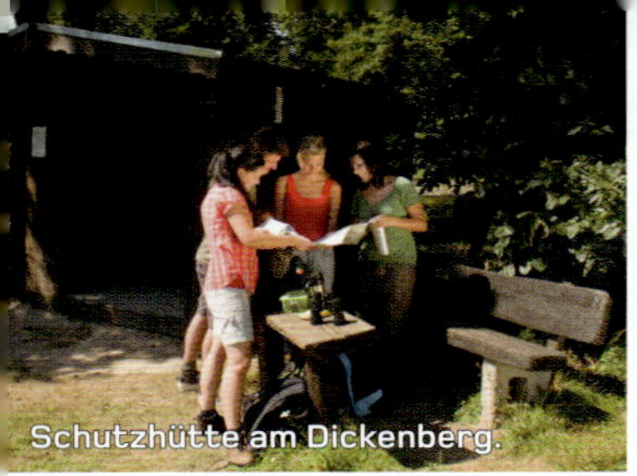
Schutzhütte am Dickenberg.

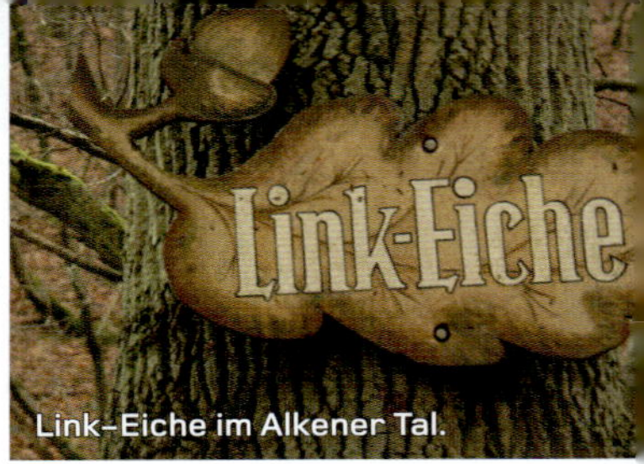

Link-Eiche im Alkener Tal.

Der Adel wusste schon immer, wo es schön ist – und so entstanden an den besten Aussichtspunkten prachtvolle Burgen. Königliche Ausblicke und historische Einblicke gewährt die Tour rund um Oberfell. Auf den Spuren von Kelten und Rittern bietet die Tour tolle Naturhöhepunkte und reichlich Abwechslung.

In der beschaulichen Moselgemeinde Oberfell, gleich hinter der Kirche am Parkplatz „Im Kirchenstück" (1), beginnen wir die aussichtsreiche Traumpfadwanderung zu den „Bleidenberger Ausblicken". Davon gibt es reichlich, und es ist daher sinnvoll, von vornherein zusätzliche Zeit zum Genießen der tollen Ausblicke einzuplanen. Doch wer von einer gemächlichen Tour entlang des Moseltals träumt, der wird schon auf den ersten Metern nach dem Start vom Gegenteil überzeugt: Steil, sogar sehr steil führt der Traumpfad neben Reben und alten Weinbergsmauern aufwärts. Doch schon von halber Hanghöhe aus bekommen wir beim kurzen Verschnaufen erste Kostproben der Ausblicke – und sind begeistert! Unser Pfad führt uns an einem kleinen Plateau nebst Schutzhütte vorbei zu einer großen Wegkreuzung: Hier quert ein breiter Wanderweg, wir aber halten uns mit dem orangen Traumpfad-Logo weiter geradeaus bergan. Der Schoppenstecherweg und die Moselerlebnisroute begleiten uns (übrigens mehrfach auf der heutigen Tour), und bunte Hecken säumen den Weg. Wir ignorieren die nach rechts abbiegenden Wege und wandern zwar noch immer aufwärts, aber deutlich flacher zum Schildberg hinauf. Links öffnet sich nach 900 m ein toller Blick zum markanten, kegelförmigen Karmelenberg und zu weiteren Vulkankegeln der Vordereifel. Vor einem Tannenwäldchen biegt der Weg nach rechts ab, und nach insgesamt **1.4 km** haben wir die Schutzhütte „Auf dem Schild" (2) erreicht. An der Kreuzung biegen wir scharf links auf einen breiten Waldweg ab. Noch immer geht es aufwärts, doch der hochgewachsene und dennoch lichte Mischwald bietet ausreichend

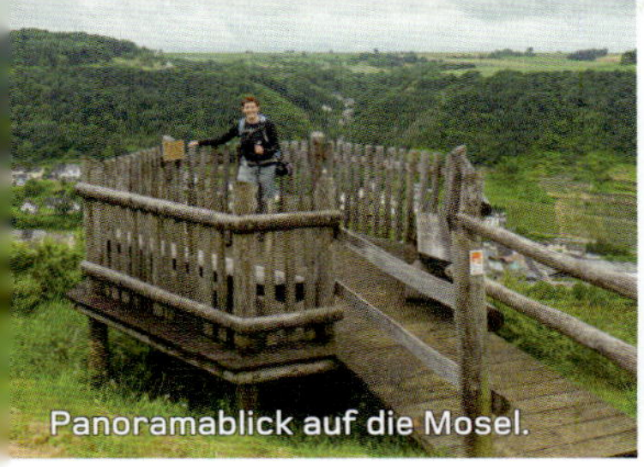

Panoramablick auf die Mosel.

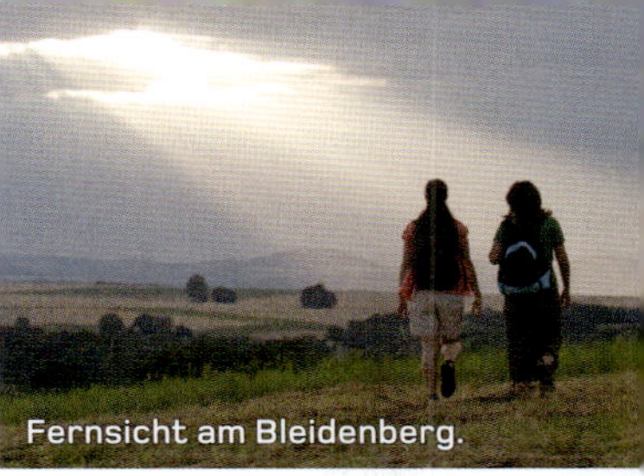

Fernsicht am Bleidenberg.

Abwechslung (und lenkt von der Anstrengung ab). Links passieren wir eine Wiese und folgen dem Traumpfad im leichten Bogen nach rechts auf die Hangflanke des Dickenbergs. Wir folgen dem Waldweg. Nach **2.7 km** erreichen wir die idyllisch an einem Wiesenrand gelegene Schutzhütte am Dickenberg (3), die mit einem Rastplatz und sagenhaften Ausblicken nach Südwesten aufwartet: Das ist Fern-Sehen pur!

Mittlerweile haben wir auch den höchsten Punkt der heutigen Wanderung überschritten und können es jetzt gemütlich angehen lassen. Nach kurzer Waldpassage treffen wir an einer weiten Wiesenfläche auf einen asphaltierten Weg. Hier biegen wir schnurstracks links auf einen weichen Wiesenweg ab und folgen ihm in weitem Rechtsbogen immer am Waldrand entlang um die ganze Offenfläche. Auch hier locken wieder traumhafte Fernsichten. Obwohl die Richtung mehrmals wechselt wandern wir unbeirrt stets am Waldrand entlang und freuen uns an den ständig neuen Perspektiven. Nach **4.9 km** treffen wir auf die wenig befahrene K 71 und queren sie auf Höhe des kleinen Parkplatzes „Oberfeller Wegweiser" (4). Zunächst führt uns der Traumpfad außen am Wald entlang, bis wir dann auf einen Asphaltweg stoßen. Wir folgen ihm nun rechts in den herrlichen Mischwald hinein. Dort endet der Asphalt, und wir biegen an der ersten Kreuzung rechts Richtung Alken ab. Was uns dort geboten wird, haben wir so nie und nimmer erwartet: Kaum haben wir die ersten Höhenmeter des gemächlichen Abstiegs hinter uns, sehen wir rechts eine tiefe Schlucht. Wir wagen uns an die Kante und staunen über die fast senkrechte, etliche Meter tief eingeschnittene Klamm. Zwar führt sie heute nur selten Wasser, aber dennoch gehört nicht viel Fantasie dazu, sich die immensen Kräfte des Wassers vorzustellen, die für diesem Einschnitt verantwortlich waren.

Wir lassen uns von der einmaligen Natur um uns herum verzaubern und erhalten nach **6.7 km** bereits die nächste Lektion in Geologie: Links des Weges sind in einem längst aufgegebenen Steinbruch (5) sehr eindrucksvoll die steil gestellten Schichten des Grundgebirges angeschnitten. So bekommen wir quasi im Vorübergehen einen

Eindruck von den urgewaltigen Kräften der Gebirgsbildung, die den harten Fels vor Zigmillionen Jahren mühelos aufgefaltet und deformiert haben. Nach so viel beeindruckender Natur gibt uns der weitere Abstieg ins Tal Gelegenheit, die Eindrücke zu verarbeiten. Doch kaum haben wir mit einem Schwenk nach rechts den Hauptweg im Alkener Tal erreicht, fordert die mächtige „Helmut's Eiche" am Wegesrand unsere Aufmerksamkeit. Begleitet vom leisen Murmeln des Alkener Bachs, treffen wir nach **7.8 km** an der Schutzhütte neben der nicht minder beeindruckenden „Link-Eiche" (6) ein und nehmen die Gelegenheit zur Rast am idyllischen Bach gerne wahr.

Gestärkt setzen wir die Tour fort und wandern auf dem breiten Forstweg nach Westen. An einer kleinen Schutzhütte geht es über den Bach, und ein weiterer, hinter dichten Büschen versteckter Steinbruch wird passiert. Nach **8.9 km** wechseln wir links auf einen engen Pfad, der nun auch wieder unsere Kondition fordert: Der nächste Bergrücken will erklommen werden. Unterwegs gibt es ausgiebig Gelegenheit, den großen Steinbruch auf der anderen Talseite in voller Schönheit zu bewundern: Unglaublich, mit welchen Wurzel-Kräften sich einzelne Bäume mitten in der Steilwand halten können. Dann sind wir oben und folgen mit kleinem Versatz dem Pfad nach rechts. Wenig später öffnet sich nach **9.3 km** der Wald, und wir stehen am Parkplatz vor der imposanten Doppelburg Thurant (7). Ein Besuch der Burg mit den zwei Türmen lohnt sich in jedem Fall. In ihrem herrlich gepflegten Garten laden Sitznischen zum Verweilen ein. Sensationell ist der Ausblick ins Moseltal.

Zurück auf dem Weg wandern wir gemeinsam mit dem Moselsteig zwischen Weinbergen und Burgfelsen Richtung Alken. Per Pfad gelangen wir zu einem wunderbaren Aussichtsfelsen oberhalb eines weißen Kreuzes, den wir auf keinen Fall verpassen sollten. Danach wandern wir in Serpentinen abwärts (Achtung: Trittsicherheit ist hier vor allem bei feuchter Witterung unbedingt notwendig). Nach **10.1 km** liegt der abenteuerliche Pfad hinter uns, und wir haben St. Michael (8), eine kleine Kirche aus dem 11. Jahrhundert, erreicht. Die letzten Meter hinunter nach Alken sind schnell bewältigt, und vorbei an altehrwürdigen Häusern laufen wir rechts durch das alte Stadttor zur nächsten Herausforderung, dem Aufstieg zum Bleidenberg.

Schon von der Burg aus haben wir den Weg durch die Weinberge und die markanten Stationen des Kreuzwegs gesehen. Nun müssen wir den letzten Aufstieg der Tour, den „Sieben-Fußfälle-Klettersteig" bewältigen. Trittsicherheit und gutes Schuhwerk sind hier nun wirklich Pflicht, Wanderstöcke sind auf den Steilstücken ebenfalls hilfreich. Doch wir lassen uns nicht abschrecken und nehmen den Weinbergspfad unter die Füße. Einige Treppenstufen helfen uns bis zum ersten Querweg, wo es etwa 50 Meter nach rechts geht, bevor wir links per Treppe wieder auf einen Pfad gelangen. Dann setzt sich der Aufstieg entlang des Kreuzwegs fort. Unterwegs genießen wir bei kleinen Verschnaufpausen immer wieder den großartigen Ausblick auf die Burg Thurant und Alken. Das letzte Stück des Klettersteigs gibt es in zwei Schwierigkeitsstufen: Links geht es im steilen Direktaufstieg nach oben, rechts verläuft eine deutlich flachere, aber längere Variante. Nach **10.9 km** erreichen wir etwas erschöpft, aber vom Ausblick überwältigt das Ende des Pfades auf dem Plateau des Bleidenberges unweit der Dreifaltigkeitskirche (9). Ein Besuch dieser von außen eher unscheinbaren, aber stark frequentierten Wallfahrtskirche aus dem 13. Jahrhundert lohnt sich in jedem Fall (▶ Tipp).

Anschließend ist „Genusswandern pur" angesagt. Auf weichem Wiesenweg folgen wir immer der Hangkante zunächst nach Westen. Grandiose Ausblicke beweisen, dass dieser Traumpfad seinen Namen zu Recht trägt. An einem Felssporn biegt der Weg nach Norden ab, und es öffnen sich neue Perspektiven. Wir passieren eine kleine Schutzhütte und erreichen nach **11.9 km** eine rekonstruierte keltische Pfostenschlitzmauer (10). Etwas unterhalb deuten Stahlskulpturen einen Lagerplatz des Homo erectus nach, inklusive Waldelefant und Laubhütte. Kein Wunder also, dass uns seit der Burg Thurant der Themenweg „Zeitreise" begleitet. Nur 50 Meter nach der Pfostenschlitzmauer wenden wir uns an einer Weggabelung nach links und folgen dem Naturweg leicht abwärts nach Nordosten. Von einer Bank aus haben wir Oberfell und den ersten Anstieg der Tour im Blick. Nach **12.3 km** steht eine Spitzkehre nach links unten an. Nun folgen wir dem Kreuzweg hinab nach Oberfell, wo dieser vielfältige Traumpfad nach aufregenden **12.7 km** „Im Kirchenstück" (1) endet.

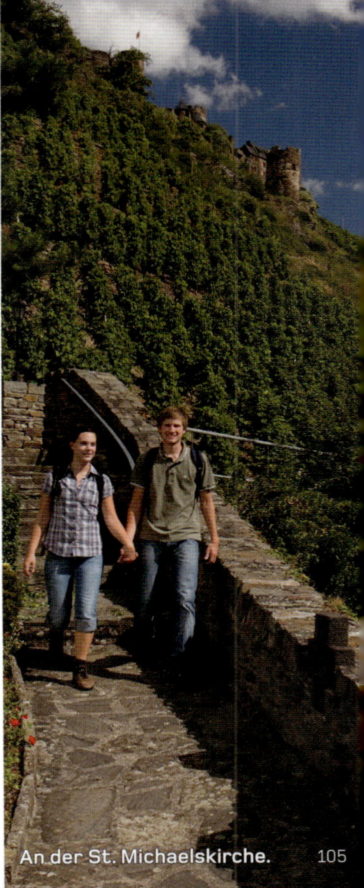

An der St. Michaelskirche.

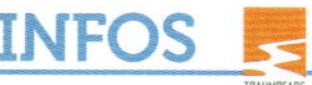

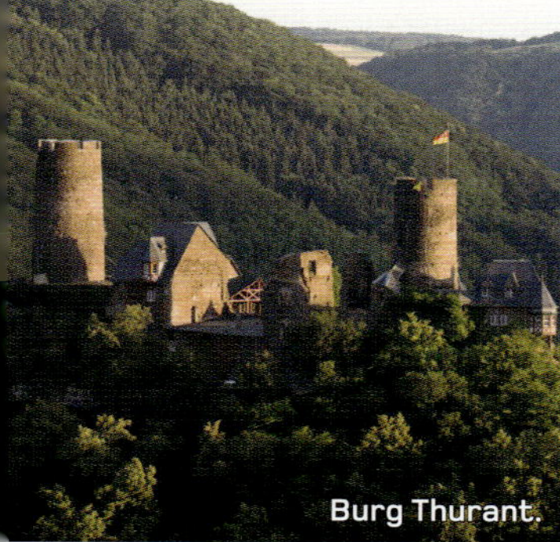

Burg Thurant.

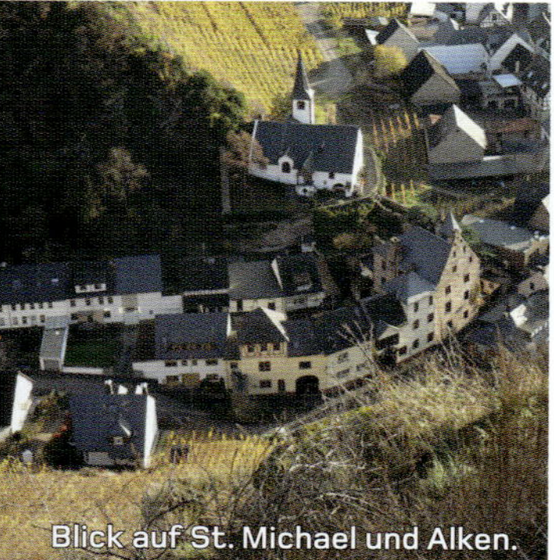

Blick auf St. Michael und Alken.

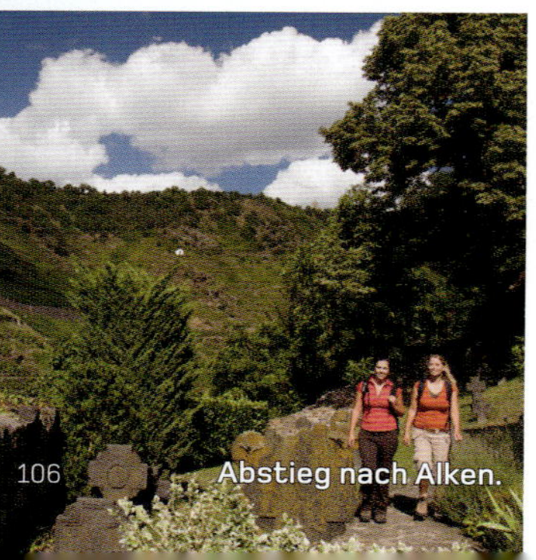

Abstieg nach Alken.

Landhaus Zimmermann, Moselstraße 1, 56332 Alken
Montag Ruhetag 02605/3383
www.landhaus-zimmermann.com
- Weitere Einkehrmöglichkeiten:
www.sonnige-untermosel.de

Landhaus Müller, Moselstraße 6 56332 Alken 02605 952512
www.mosel-hotel-alken.de
- Pension Birkenhof, Hauptstraße 52 56332 Oberfell 02605/8830
www.birkenhof-mosel.de
- Moselhotel Burg-Café, Moselstr. 11, 56332 Alken 02605/4443
www.burg-cafe.de
- Weitere Übernachtungsmöglichkeiten:
www.sonnige-untermosel.de

Info: www.vrm.info
Haltestelle: Weinstraße Oberfell
- Mo-So: Bus 301 (Koblenz - Burgen)

Hoch über Alken thront die Burg Thurant mit ihren markanten Doppeltürmen. Die sehr gut erhaltene Burganlage lädt zum Rundgang ein und entführt mit der authentischen Umgebung nicht nur junge Raubritter in die Welt des Mittelalters. Besonders die gepflegten Beete zwischen den historischen Mauern mit den zahlreichen verträumten Nischen begeistern auch erwachsene Besucher.
www.thurant.de

Der Traumpfad Bleidenberger Ausblicke verläuft teilweise auf gemeinsamer Trasse mit dem Moselsteig.

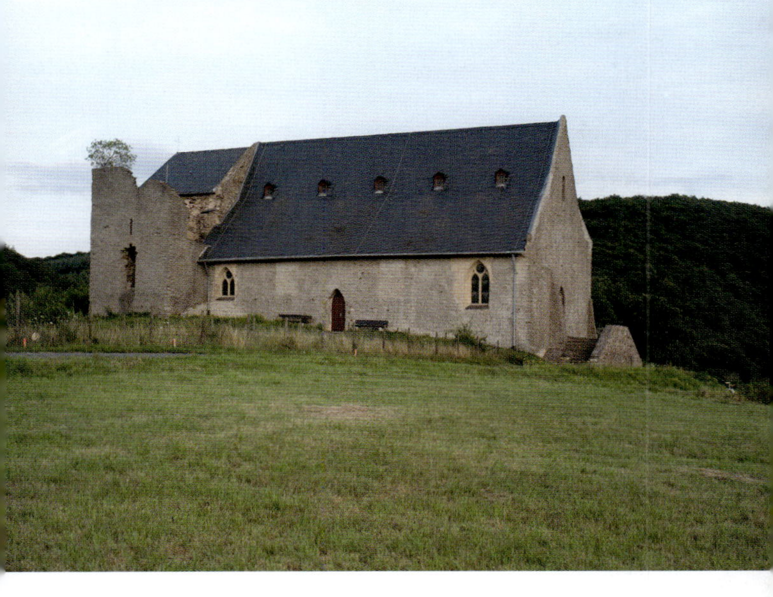

Kleinod am Bleidenberg

Unscheinbar, grau, fast profan – so erhebt sich auf dem Bleidenberg das Gebäude der bekannten Wallfahrtskirche. Doch hinter der unauffälligen Fassade mit der Turmruine versteckt sich ein Kleinod aus dem Mittelalter. Seit dem 13. Jahrhundert ist die Dreifaltigkeitskirche Ziel von frommen Pilgern: 1250 wurde die Dreifaltigkeitsprozession von Oberfell auf den Bleidenberg erstmals urkundlich erwähnt.

Das Gewölbe der ursprünglich aus dem 10. Jahrhundert stammenden, dreischiffigen gotischen Basilika besticht durch seine Schlichtheit. Das Interieur vermittelt auch im hektischen 21. Jahrhundert Ruhe und lädt zu besinnlichen Momenten ein. Der Ursprung der Kirche wird am Marienaltar im heutigen Ostchor vermutet.

Weitere Infos unter: ⓘ www.themenweg-zeitreise.de ⓘ www.oberfell.de

11 Schwalberstieg

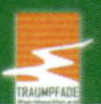

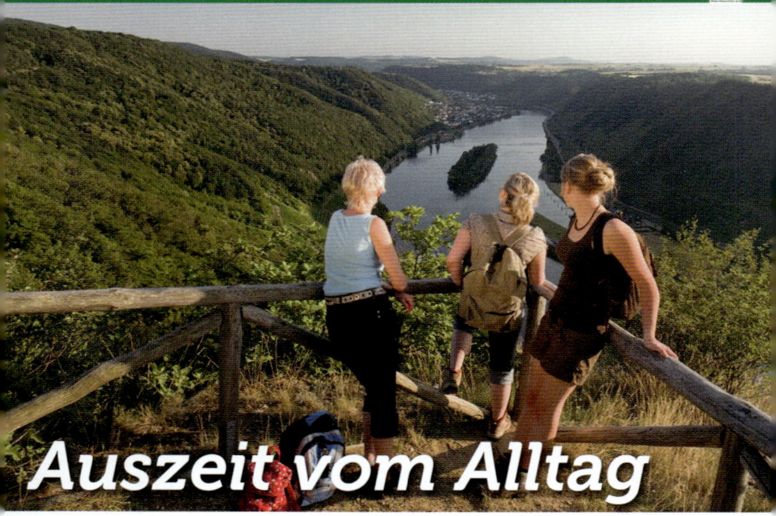

Auszeit vom Alltag

- **Start/Ziel:** Niederfell, Gasthaus Zur Linke Mühle, Bachstraße 22

- **Tourist-Info**
  Sonnige Untermosel, Moselstraße 7, 56332 Alken ✆ 02605/8472736
  ⓘ www.sonnige-untermosel.de

- **Taxi:** Ewald ✆ 02605/4700
- Holzmann ✆ 02607/974650

- **Anfahrt:** Über die B 49 entlang der Mosel nach Niederfell. Auch über die A 61, Abfahrt Koblenz-Dieblich, und die B 411 zur B 49 ist die Auto-Anreise möglich.

scan to go®

QR-Code mit der App „traumtouren" einscannen und Route anzeigen lassen.

- **Parkplatz in Niederfell:**
- Parkplatz am Portal an der Linkemühle N50° 17' 32.9'' • E7° 28' 11.3''

- **Wegpunkte:**
  P1: Portal bei der Linkemühle 32 U 390999 5572256
  P2: Steg über den Schwalberbach 32 U 391937 5572183
  P3: Schwalberhof 32 U 392160 5571559
  P4: Zweite Bachquerung 32 U 391523 5569494
  P5: Röder Kapelle 32 U 390925 5570461
  P6: Hitzlay 32 U 390547 5570838
  P7: Mönch-Felix-Hütte 32 U 390756 5572273

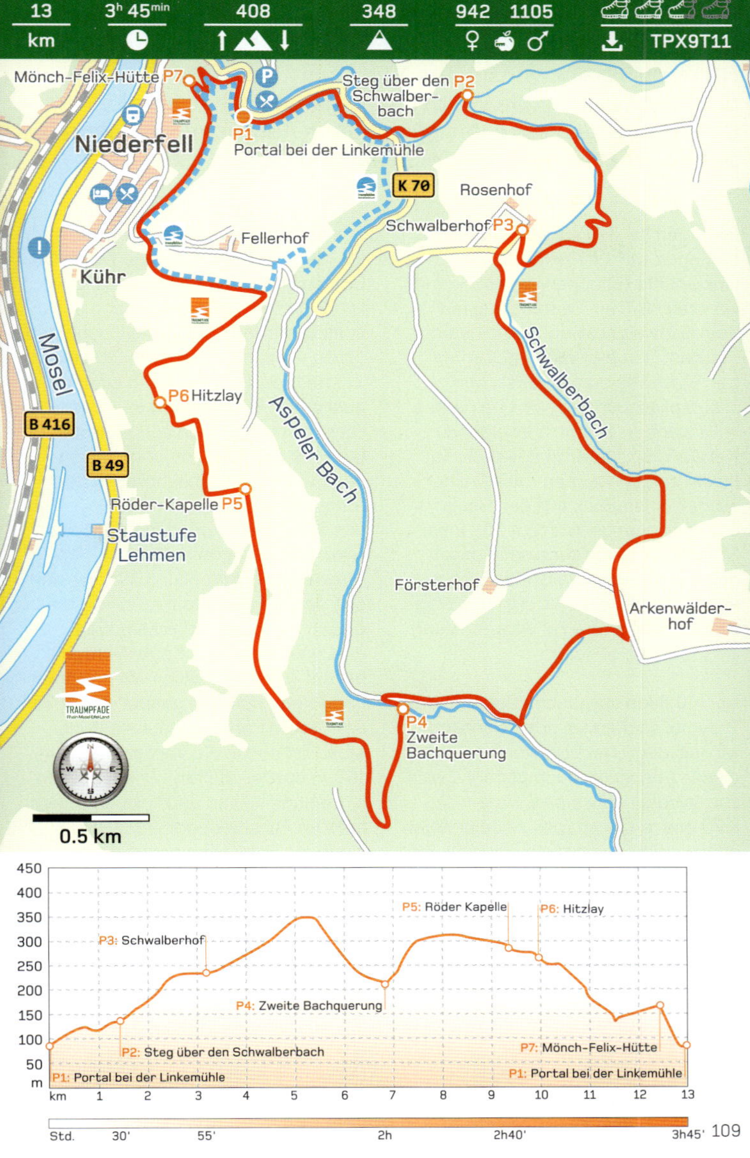
13
km
3h 45min
408
348
942 1105
TPX9T11
Mönch-Felix-Hütte P7
Steg über den Schwalber-bach P2
P1
Portal bei der Linkemühle
Niederfell
K 70
Rosenhof
Schwalberhof P3
Fellerhof
Kühr
Mosel
Schwalberbach
P6 Hitzlay
Aspeler Bach
B 416
B 49
Röder-Kapelle P5
Staustufe Lehmen
Försterhof
Arkenwälder-hof
TRAUMPFADE
P4
Zweite Bachquerung
0.5 km
450
400
350
300
250
200
150
100
50
m
P3: Schwalberhof
P5: Röder Kapelle
P6: Hitzlay
P4: Zweite Bachquerung
P2: Steg über den Schwalberbach
P7: Mönch-Felix-Hütte
P1: Portal bei der Linkemühle
P1: Portal bei der Linkemühle
km 1 2 3 4 5 6 7 8 9 10 11 12 13
Std. 30' 55' 2h 2h40' 3h45'

Stille, Wasser, Wald und Weitsicht(en) – das sind die prägenden Elemente des Schwalberstiegs. Der Traumpfad führt durch verwunschene Täler, teils unberührte Natur und wohltuend stille Wälder. Alltagshektik hat hier keine Chance – angesichts der grandiosen Ausblicke vom Moselplateau bietet die Tour Entspannung pur.

Im engen Tal des Aspeler Bachs beginnen wir am Portal bei der Linkemühle (1) unsere wasser- und waldreiche Traumwanderung auf dem Schwalberstieg. Gemeinsam mit dem Traumpfächen laufen wir per Stichweg zum eigentlichen Traumpfad, auf dem wir uns nach links wenden. Leicht ansteigend wandern wir tiefer in das stille Tal hinein und erhaschen dabei immer wieder einen Blick auf den Bach und die kaum genutzte K 70. Unser Pfad windet sich kurzweilig durch den vielstufigen Wald, mal geht es aufwärts, dann senkt sich der Weg wieder etwas ab – für Abwechslung ist jederzeit gesorgt.

Nach **0.8 km** verabschiedet sich das Traumpfädchen vorerst, während wir mit dem „Nachtigallenweg", wie dieser Abschnitt auch genannt wird zur Talsohle absteigen, wo wir die K 70 queren.. Auch den Aspeler Bach überwinden wir mittels einer breiten Brücke und folgen dem zunächst noch breiten Waldweg neben dem Bach nach rechts. Bald verengt sich der Waldweg wieder zum idyllischen Pfad, und wir ergötzen uns an den bemoosten und teils auch etwas krummen Bäumen, die dem Szenario ein wildromantisches Flair verleihen. Ein Holzsteg (2) bringt uns trockenen Fußes ans andere Ufer, wo sich die herrliche Pfadpassage fortsetzt. Üppige tiefgrüne Farne, Waldreben, knorrige Holunderbüsche und unterschiedlichste Laubbäume lassen den Alltag vollends vergessen. Traum-Zeit mitten im Wald. Noch einmal queren wir nach **2.1 km** den Bach, rechts ergeben sich schon erste Blicke auf die Wiesen und Weiden des nahen Schwalberhofs. An den folgenden Kreuzungen weisen uns zusätzlich zu den markanten Traumpfad-Logos auch noch Holzwegweiser die Richtung. Wir verlassen den Wald und laufen in weitem Bogen auf geschottertem Weg durch Wiesen hinauf zum Schwalberhof (3). Dort halten wir uns links und folgen der hier gesperrten K 70 bei bester Panoramaaussicht ins Moseltal und in die Vordereifel. Nur 150 m später dürfen wir die Straße hinter uns lassen und links auf einen breiten Forstweg abbiegen, der hinab ins Schwalberbachtal führt. Dort wandern wir gemächlich durch das sanft ansteigende Tal. Hochwald begleitet uns, und wir ignorieren die von rechts kommenden Wege. Nach **4.6 km** macht unser Weg eine Rechtskurve und gewinnt nun deutlich an Höhe. So gelangen wir wenig später an den Waldrand, folgen aber dem Schwalberstieg noch im Wald

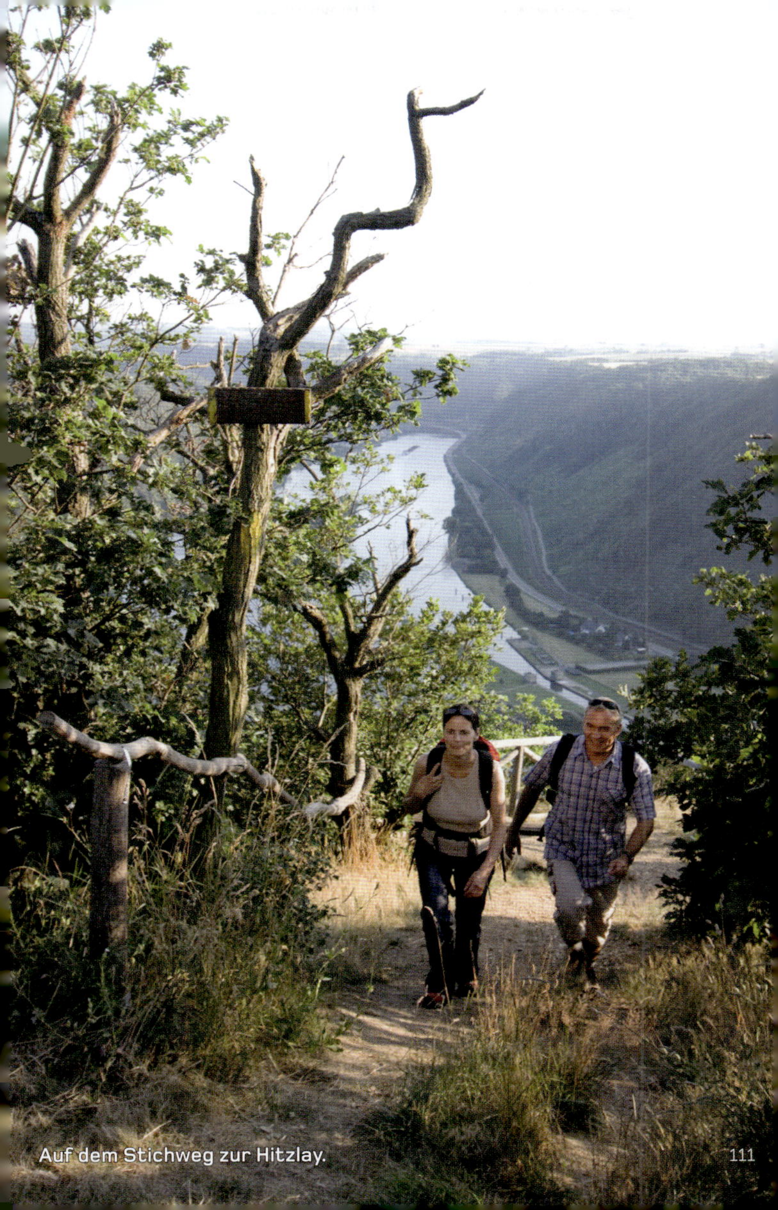
Auf dem Stichweg zur Hitzlay.

rechts zur nächsten Kreuzung. Hier trifft ein weiterer Forstweg von rechts aus dem Tal hinzu, und wir biegen links aufs freie Feld ab. Wir unterqueren eine Stromleitung und freuen uns an der offenen Weite der Felder, die eine schöne Abwechslung zur gerade bewältigten Waldpassage bietet. Linker Hand sehen wir die Gebäude des einsam gelegenen Arkerwälderhofs, während wir dem Traumpfad langsam zum nahen Waldrand folgen. Dort geht es bei **Kilometer 5.4** mit scharfer

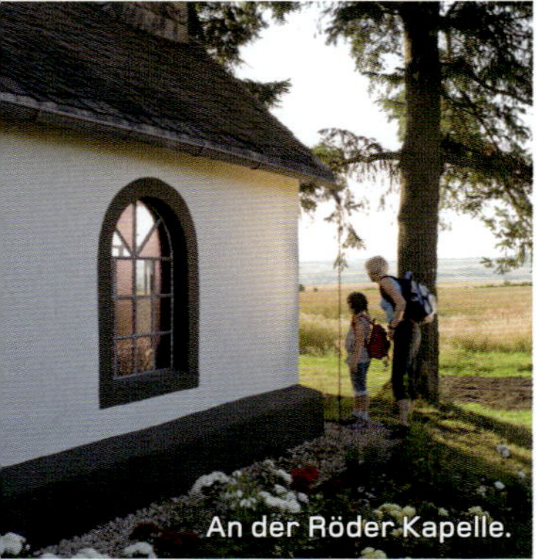

An der Röder Kapelle.

Rechtskehre abwärts in den Wald hinein. Kaum haben wir die erste Kurve beim Abstieg hinter uns gebracht, dürfen wir den Abzweig nach rechts auf einen naturbelassenen Waldweg nicht verpassen. Getrennt durch einen tief eingeschnittenen Hohlweg, streben wir nun parallel zum breiten Forstweg talwärts. Den wenig später querenden Waldweg ignorieren wir und laufen geradeaus weiter abwärts. Der Untergrund des Weges ist teilweise von groben Steinen durchsetzt, was erhöhte Aufmerksamkeit beim Gehen nötig macht. Aber dieser Abschnitt ist nur kurz, denn nach **6.3 km** treffen wir gemeinsam mit dem Forstweg wieder im Aspeler Tal ein und biegen rechts auf einen asphaltierten Wirtschaftsweg ab. Mit gutem Blick auf den munteren Aspeler Bach schöpfen wir auf dem Teerweg Kräfte für den nächsten Aufstieg. Denn der kündigt sich schon knapp 600 m später mit dem Schwenk nach links hinab zum Bach an. Wir queren an einer Furt den Aspeler Bach (4), erklimmen die Böschung und wenden uns nach links auf den breiten, ansteigenden Waldweg. Nach der Rechtskurve gewinnt der Weg nun im vor uns liegenden Tal deutlich an Höhe. An einer Weggabelung wenden wir uns nach links und sofort wieder nach rechts. Nun liegt das Tal rechts von uns, und wir steigen kontinuierlich auf dem weichen Waldweg bergan.

Nach **7.5 km** trifft unser Traumpfad in einer Kurve auf einen geschotterten Forstweg. Jetzt liegt der anstrengendste Teil des Anstiegs hinter uns, und wir wandern nun etwas weniger steil rechts weiter. Einige Kurven später passieren wir eine als Materiallager genutzte Hütte und treffen bei **Kilometer 8.2** an einer großen Wegkreuzung ein: Hier laufen wir halb rechts fast geradeaus weiter. Von links stößt die Moselerlebnisroute dazu. Wenig später verlassen wir den Wald und laufen nun durch die offene Landschaft des Moselplateaus. Um uns breiten sich Felder aus und geben Gelegenheit, den Blick weit schweifen zu lassen. Noch einmal gilt es eine kleine Waldparzelle zu durchwandern, dann liegen die markanten Kuppen der Vordereifel direkt in unserem Blickfeld. Nach **9.3 km** erreichen wir die Röder-Kapelle (5) und biegen links auf einen herrlich weichen Wiesenweg ab. Dieser bringt uns zur Hangkante, wo wir uns rechts orientieren und die Wegweiser zur Hitzlay unsere Neugierde wecken. Vorbei an dichten Hecken, die je nach Jahreszeit mit Blütenpracht oder prallen Früchten grüßen, treffen wir nach **10 km** und einigen gut markierten Schlenkern schließlich an der Aussicht Hitzlay (6) ein. Von dort liegt uns die Mosel mit der Schleuse und den wie Spielzeugdörfchen wirkenden Gemeinden zu Füßen. Auf der anderen Hangseite erkennen wir den Wegverlauf des Koberner Burgpfads (▶ Seite 120).

Wir setzen unsere Wanderung nun weiter entlang der Hangkante fort und treffen bald auf einen befestigten Weg, dem wir nach links abwärts folgen. Langsam wandelt sich die Umgebung, Streuobstwiesen und Hecken dominieren nun den Wegesrand. Kurz bevor wir auf einen Teerweg treffen, stoßen wir wieder auf das Traumpfädchen und biegen nach **10.9 km** scharf links auf einen Feldweg ab.Vorbei an Obstbäumen und Wiesen geht es stramm abwärts, tolle Blicke auf die andere Moselseite bereichern diese Passage zusätzlich. Wir ignorieren querende Wege und erreichen nach einer Rechtskurve eine kleine Teerstraße. Schnell queren wir die Straße und laufen mit kleinem Versatz nach links auf einem herrlichen Naturweg hangparallel weiter. Bänke mit großartigen Aussichten, zum Beispiel auf die markante Matthiaskapelle und die beiden Koberner Burgen, ergänzen die urwüchsige Natur, die hier sogar mit beeindruckenden, steil gestellten Felsklippen aufwartet. So gelangen wir sehr kurzweilig nach **12.4 km** zum hölzernen Aussichtsturm, der auch „Mönch-Felix-Hütte" (7) genannt wird. Der Turm gewährt neben Rastgelegenheit auch einen tollen Blick auf Kobern-Gondorf, die Burgen, die

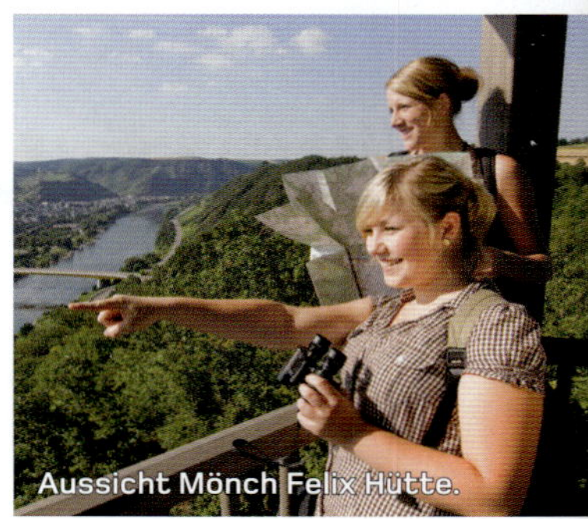
Aussicht Mönch Felix Hütte.

Matthiaskapelle und natürlich das Moseltal. Der Endspurt des Schwalberstiegs erfolgt auf dem etwa 20 m östlich des Turms abzweigenden „Nachtigallenpfad". Steil und eng bringt er uns in Serpentinen ins Tal und verläuft zum Schluss knapp oberhalb der wenigen Häuser des Aspeler Tals. Nach **13 km** treffen wir schließlich, begeistert von so viel unberührter Natur und sagenhaften Ausblicken, wieder am Startpunkt am Portal bei der Linkemühle (1) ein.

11 b Niederfeller Schweiz

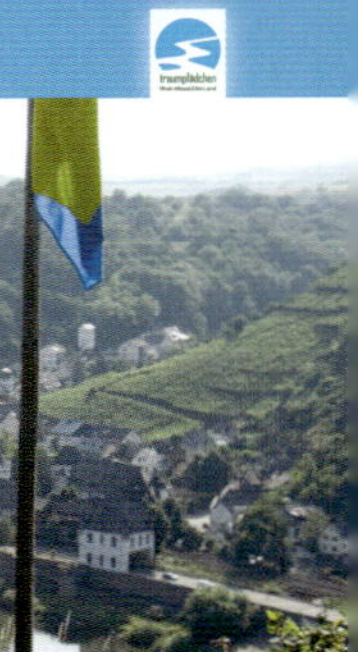

Wellness auf Waldpfaden

Start/Ziel: Linkemühle Niederfell
Zuweg startet „Unter den Linden"

Taxi: Taxi Ewald ✆ 02605/4700
Taxi Holzmann ✆ 02607/974650

Anfahrt: B 49 durch das Moseltal bis Niederfell. Oder A61 bis Ausfahrt Koblenz-Dieblich und B411 zur B49.

scan to go®

QR-Code mit der App „traumtouren" einscannen und Route anzeigen lassen.

Parken: Parkstreifen B49, Niederfell
N50° 17′ 38.1″ • E7° 27′ 50.6″

Wegpunkte:

P1 Portal bei der Linkemühle
32 U 390999 5572256

P2 Grillhütte im Aspeler Bachtal
32 U 391346 5571493

P3 Maifeldblick
32 U 391104 5571464

P4 Ausblick Johanniskirche
32 U 390574 5571719

P5 Mönch-Felix-Hütte
32 U 390756 5572273

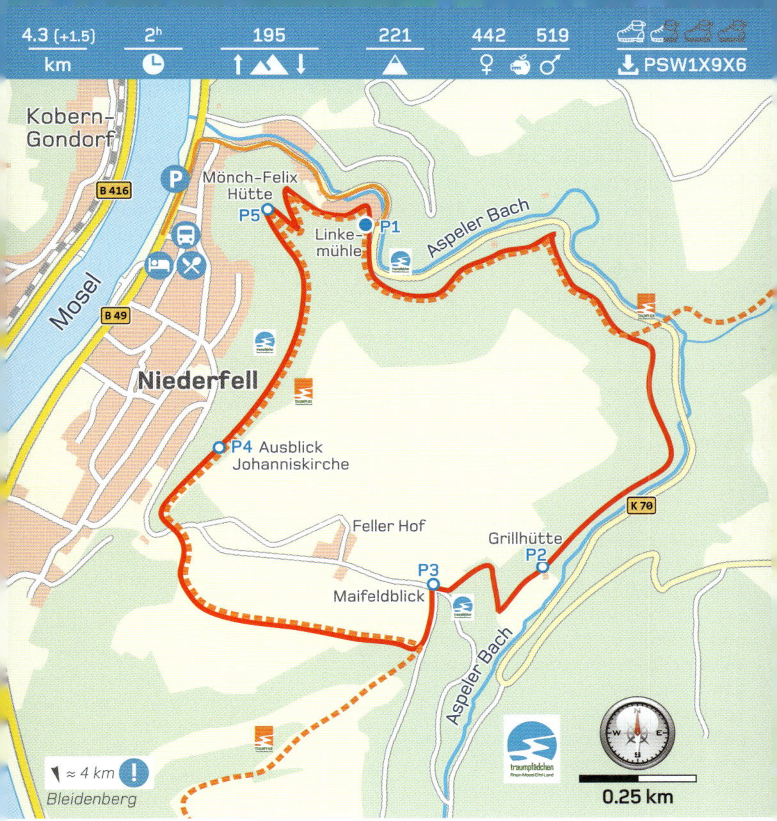

4.3 (+1.5) km | 2h | 195 | 221 | 442 519 | PSW1X9X6

Kobern-Gondorf
B 416
Mönch-Felix Hütte
P5
Linke-mühle
P1
Aspeler Bach
Mosel
B 49
Niederfell
P4 Ausblick Johanniskirche
Feller Hof
Grillhütte
P2
P3
Maifeldblick
K 70
Aspeler Bach
≈ 4 km
Bleidenberg
traumpfädchen Rhein-Mosel-Eifel-Land
0.25 km

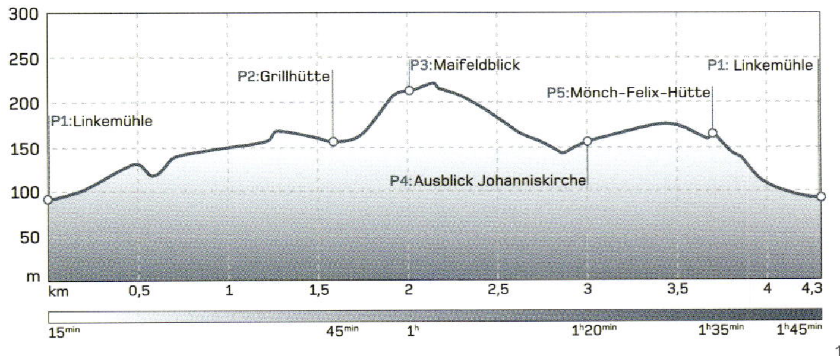

Niederfeller Schweiz – der Name verspricht nicht zuviel, denn im munteren Auf und Ab geht es durch ein herrlich ruhiges Tal. Auf den Höhen sorgen grandiose Fern- und Moselblicke für Hochstimmung.

An der Linkemühle gibt es nur sehr eingeschränkten Parkraum. Besser parkt man entlang der B 49 am Moselufer in Niederfell. Von der Bushaltestelle „Unter den Linden" in der Ortsmitte Niederfell aus ist ein **750m** *langer Zuweg zur Linkemühle markiert.*

An der Linkemühle (1) beginnen wir die Runde durch die Niederfeller Schweiz. Gemeinsam mit dem Traumpfad Schwalberstieg wenden wir uns links dem Tal zu, denn Relief und Erlebnis empfehlen eine Runde im Uhrzeigersinn. Schon nach wenigen Schritten spüren wir die Entschleunigung, die dieser Weg uns bietet. Gemächlich steigt der Pfad an und führt uns immer tiefer in das ruhige Aspeler Bachtal. Dabei sorgt der sehr abwechslungsreiche Wald für Kurzweil.

An einer Weggabelung verlässt uns der Traumpfad, während wir zunächst die Höhe halten und weiter dem Aspeler Bach folgen. Mit etwas Auf und Ab treffen wir an der Grillhütte (2) ein, die mitten im Grünen zur Rast einlädt. Kurz darauf wird es dann anstrengend, denn mit scharfem Rechtsknick wandern wir über die alte Niederfeller Viehdrift teils stramm bergan. Aber wir meistern den Anstieg zum Moselplateau und freuen uns, als wir oben angelangt den Wald verlassen und über eine Wiese zu einem Asphaltweg gelangen. Der führt uns hinab zum nahen Maifeldblick (3), den wir von einer Bank in Ruhe genießen.

Im Anschluss folgen wir dem Asphaltweg noch etwas bergan, dann biegen wir rechts ab und stoßen wieder auf den Traumpfad, der uns bis zum Ende begleiten wird. Gemeinsam wandern wir durch offene Wiesen talwärts, queren eine Zufahrtsstraße und erreichen den Feuerrosenweg. Diese idyllische Passage führt uns ansteigend zur Aussicht auf die Johanniskirche und Schloss von der Leyen (4).

Mit munterem Auf und Ab folgen wir der Hangkante und erreichen den letzten sprichwörtlichen Höhepunkt der Tour: die Mönch-Felix-Hütte (5), bei der es sich eigentlich um einen Aussichtsturm handelt. Die Begeisterung über die Panoramaaussicht hält auch noch an, als wir auf engem Serpentinenpfad zurück ins Tal absteigen.

Von der Linkemühle (1) folgen wir wieder dem Zuweg nach Niederfell, wo sich Gelegenheit zur Einkehr bietet.

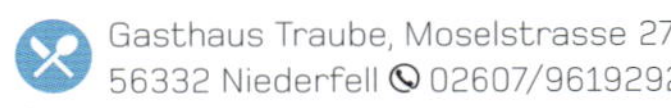

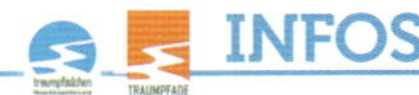

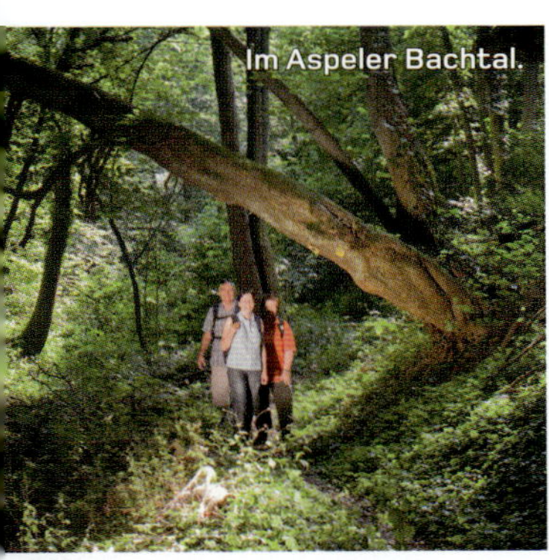

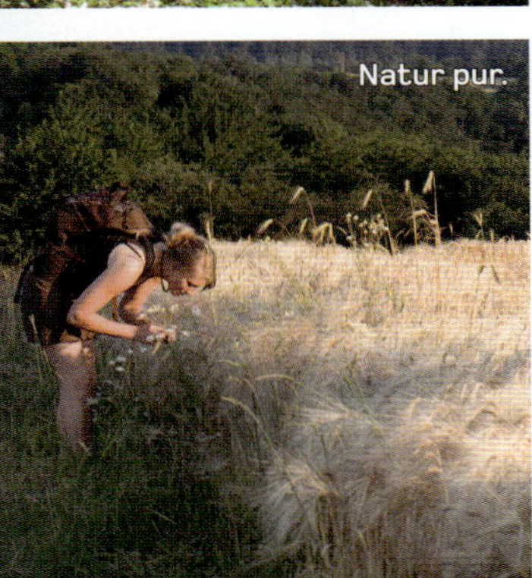

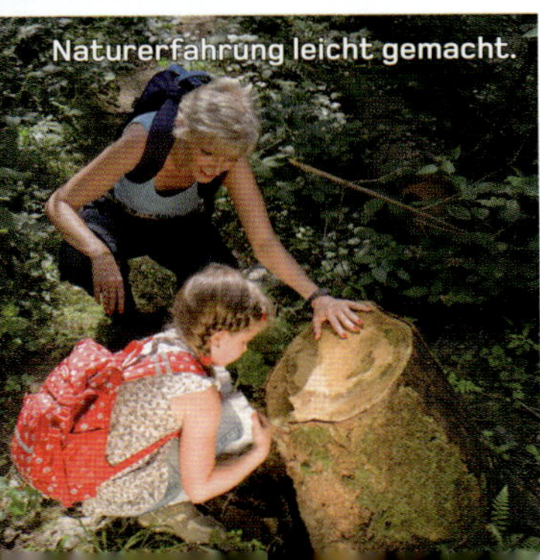

Gasthaus Traube, Moselstrasse 27
56332 Niederfell ✆ 02607/9619292
ⓘ www.traube-niederfell.com
■ Café Sander, Moselstraße 14,
56332 Niederfell ✆ 02607/8309
■ Weitere Einkehrmöglichkeiten:
ⓘ www.sonnige-untermosel.de

Übernachtungsmöglichkeiten:
ⓘ www.sonnige-untermosel.de

Info: ⓘ www.vrm.info
Traumpfad + Traumpfädchen:
Unter den Linden (Niederfell)
■ Mo-So: Bus 301 (Koblenz - Burgen)

Ganz entspannt die Mosel aus neuer Perspektive erleben – bei einer Schiffstour mit der Weißen Flotte ist das kein Problem. Anlegestellen gibt es in zahlreichen Moselorten. Die nächste Anlegestelle nahe des Schwalberstiegs ist in Alken. Infos unter: ⓘ www.k-d.com ⓘ www.ms-goldstueck.de

Den Sprung ins erfrischende Nass können große und kleine Wanderer in Winningen an der Mosel wagen. Das Freibad bietet neben einem Sprungturm verschiedene Schwimmbereiche. Von der großen Liegewiese können Besucher noch einmal einen traumhaften und entspannten Blick ins Moseltal genießen. Kiosk und Kinderspielplatz runden das Freibad-Erlebnis ab. ⓘ www.untermosel.de

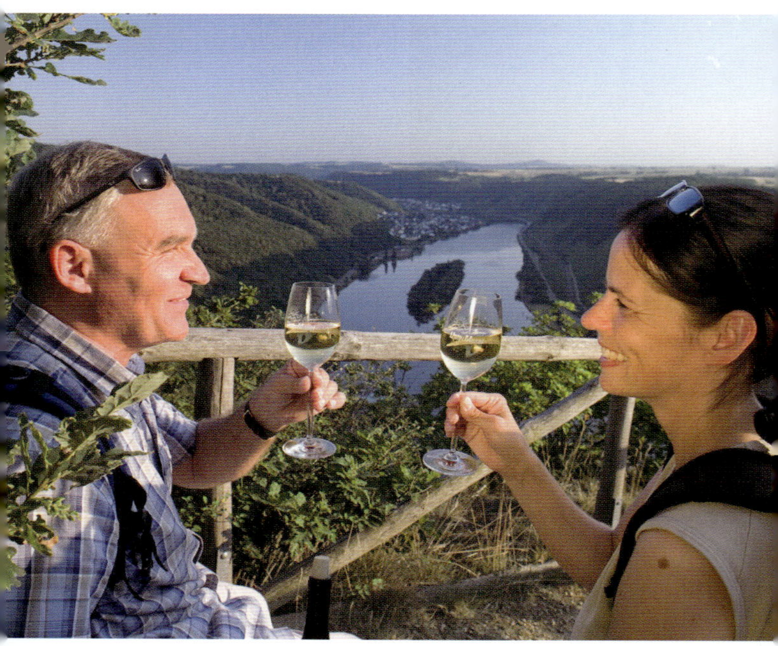

Es lebe der Riesling

Was wäre ein Besuch in der Moselregion ohne eine gebührende Würdigung des Wirtschaftsfaktors Nummer 1: des Moselweins! Die „Königsrebe" an den steilen Schieferhängen der Mosel ist unumstritten der Riesling. Neben fruchtigen und edelsüßen Rieslingweinen finden auch die trocken ausgebauten Moselrieslinge große Anerkennung. Die zweitwichtigste Weißweinrebe an der Mosel ist der Müller-Thurgau (auch Rivaner). Ebenfalls zu finden sind Kerner, Elbling und Weißburgunder. Bei den Rotweinen dominieren an der Mosel der anspruchsvolle Spätburgunder (Pinot Noire) und der kräftig gefärbte Dornfelder. Wer die Mosel besucht und Interesse am Wein mitbringt, findet in jedem der zahlreichen Weinorte Gelegenheit zu Weinproben oder auch zu Kellerführungen.

Nähere Infos bei den Gemeinden oder auf ⓘ www.sonnige-untermosel.de

Notizen

12 Koberner Burgpfad

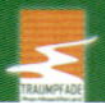

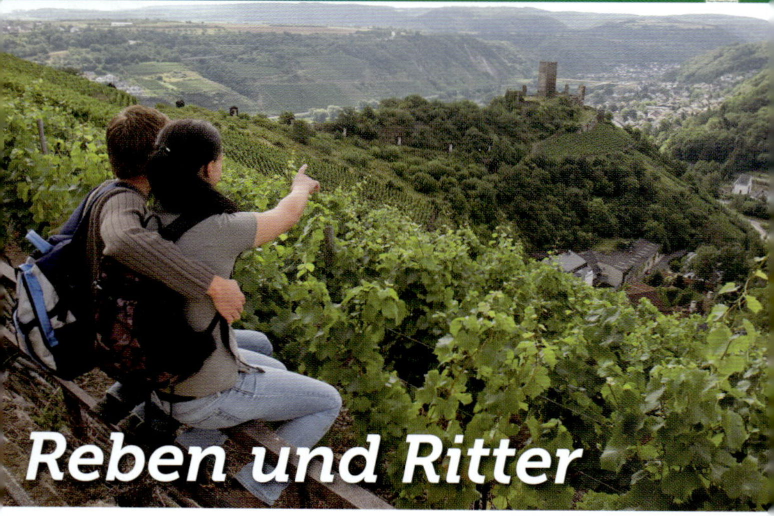

Reben und Ritter

- **Start/Ziel:** Kobern, Friedhof

- **Tourist-Info**
  Sonnige Untermosel, Moselstraße 7,
  56332 Alken ✆ 02605/8472736
  www.sonnige-untermosel.de

- **Taxi:**
  - Henzgen ✆ 02607/4727
    Pilcher ✆ 02607/4562
    Gigi's ✆ 02607/960304

- **Anfahrt:** Über die B 416 entlang der Mosel nach Kobern-Gondorf. Anreise per Bahn zum Bahnhof Kobern-Gondorf.

scan to go®

QR-Code mit der App „traumtouren" einscannen und Route anzeigen lassen.

- **Parkplatz in Kobern-Gondorf:**
  - Pfarrhaus N 50° 18' 33.3'' • E7° 27' 19.6''

- **Wegpunkte:**
  P1: Friedhof 32 U 389977 5574205
  P2: Hütte 32 U 389943 5574040
  P3: Gerlachsmühle: Keverbachtal 32 U 389350 5572497
  P4: Querung L 117 32 U 388577 5574749
  P5: Abzweig zum Goloring 32 U 389139 5577137
  P6: Abzweig „Eiserne Hand" 32 U 389721 5577456
  P7: Aussicht 32 U 390239 5576946
  P8: Sauerbrunnen 32 U 389809 5575723
  P9: Quidoborn 32 U 389705 5575531
  P10: Matthiaskapelle & Oberburg 32 U 389922 5574704
  P11: Abzweig Niederburg 32 U 390023 5574401

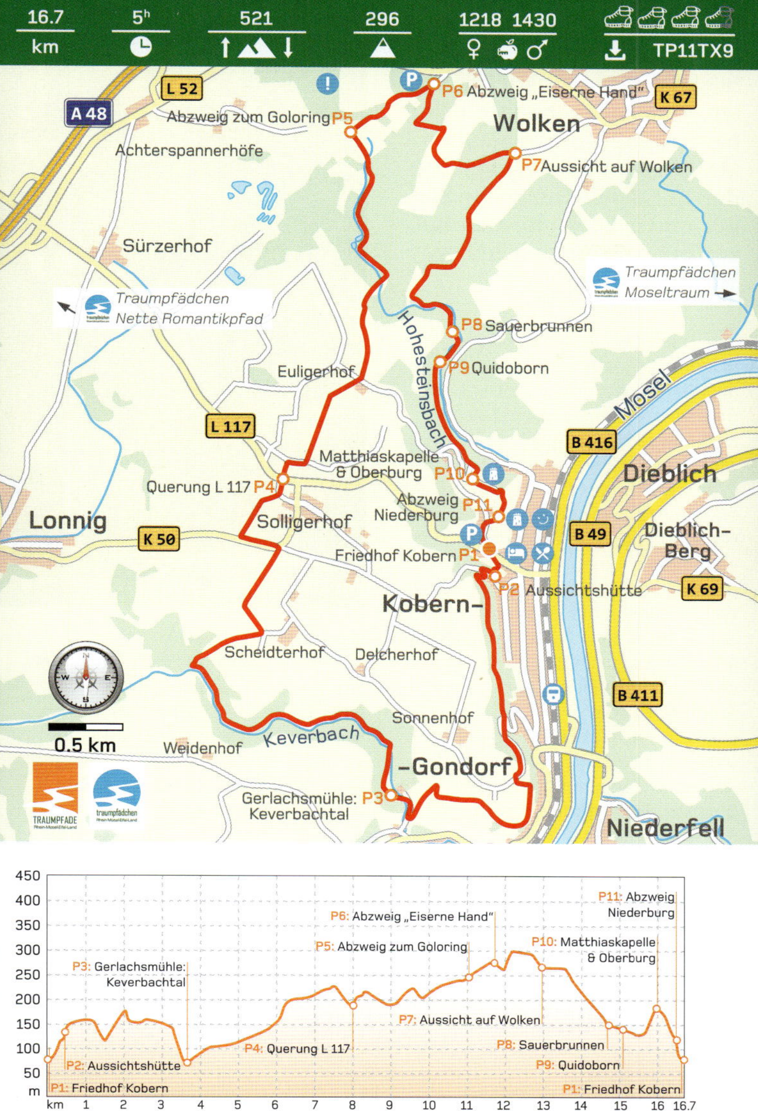
16.7 km
5h
521
296
1218 1430
TP11TX9
L 52
A 48
P6 Abzweig „Eiserne Hand"
K 67
Abzweig zum Goloring P5
Wolken
Achterspannerhöfe
P7 Aussicht auf Wolken
Sürzerhof
Traumpfädchen Moseltraum
Traumpfädchen Nette Romantikpfad
P8 Sauerbrunnen
Hohesteinsbach
P9 Quidoborn
Euligerhof
Mosel
L 117
B 416
Matthiaskapelle & Oberburg P10
Dieblich
Querung L 117 P4
Abzweig Niederburg P11
Lonnig
Solligerhof
Dieblich-Berg
K 50
B 49
Friedhof Kobern P1
P2 Aussichtshütte
K 69
Kobern-
Scheidterhof
Delcherhof
B 411
Sonnenhof
0.5 km
Weidenhof
Keverbach
-Gondorf
Gerlachsmühle: P3 Keverbachtal
Niederfell
TRAUMPFADE Rhein-Mosel-Eifel-Land
traumpfädchen Rhein-Mosel-Eifel-Land
450
400
350
300
250
200
150
100
50
m
P1: Friedhof Kobern
P2: Aussichtshütte
P3: Gerlachsmühle: Keverbachtal
P4: Querung L 117
P5: Abzweig zum Goloring
P6: Abzweig „Eiserne Hand"
P7: Aussicht auf Wolken
P8: Sauerbrunnen
P9: Quidoborn
P10: Matthiaskapelle & Oberburg
P11: Abzweig Niederburg
P1: Friedhof Kobern
km 1 2 3 4 5 6 7 8 9 10 11 12 13 14 15 16 16.7
Std. 1h05' 2h15' 3h10' 3h15' 4h15' 5h

Taiga-Träume und Ritter-Romantik, grandiose Weitblicke und lauschige Bachtäler: Vom keltischen Goloring bis zur spätromanischen Matthiaskapelle verspricht der Koberner Burgpfad eine sprichwörtlich märchenhafte Tour auf fantastischen 16 700 Metern.

Im Ortsteil Kobern, direkt am Friedhof (1) legen wir los zur großen Rundtour auf keltischen Spuren. Der Einstieg gestaltet sich etwas unvermutet, steigen wir doch zunächst die Stufen zum Pfarrhaus empor, bevor es links auf engem Pfad weitergeht. Wir queren eine Wiese und schon beginnt im Wald auf einem Serpentinenpfad der erste Aufstieg des Tages. Wir passieren die „Schutzmantel Madonna" und werden nach **470 m** an einer Schutzhütte (2) hoch über der Mosel mit einem herrlichen Ausblick für die ersten Höhenmeter belohnt. Während Kobern tief unter uns liegt, grüßen die beiden Koberner Burgen und die eindrucksvolle Matthiaskapelle fast auf Augenhöhe vom benachbarten Felssporn. Bis wir dort kurz vor dem Zieleinlauf tatsächlich eintreffen, liegen aber noch fantastische 16 Kilometer vor uns.

Wir genießen noch einmal die Aussicht – und folgen dem (bald deutlich flacher verlaufenden) Pfad nach Süden. Immer wieder ergeben sich Blicke ins malerische Moseltal.

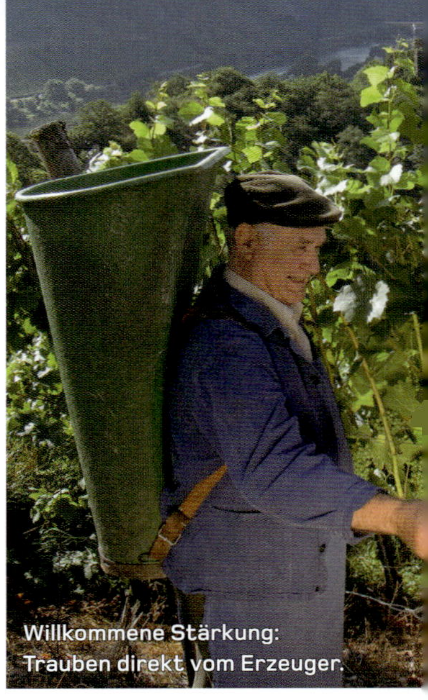

Willkommene Stärkung: Trauben direkt vom Erzeuger.

Unterwegs begeistern uns nicht nur die zahlreichen Rastgelegenheiten, sondern vor allem die urwüchsige Natur des steilen Moselhangs. Schroffe Felsklippen mit den typischen Eichen wechseln mit üppigem Mischwald und Dschungel-Atmosphäre, wo Waldreben wie Lianen am Wegrand schwingen. Hier sind wir tatsächlich auf einem Traumpfad, wie wir ihn sonst nur aus dem Märchenbuch kennen.

Nach **1.6 km** endet der Pfad an einer asphaltierten Straße. Wir wenden uns, dem Logo folgend, rechts bergan. Nur 400 m später sind wir auf der Hochfläche angelangt, verlassen den Teerweg beim Abzweig nach links und

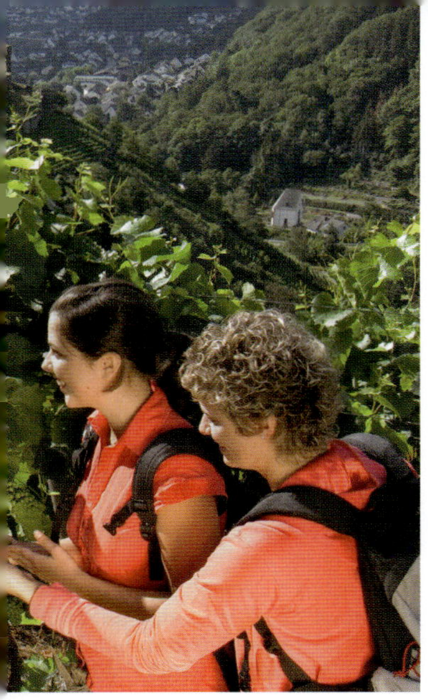

biegen auf einen naturbelassenen Feldweg ab. Entlang der Hangkante geht es – mit immer neuen Aussichten – nach Westen. Dabei haben wir Gelegenheit, die Besonderheiten des Moselweinbaus genauer zu studieren: Lastenbahnen auf Schienen oder Rebenzucht am Hochstamm – alles können wir live erleben. Auch die Technik hat diesen sonnenverwöhnten Standort längst für sich entdeckt – das verdeutlicht ein großes Solarfeld am Wegesrand. Wir folgen unbeirrt der Hangkante und biegen am Ende eines Weinbergs halb links in einen von Hecken dicht umwachsenen Feldweg ab. Einige Meter tiefer gelangen wir nach **3.3 km** an eine Wegkreuzung und halten uns scharf links talwärts. (Der felsige Untergrund des Weges verlangt vor allem bei Nässe gute Trittsicherheit!) Im Tal angelangt, biegen wir nach rechts ab und erreichen die Gerlachsmühle (3). Sie beherbergt heute ein Weingut. Unmittelbar bei den Gebäuden überspringt der Traumpfad nach **3.7 km** den munteren Keverbach und wir sind gespannt, was uns in dem langsam enger werdenden Tal erwartet.

Kaum hat sich der Wald um uns geschlossen, sind wir mitten in einer neuen Traumlandschaft! Idyllisch plätschert der Keverbach mal schnell und gerade, mal in Mäandern verschlungen durch das Tal. Stege (Vorsicht, bei feuchtem Wetter rutschig!) helfen uns mehrfach über das kühle Nass, und wir geben uns ganz dem Naturgenuss hin. Keine störende Zivilisation, herrliche Stille und eine sehr abwechslungsreiche Flora machen die Passage durch das Keverbachtal zu einem wirklichen Höhepunkt. Viel zu schnell gelangen wir, an eindrucksvollen Klippen und selten gewordenem Erlenwald vorbei, zu einer großen Wegkreuzung. Hier biegen wir nach **5.9 km** rechts ab und kehren dem Keverbach endgültig den Rücken. Stramm geht es mal wieder aufwärts, doch oben belohnt uns die weite Sicht über das freie Feld für die Anstrengung.

Wir laufen zum nahen Gehöft des Scheidterhofs, biegen aber kurz davor nach links auf freies Feld ab. Am ersten Feldweg schwenken wir wieder nach rechts und laufen schnurstracks bis zur Wegkreuzung

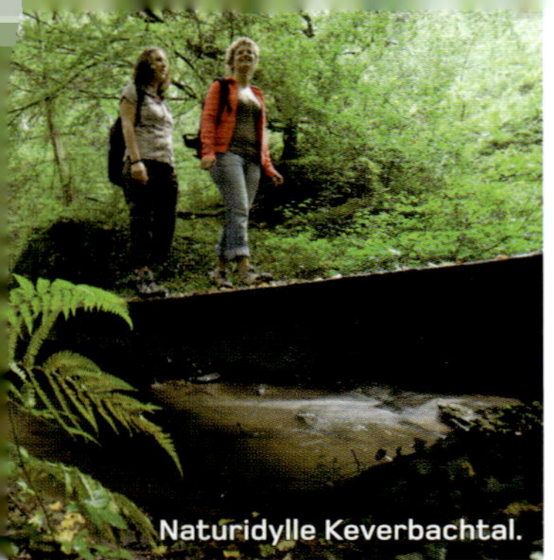
Naturidylle Keverbachtal.

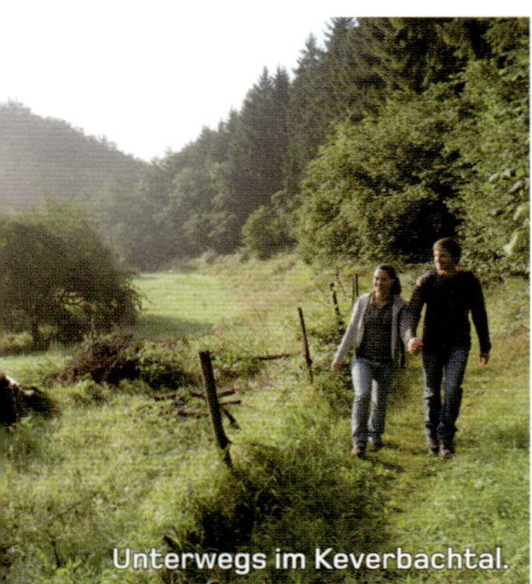
Unterwegs im Keverbachtal.

an der Straße. Hier bleibt uns der Asphalt erspart, denn wir dürfen links auf einem weichen Wiesenweg neben der K 50 entlanglaufen. Bei **Kilometer 7.3** queren wir die K 50 und folgen dem vor uns liegenden Feldweg durch die offene Flur. So stoßen wir am Rand der Siedlung Solligerhof auf eine Anliegerstraße, die uns zügig nach links zur L 117 bringt (4). Ein weiterer Wiesenweg führt uns bergan zum nächsten Querweg, der sich als asphaltierter Wirtschaftsweg entpuppt. Wir laufen nach rechts, doch schon 150 m später nehmen wir den ersten Feldweg nach links und spüren wieder weichen Boden unter den Füßen. Von der bald erreichten Anhöhe aus genießen wir eine großartige Panoramaaussicht, deren Mittelpunkt die Matthiaskapelle markiert. Das Auf und Ab setzt sich fort, und nach **9 km** treffen wir am einsam gelegenen Euligerhof ein.

Wir behalten die Hauptrichtung bei, lassen die Weide rechts liegen und wandern bei gutem Blick auf die Umgebung an den bunten Hecken nordwärts. Langsam gewinnen wir an Höhe und biegen nach **9.5 km** an einem Hochsitz erst links, 20 m später aber rechts in den nahen Wald ab. Es geht abwärts, ein leise murmelndes Rinnsal queren wir – und stehen im Hochwald an der nächsten Kreuzung. Hier halten wir uns links, ignorieren den 50 m später abzweigenden Moselhöhenweg und laufen an der Orientierungstafel nach links auf breitem Waldweg noch immer nach Norden. Zahlreiche Traumpfad-Logos weisen uns den Weg, und so ist Verirren quasi unmöglich. Wir passieren einige im Wald verborgene Teiche, lassen ein paar nach rechts abzweigende Wege unbeachtet und finden uns nach **10.9 km** auf freiem Feld wieder. Fast unter der Trasse einer Stromleitung halten wir uns an einer Kreuzung rechts. Geradeaus zweigt hier der Zuweg zum Goloring (5) ab. Wir streben dem nahen Wald zu, wo die Schleife vom Goloring wieder mündet. Im Hochwald führt uns der Traumpfad auf bequemem Weg bergan, bis wir nach **11.7 km** per Spitzkehre nach rechts laufen. Geradeaus befindet sich, etwa 100 m entfernt, der Parkplatz „Eiserne Hand“ (6).

Je weiter wir dem Traumpfad durch den Hochwald nach Südosten folgen, desto leiser werden die Geräusche der nahen A 48. Spätestens beim nächsten radikalen Richtungswechsel nach links lassen wir uns aber nicht mehr ablenken und freuen uns wieder über Natur pur. Der weiche Waldweg fordert Kondition, denn es gilt knapp 40 Höhenmeter zu überwinden. Kaum biegt der Koberner Burgpfad aber schließlich nach rechts, sind die Mühen vergessen, denn vor uns öffnet sich ein vollkommen neues Szenario: Fast wie in der Taiga erstreckt sich vor uns ein Birkenwald, durch den wir nun auf dem Damm eines längst verlandeten Schlammteiches wandern dürfen. Mitten durch das Naturschutzgebiet führt uns der Pfad im Bogen zu einer weiten Schneise, wo wir uns links halten. Wenig später geht es nach rechts wieder in „normalem“ Mischwald weiter. Die folgenden Richtungswechsel sind dank perfekter Markierung kein Problem, und so erreichen wir nach **13 km** den Waldrand – und eine tolle Aussicht auf Wolken (7) und Umgebung. Übrigens: Wer hier 200 m nach links läuft, trifft auf den Rheinburgenweg, der auf gut 200 km von Bingen bis zum Rolandsbogen die Höhepunkte des linksrheinischen Mittelrheintals erschließt. Wir wenden uns am Waldrand nach rechts und laufen gemächlich abwärts.

Nach 500 m folgen wir dem linken Weg in den Wald und entspannen uns beim gemütlichen Abstieg auf breitem Weg. Eine besondere Erfrischung hält der Traumpfad nach **14.7 km** am Sauerbrunnen (8) bereit: Am Rastplatz kann man direkt aus dem Brunnen kühles Mineralwasser kosten – auf eigene Gefahr ... Wer hier auf den Geschmack gekommen ist, der erhält, kaum haben wir den breiten Weg an einer weiteren Orientierungstafel nach rechts über den Bach verlassen, eine zweite Gelegenheit: Bei **Kilometer 15.1** können am Quidoborn (9) die Trinkflaschen ebenfalls gefüllt werden.

Nun wandern wir auf herrlichem Pfad fast ohne Höhenunterschied durch den Hang. Etwas unterhalb begleitet uns ein kleiner Wasserzulaufgraben. Und dann kommt, was wir längst befürchtet haben: der Schlussanstieg! Doch alles ist halb so wild, und nach knapp **16 km** stehen wir an der beeindruckenden Matthiaskapelle und der Oberburg (10).

Neben diesem kulturellen Höhepunkt lockt auch noch eine Superaussicht. Der Endspurt des Koberner Burgpfads ist wirklich spektakulär und führt uns von der Oberburg über den Kreuzweg abwärts. Die Ruine der Niederburg kann über einen Stichweg von der ersten Kreuzweg-Station aus erreicht werden (11). Der eigentliche Traumpfad folgt aber dem Serpentinenpfad hinunter ins Mühltal. Hier passieren wir die Parkplätze und treffen nach sehr ereignis- und abwechslungsreichen **16.7 km** wieder am Startpunkt in Kobern (1) ein.

12 b Moseltraum

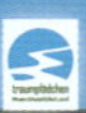

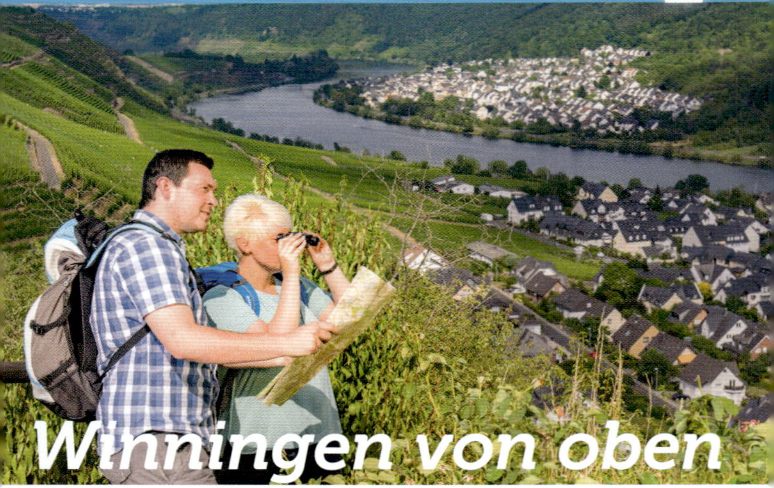

Winningen von oben

Start/Ziel: Parkplatz Weilsbornquelle an der L 125

Taxi: Taxi Untermosel, 02606/9648424

Anfahrt: A 61 bis zur Ausfahrt Koblenz-Metternich, weiter auf der L 52 Richtung Winningen.

scan to go®

QR-Code mit der App „traumtouren" einscannen und Route anzeigen lassen.

Parken: Weilsbornquelle L 125
N50° 19' 29.9'' • E7° 31' 12.8''
Winningen, Bahnhof
N50° 18' 51.6'' • E7° 31' 19.8''
Winningen, Rosenberg
N50° 18' 50.3'' • E7° 30' 49.6''

Wegpunkte:

- P1 Parkplatz L 125
  32 U 394643 5575784
- P2 Bank und Aussicht Vogelsang
  32 U 394214 5574862
- P3 Domgartenhütte
  32 U 394112 5574891
- P4 Bank und Aussicht
  32 U 394109 5575395

▶ Mit dem PKW ca. 8 km vom Startpunkt Traumpfad Koberner Burgpfad entfernt

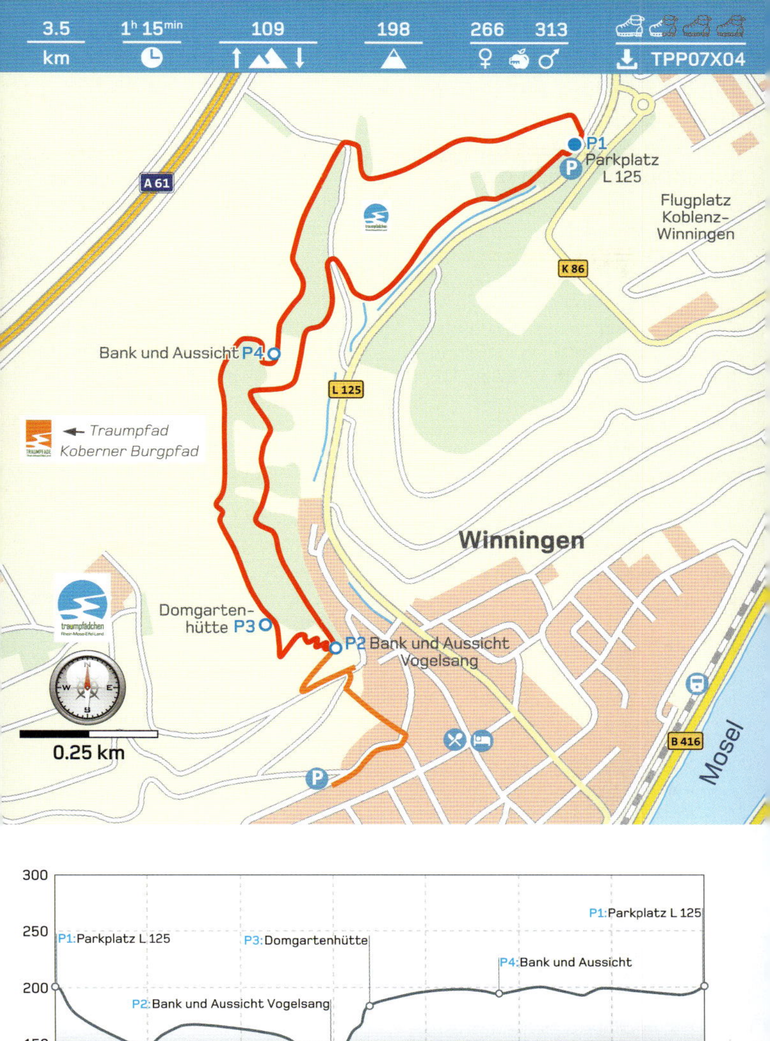
3.5 km
1h 15min
109
198
266 313
TPP07X04
A 61
P1
Parkplatz
L 125
Flugplatz
Koblenz-
Winningen
K 86
L 125
Bank und Aussicht P4
Traumpfad
Koberner Burgpfad
Winningen
Domgarten-
hütte P3
P2 Bank und Aussicht
Vogelsang
traumpfädchen
Rhein-Mosel-Eifel-Land
B 416
Mosel
0.25 km

300
250
200
150
m
P1: Parkplatz L 125
P3: Domgartenhütte
P4: Bank und Aussicht
P2: Bank und Aussicht Vogelsang
P1: Parkplatz L 125
km
0,5
1
1,5
2
2,5
3
3,5
Std.
30min
40min
55min
1h15min

Hoch über Winningen wartet ein traumhaft schöner Wegverlauf mit tollen Aussichten auf uns, wobei zumindest etwas Kondition durchaus hilfreich ist ...

Am Parkplatz an der L 125 (1) außerhalb von Winningen starten wir zur kurzen aber sehr reizvollen Runde. Wir wollen im Uhrzeigersinn laufen und passieren daher zunächst die munter sprudelnde Weilsbornquelle. Ein Feldweg führt uns an einigen Gärten vorbei, kunstvolle alte Weinbergsmauern flankieren den Weg. An einem Wäldchen überwinden wir pfadig eine kleine Anhöhe und treffen auf einen breiten Wirtschaftsweg. Kurz geht es bergan, dann knickt unser „Moseltraum" scharf links in die Hangflanke ab.

Nach kurzem Anstieg wandern wir gemächlich abwärts und freuen uns an den herrlichen Blicken auf Winningen und Richtung Mosel. Nachdem wir deutlich Höhe verloren haben, treffen wir an der Aussicht Vogelsang (2) auf eine Bank und einen Moselsteig-Zuweg. Auch unsere Logos weisen nun stramm bergan und schon nach der ersten steilen Weinbergstreppe wissen wir: dieser Pfadaufstieg wird anstrengend!

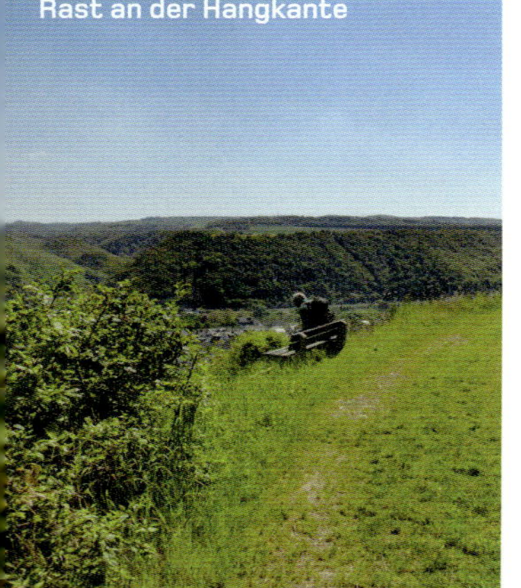
Rast an der Hangkante

Zahlreiche Windungen führen uns durch den Steilhang und dankbar legen wir an einem Querweg nebst Bank eine Verschnaufpause ein. Im Frühling setzen die rosa blühenden Weinbergspfirsiche erste zarte Farbtupfer und sorgen für zusätzliche Ablenkung. Dann setzen wir den Anstieg fort, bis wir etwas außer Puste an der Domgartenhütte (3) eintreffen. Doch die Anstrengung ist schnell vergessen, denn der grandiose Ausblick entschädigt für die Mühe und angenehm rasten lässt es sich hier auch!

Im weiteren Verlauf begleiten uns Moselsteig und Rheinburgenweg. Nun ist echtes Premium-Genusswandern angesagt: fast eben folgen wir Feldwegen über das kurzweilige Moselplateau und erfreuen uns an Streuobstwiesen und blühenden Hecken. Immer wieder ergeben sich auch schöne Talblicke, besonders von einer bestens plazierten Bank (4) an der Hangkante können wir eine tolle Aussicht genießen.Langsam senkt sich die Route ab, quert ein Tälchen und führt uns zum Finale über offene Flur zurück zum Ausgangspunkt an der L 125 (1).

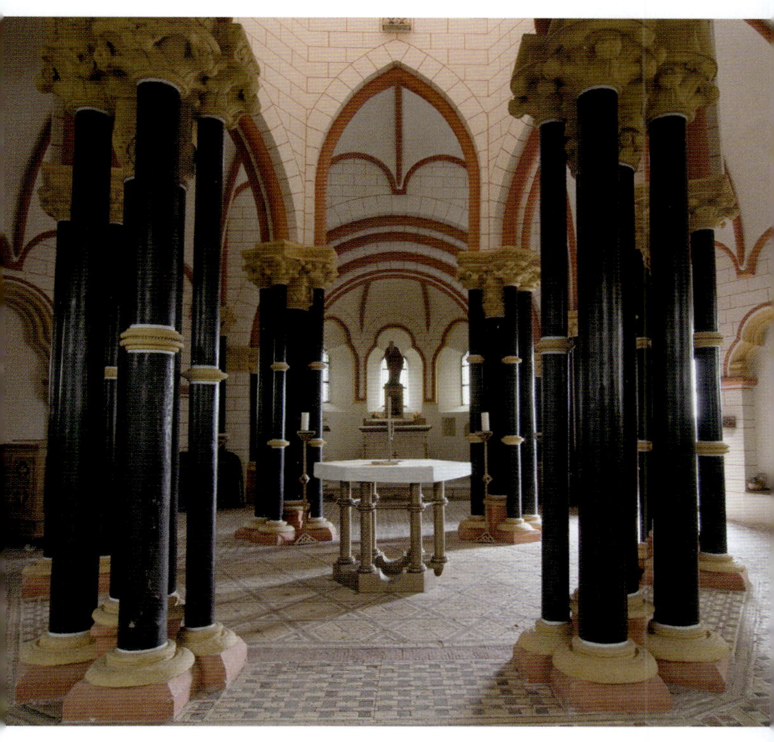

Sie thront, flankiert von den Resten der Oberburg, hoch über dem Moseltal und dem Ortsteil Kobern: die aus dem 13. Jahrhundert stammende Matthiaskapelle. Die spätromanische, gedrungene Kapelle zählt zu den bedeutendsten Sakralbauten an der Untermosel. Unter dem Eindruck der Templerkirche Tomar hatte Heinrich I. von Kobern nach der Rückkehr vom Kreuzzug die Matthiaskapelle zur Aufbewahrung einer Reliquie erbauen lassen. Das Haupt des Apostels Matthias fand für immerhin 150 Jahre in der teilweise etwas orientalisch anmutenden Kirche einen gebührenden Ehrenplatz.

⏲ Die Kirche kann von Palmsonntag bis Alllerheiligen immer sonntags und an Feiertagen von 11–17 Uhr besichtigt werden. Kostenpflichtige Führungen sind nach Voranmeldung (Tourist-Info: ✆ 02607/19433) jederzeit möglich.

12 c Nette Romantikpfad

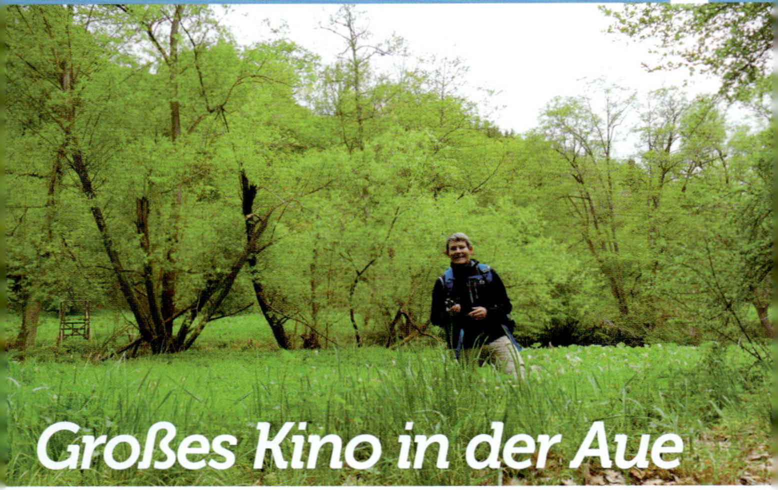

Großes Kino in der Aue

Start/Ziel: Parkplatz Jakob Vogt Stadion, Ochtendung

Taxi: Taxi Rasbach, 02651/496085

Anfahrt: A 48 bis Ochtendung, L 117 bis Abzweig Polcher Straße (K94). Im Ort links in die Hauptstraße (L98).

Parken: Parkplatz Jakob Vogt Stadion, Ochtendung
N50° 20′ 47.3″ • E7° 22′ 35.9″

scan to go®
QR-Code mit der App „traumtouren" einscannen und Route anzeigen lassen.

Wegpunkte:
P1 Parkplatz Ochtendung
32 U 384500 5578414
P2 Oberwerthshöhe
32 U 383095 5577258
P3 Netteauen
32 U 382810 5577112
P4 Engelsbachtal
32 U 383643 5576764
P5 Nettetalblick
32 U 383026 5577053
P6 Michelbergblick
32 U 384021 5577910

▶ Mit dem PKW ca. 8 km vom Startpunkt Traumpfad Koberner Burgpfad entfernt

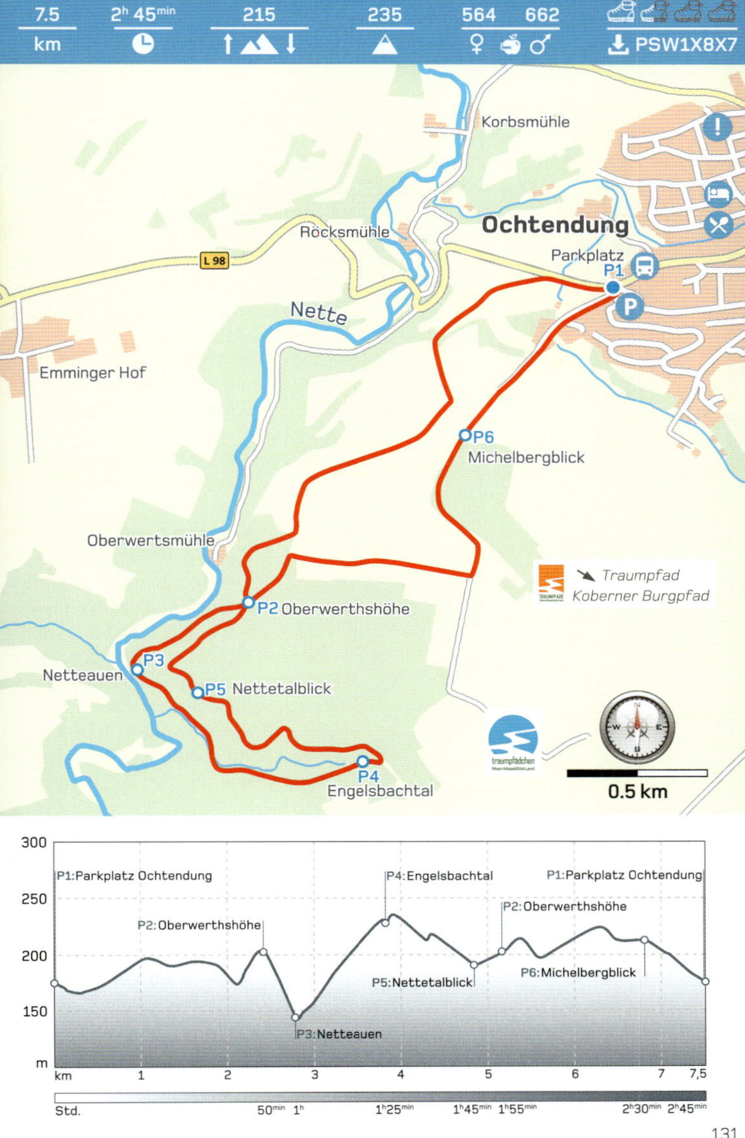
7.5
km
2h 45min
215
235
564
662
PSW1X8X7
Korbsmühle
Ochtendung
Röcksmühle
L 98
Parkplatz
P1
P
Nette
Emminger Hof
P6
Michelbergblick
Oberwertsmühle
Traumpfad
Koberner Burgpfad
P2 Oberwerthshöhe
P3
Netteauen
P5 Nettetalblick
P4
Engelsbachtal
traumpfädchen
0.5 km
P1:Parkplatz Ochtendung
P2:Oberwerthshöhe
P3:Netteauen
P4:Engelsbachtal
P5:Nettetalblick
P2:Oberwerthshöhe
P6:Michelbergblick
P1:Parkplatz Ochtendung
300
250
200
150
m
km
1
2
3
4
5
6
7
7,5
Std.
50min 1h
1h25min
1h45min 1h55min
2h30min 2h45min

Aussichtsreiche Flurpassagen wetteifern mit der wildromantischen Talaue der Nette und urigen Felsenpfaden um unsere Aufmerksamkeit. Kurzweil, Ruhe und Entspannung gibt es obendrein.

Vom Parkplatz (1) folgen wir der Schillerstraße Richtung Ortsmitte, biegen aber schon am Ende des Zauns links auf eine Wiese ab und laufen hinab zu einem baumgesäumten Pfad neben der L 98. Rasch bleibt der Ort hinter uns zurück und wir dürfen links auf einen Feldweg wechseln. Vorbei an der Bike-Anlage erreichen wir mit leichtem Anstieg die offene Flur, wo wir rechts abbiegen und den Wald ansteuern.

Dort biegen wir halbrechts auf einen idyllischen Pfad, der uns unter das Blätterdach führt.

Nach kleinem Abstieg halten wir uns an einem Querweg links und laufen vorbei an ersten Felsen zur Kreuzung Oberwerthshöhe (2). Da wir hier auf dem Rückweg erneut vorbei kommen, müssen wir genau auf den Wegverlauf achten: uns zieht es zunächst ins Nettetal, also biegen wir rechts ab und wandern talwärts.

Bald treffen wir in den wildromantischen Netteauen (3) ein und genießen Ruhe und Entspannung des Naturidylls. Wir laufen an Felsen vorbei durch den zauberhaften Auenwald und folgen bald dem Seitental des Engelsbaches bergan.

Schritt für Schritt gewinnen wir an Höhe und freuen uns dabei am artenreichen Wald. Nachdem wir das Quellgebiet des Engelsbachtales (4) gequert haben, stehen wir am südlichsten Punkt der Runde und werden von den Logos mit scharfem Linksknick auf einen herrlichen Pfad geschickt. Niedereichenwald, Ginster und Felsen sorgen für Hochstimmung, während wir fast eben dem nächsten Höhepunkt entgegen streben. Dann ist es soweit: An einer hohen Klippe lädt uns eine Sinnesbank zum Genießen des grandiosen Nettetalblicks (5) ein.

Es fällt schwer, den Aussichtspunkt zu verlassen. Wir folgen dem Traumpfädchen hinab zur Kreuzung Oberwerthshöhe (2). Diesmal biegen wir rechts bergan und machen im urigen Wald rasch Höhe gut. Am Waldrand angelangt, führt uns ein Feldweg rechts mitten durch die Felder und wir schwelgen in den Blicken zu den Vulkankuppen des Maifeldes.

Wir treffen einen Asphaltweg, laufen auf diesem links durch ein Wäldchen und bewundern danach den Michelbergblick (6). Vor uns liegt bereits wieder Ochtendung. Geradeaus wandern wir hinunter in den Ort, wo nach **7.5 km** diese verträumte und aussichtsreiche Runde am Parkplatz (1) endet.

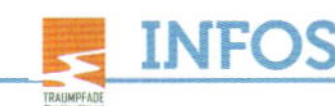

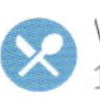

Winzerhaus am Brunnen, Marktplatz 13-15, 56330 Kobern-Gondorf
www.winzerhaus-am-brunnen.de
02607 9733505
■ Restaurant am Markt, Marktpl. 8, 56330 Kobern-Gondorf 02607/973762
■ Alte Mühle Höreth, Mühlental 17, 56330 Kobern-Gondorf 02607/6474
■ Weinrestaurant Klein's Fronhof, Fronstr. 2, 56333 Winningen, 02606/435 kleins-fronhof.eatbu.com

Landgasthaus Zur Kupferkanne, Lutzstr. 20, 56330 Kobern-Gondorf 02607/342
www.zur-kupferkanne.de
■ Hotel Haupt, Marktstr. 12, 56330 Kobern 02607/9630350
www.hotelhaupt.de
■ Hotel Nora Emmerich, Raiffeisenstr. 16, 56333 Winningen, 02606/537
www.hotel-emmerich.com
■ Hotel Moselblick, An der B416 56333 Winningen 02606/920810
www.hotel-moselblick.de
■ Weingasthaus Zum Fährhof, Fährstr. 16, 56333 Winningen 02606/92010
www.faehrhof-winningen.de
■ Weinhaus und Pension Marktschenke, Marktstr. 5, 56333 Winningen, 02606/355 www.weinhaus-marktschenke.de

Info: www.vrm.info
Traumpfad: Kobern-Gondorf Bf.
■ Mo-So: RE 1/ RB 1 (Koblenz - Trier)
Traumpfädchen Moseltraum :
Winningen Bf. (Fußweg ca.2 km)
■ Mo-So: RB 81 (Koblenz - Trier)
Traumpfädchen Nette Romantikpfad:
Schillerstraße (Ochtendung)
■ Mo-So: Bus 350 (Koblenz - Mayen)

Der Goloring, die vielleicht bedeutendste keltische Kultstätte auf dem europäischen Festland, findet sich unweit der „Eisernen Hand" an der L 52. Die doppelringförmige Kultstätte ähnelt stark den bekannten Keltenrelikten in England oder Irland (z.B. Stonehenge) und ist gleichzeitig eine riesige Sonnenuhr. Der Goloring ist derzeit leider nicht zugänglich.

Jederzeit zugänglich sind in Kobern die altehrwürdigen Mauern der eindrucksvollen Ruine der Niederburg. Nach Herzenslust können hier kleine Ritter und Burgfräulein auf Entdeckertour gehen.

Der Kobener Burgpfad verläuft streckenweise auf gemeinsamer Trasse mit dem Moselsteig.

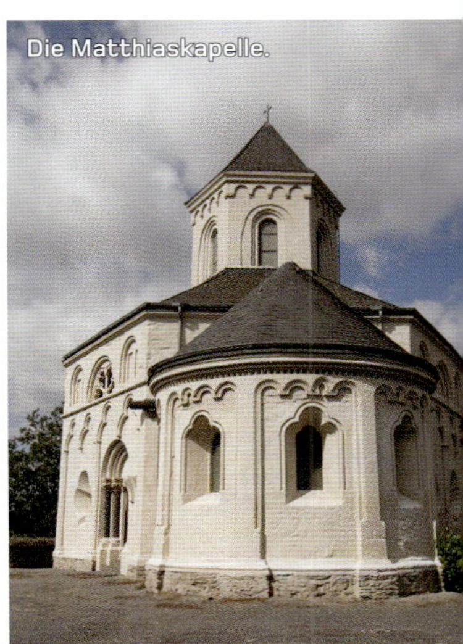

Die Matthiaskapelle.

13 Bergschluchtenpfad Ehrenburg

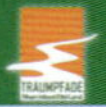

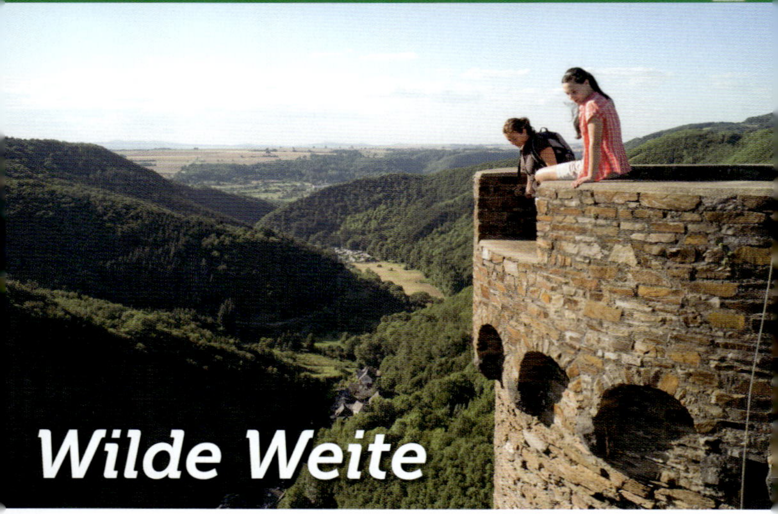

Wilde Weite

- **Start/Ziel:** Brodenbach
- **Tourist-Info**
  Sonnige Untermosel, Moselstraße 7, 56332 Alken ✆ 02605/8472736
  ⓘ www.sonnige-untermosel.de
- **Taxi:** Ewald ✆ 02605/4700
- **Anfahrt:** Über die B 49 entlang der Mosel nach Brodenbach. Von der A 61 Abfahrt Waldesch, weiter über die L 207 an die Mosel. Ein weiterer Einstiegspunkt ist die Ehrenburg.

scan to go®

QR-Code mit der App „traumtouren" einscannen und Route anzeigen lassen.

- **Parkplatz in Brodenbach:**
- Moselufer N50° 13' 42.0'' • E7° 26' 45.5''

- **Wegpunkte:**
  - **P1:** Brodenbach Parkplatz 32 U 389052 5564918
  - **P2:** Steg Niederbachstraße 32 U 389469 5565271
  - **P3:** Schutzhütte Teufelslay 32 U 389482 5565766
  - **P4:** 2. Querung L 207 32 U 390583 5566009
  - **P5:** Aussicht 32 U 391527 5565141
  - **P6:** Hütte 32 U 390618 5564435
  - **P7:** Schutzhütte Brodenbachtal 32 U 389961 5564731
  - **P8:** Donnerloch 32 U 390614 5564034
  - **P9:** Ehrenburg 32 U 389836 5563175
  - **P10:** Campingplatz: Gasthaus 32 U 389152 5564397
  - **P11:** Aussicht 32 U 388799 5564323
  - **P12:** Ehrenmal 32 U 388912 5564682

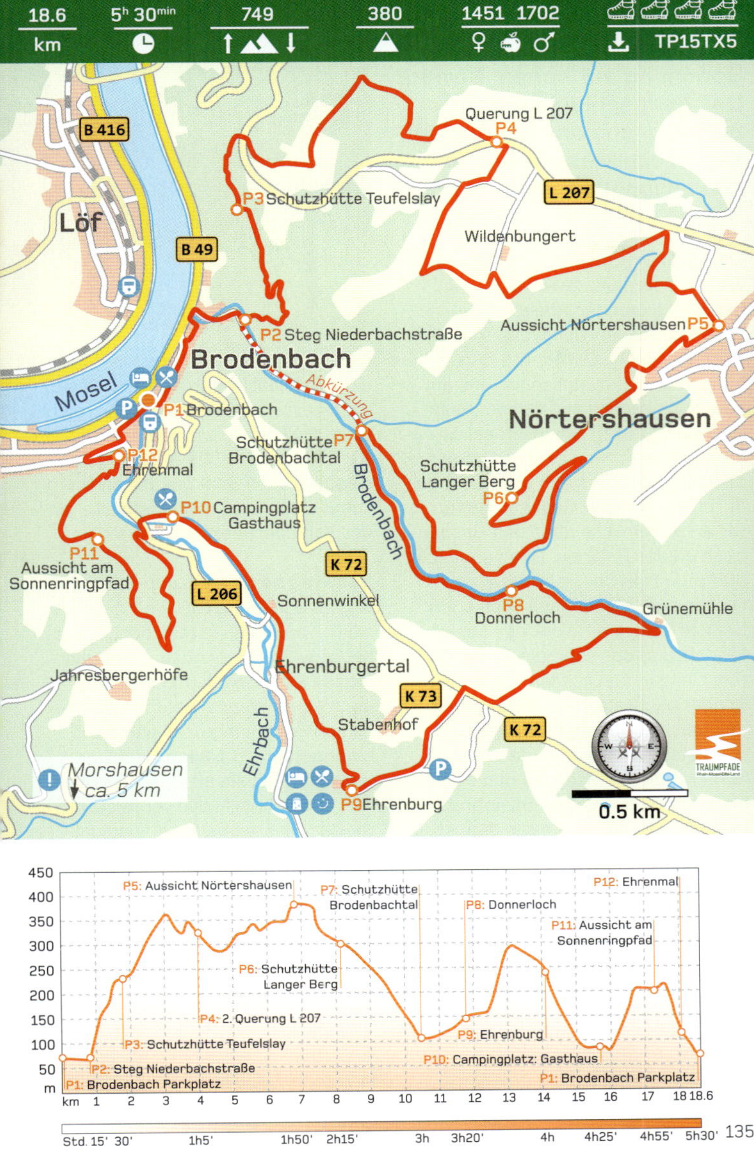
18.6 km
5h 30min
749
380
1451 1702
TP15TX5
B 416
Löf
B 49
Mosel
Brodenbach
P1 Brodenbach
P2 Steg Niederbachstraße
P3 Schutzhütte Teufelslay
Querung L 207
P4
L 207
Wildenbungert
Aussicht Nörtershausen P5
Nörtershausen
Abkürzung
Schutzhütte P7
Brodenbachtal
Schutzhütte
Langer Berg
P6
Brodenbach
P12
Ehrenmal
P10 Campingplatz
Gasthaus
P11
Aussicht am
Sonnenringpfad
K 72
L 206
Sonnenwinkel
P8
Donnerloch
Grünemühle
Jahresbergerhöfe
Ehrenburgertal
K 73
Stabenhof
K 72
Ehrbach
Morshausen
ca. 5 km
P9 Ehrenburg
0.5 km
TRAUMPFADE
450
400
350
300
250
200
150
100
50
m
P5: Aussicht Nörtershausen
P7: Schutzhütte
Brodenbachtal
P8: Donnerloch
P12: Ehrenmal
P11: Aussicht am
Sonnenringpfad
P6: Schutzhütte
Langer Berg
P4: 2. Querung L 207
P3: Schutzhütte Teufelslay
P9: Ehrenburg
P10: Campingplatz: Gasthaus
P2: Steg Niederbachstraße
P1: Brodenbach Parkplatz
P1: Brodenbach Parkplatz
km 1 2 3 4 5 6 7 8 9 10 11 12 13 14 15 16 17 18 18.6
Std. 15' 30' 1h5' 1h50' 2h15' 3h 3h20' 4h 4h25' 4h55' 5h30'

Sportliche Herausforderung, Romantik, Naturgenuss und Spannung auf hohem Niveau: Der Bergschluchtenpfad bietet grandiose Landschaften, steile Moselhänge und sensationelle Fernsichten.

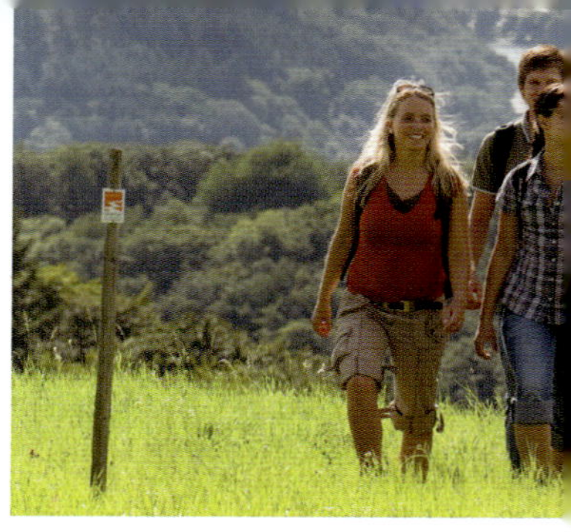

Mitten in Brodenbach (1) beginnen wir am Parkplatz zwischen B 49, Salzwiese und der Rhein-Mosel-Straße die anspruchsvolle Tour auf dem „Bergschluchtenpfad Ehrenburg". Zunächst halten wir uns am Kaufhaus rechts und folgen dann links der ruhigen Rhein-Mosel-Straße an zahlreichen Lokalen vorbei nach Nordosten. Nach der Passage durch die ruhigen Gassen treffen wir an der Brücke über den Brodenbach an der B 49 ein. Doch sogleich dürfen wir an der Polizeistation rechts auf „Niederbach" abbiegen. Schnell ebbt die Hektik des Moseltals ab, und der schmale Asphaltweg führt uns in den lichten Wald des Brodenbachtals. Nach **800 m** geht es dann richtig los: Wir queren gemeinsam mit dem M des Moselhöhenwegs per Steg (2) den kleinen Bach, danach ein altes Steinbruchareal und wenden uns dann dem steil ansteigenden Pfad zu.

Der Traumpfad macht hier seinem Namen alle Ehre: Es geht auf herrlichem Pfad das schluchtenartige, sehr steile Tal bergan. Schnell wird uns klar, dass diese Tour ganz schön kräftezehrend werden wird. Doch wir wären nicht bald auf einem Traumpfad unterwegs, wenn nicht die erste Belohnung in Form einer fantastischen Aussicht von exponiertem Felssporn aus erreicht wäre. So können wir, immerhin schon auf 180 Meter Höhe angelangt, an dieser ersten Bank wieder zu Atem kommen und dabei das Moseltal aus der Vogelperspektive bewundern.

Der Pfad setzt sich zum Teil recht eng im Steilhang fort und gewinnt weiter an Höhe. Trittsicherheit ist heute wirklich vonnöten, und ohne festes Schuhwerk und eventuell auch einen Wanderstock sollte man diese Wanderung erst gar nicht beginnen. Nach **1.8 km** flacht der tolle Pfad etwas ab, und wir können von der Schutzhütte Teufelslay (3) wieder eine großartige Aussicht genießen. Neben der Sicht begeistert uns aber auch die typische Vegetation der Steilhänge mit niedrigen Krüppeleichen und sogar Erika, die auf dem kargen Felsboden ihr Dasein fristen. 200 m später gelangen wir an eine Weggabelung und trennen uns vom Moselhöhenweg: Während dieser geradeaus nach Alken führt, biegen wir, dem orangen

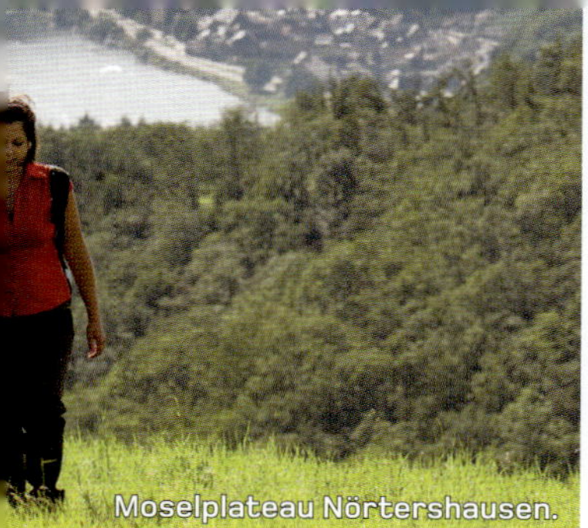

Moselplateau Nörtershausen.

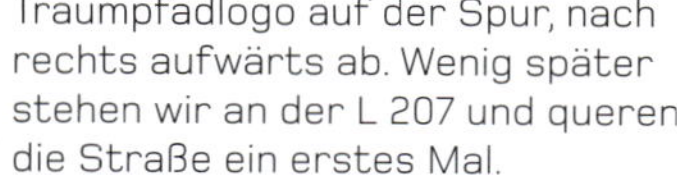

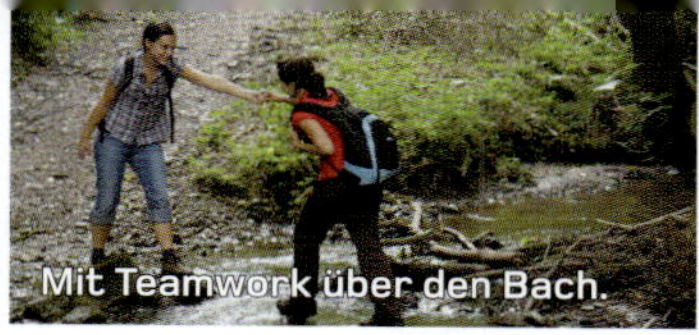

Mit Teamwork über den Bach.

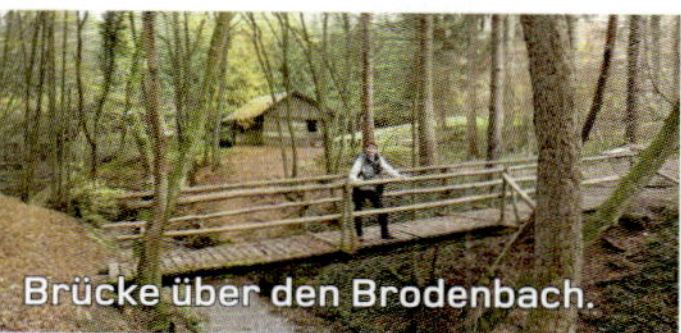

Brücke über den Brodenbach.

Traumpfadlogo auf der Spur, nach rechts aufwärts ab. Wenig später stehen wir an der L 207 und queren die Straße ein erstes Mal.

Auf der anderen Seite folgen wir dem alten Waldweg nach rechts und machen weitere Höhenmeter gut. Wir laufen so bis zu einer Wiesenquerung und stoßen bald auf einen geschotterten Wirtschaftsweg, der uns links hinauf zum Schafberg bringt. Dort geht es auf weichen Waldwegen einmal um die Kuppe herum, bevor wir absteigen und eine kleine Hütte mitten im Wald passieren. Schon hören wir wieder die L 207, doch bevor wir dort anlangen, biegen wir links ab und stoßen nach **3.6 km** am Waldrand auf einen Feldweg. Wir laufen nach links, um nur 100 m später rechts per Wiesenweg über die offene Flur zu wandern. Weit schweift der Blick über die Felder, und wir können die bevorstehenden Richtungswechsel gut verfolgen. Bei **Kilometer 4** queren wir zum zweiten Mal die L 207 (4), laufen kurz nach links, um dann rechts auf den ersten Feldweg zu schwenken. Wir wandern leicht abwärts, treffen auf einen Asphaltweg und wenden uns nach rechts. Doch schon nach 150 m dürfen wir wieder links auf weichem Feldweg die Route fortsetzen.

Nun stehen uns zahlreiche Richtungsänderungen bevor, die wir aber dank der sehr guten Markierung und Wegweisung alle problemlos meistern. Wir passieren einige Viehweiden, und auch das Gehöft „Wildenbungert" bleibt links liegen. Dann folgen wir der Hangkante und sind fast wieder an der L 207 angelangt. Hier biegen wir halb rechts ab und laufen auf breitem Waldweg im Bogen um ein Kerbtal herum, bevor es am Feldrand neben einem Fichtenbestand bergan zum Rand von Nörtershausen geht. Von einer Ruhebank können wir die phänomenale Aussicht (5) über die Felder zum Moseltal und bis in die Vordereifel so richtig genießen! Unmittelbar am Zaun des ersten Hauses biegen wir rechts auf den weichen Grasweg ab und laufen nun immer am Rand der Anwesen nach Südwesten. Nach **7.2 km** müssen wir einen kleinen Bogen nach rechts zu einer Tannenbaumplantage machen, stoßen aber mit dem links abzweigenden Weg wieder an den Ortsrand. In Sichtweite des rund 100 m vor uns liegenden Friedhofes biegen wir an einem Holzkreuz rechts auf einen Waldwirtschaftsweg ab und laufen jetzt gemächlich bergab. Bald weicht der Wald zurück, und wieder können wir die herrliche Fernsicht auskosten. Nach **8.1 km** erreichen wir eine Schutzhütte (6), die zur Rast einlädt.

Anschließend folgen wir dem breiten Weg in großem Bogen um den Rücken des „Langen Berges" und tauchen wieder vollkommen ein in den hochgewachsenen Mischwald. An der Wegböschung tritt der felsige Untergrund eindrucksvoll zu Tage, und so gestaltet sich der Abstieg Richtung Tal sehr kurzweilig. Unmittelbar nach der nächsten Wegschleife gabelt sich der Weg, und wir halten uns rechts. Wir durchlaufen die Ostflanke des Brodenbachtals, verlieren kontinuierlich an Höhe und erfreuen uns am spektakulären Seitencanyon und den schroffen Felsklippen am Wegesrand. Schließlich stößt unser Weg im Tal auf einen breiten Forstweg, und wir laufen weiter geradeaus. Vor uns sehen wir schon die Schutzhütte (7), an der wir nach **10.5 km** links zum Steg über den Brodenbach abbiegen. Nun wird es wildromantisch! Auf engem Pfad erklimmen wir die Schlucht des Brodenbachs, lauschen dem Plätschern des Wassers und sind vom Wegverlauf sehr angetan.

Besonders am Donnerloch (8), bei **Kilometer 11.7**, zieht uns die urwüchsige Natur mit dem tief in die Schlucht eingegrabenen Wasserlauf, den grandiosen Felsen und der sehr artenreichen Flora in ihren Bann! Begeistert laufen wir durch das nahezu unberührte Tal. An einer Weggabelung halten wir uns mit dem Bach rechts. Auf Höhe der Grünemühle holt uns der anstrengende Teil des Traumpfades wieder ein: Nach **12.4 km** beginnt mit einer Spitzkehre nach rechts der sehr steile Aufstieg zurück zum Hochplateau. Kurz, aber heftig geht es gute 120 Höhenmeter aufwärts. Doch oben angelangt, bietet am Waldrand ein Rastplatz Gelegenheit zum Verschnaufen.

Danach wandern wir zur nahen K 72, die wir auf Höhe der Zufahrt zum Parkplatz der Ehrenburg queren. Als Fußgänger folgen wir der Straße 50 m nach rechts, bevor wir links auf einen geschotterten Feldweg wechseln. Höhenparallel wandern wir abwechslungsreich zum Waldrand und stoßen dort auf die asphaltierte (aber gesperrte) Zufahrt zur Burg. Nun folgen wir der Teerstraße und können nach einer Biegung schon den ersten Blick auf die mächtige Burg werfen. Hoch über dem Tal beherrscht die Ehrenburg mit trutzigen Mauern und eindrucksvollem Turm die ganze Umgebung. Authentisches Mittelalterflair kommt auf, fast schon meinen wir, den Hufschlag eines Ritters hoch zu Ross zu vernehmen. Und tatsächlich ist in der Sommersaison auf der Ehrenburg mächtig was los in puncto

Rittertum und Mittelalter (▶ Tipp). Nach **13.3 km** stehen wir schließlich an der Brücke zur Burg (9). Der Traumpfad führt an der Brücke links auf schmalem Pfad abwärts, wendet sich dann unter der Brücke hindurch kurz nach Osten, bevor er mit einem weiteren Bogen nordwestwärts ins Ehrbachtal absteigt. Unterwegs werden uns grandiose Blicke hinauf zur Burg geboten.

Bei **Kilometer 15.1** treffen wir am Sonnenwinkel auf den Weg der Ehrbachklamm und laufen nach rechts Richtung Campingplatz und Gasthaus Vogelsang (10) weiter. Auf der Waldseite passieren wir das Areal und erreichen schließlich die L 206. Kurz geht es links über die Brücke, dann queren wir die Straße und laufen auf breitem Weg einmal mehr bergan. Abzweigende Wege ignorieren wir und folgen dem Wanderweg über einige Windungen stetig bergan. Erst nach **16.7 km** auf einer Höhe von 205 m geht es mit einer sehr scharfen Kehre nach rechts auf den „Sonnenringpfad".

Sehr kurzweilig und mit Auf und Ab folgt der Traumpfad diesem alten Wanderweg durch den abwechslungsreichen Wald. Auch hier ist wieder Trittsicherheit notwendig, denn der Hang fällt neben dem Pfad teilweise sehr steil ab. Um die herrliche Aussicht von den Felsklippen (11) bei **Kilometer 17.3** zu genießen, sollte man daher hier auch unbedingt verweilen. Schließlich ist es geschafft: Der Traumpfad beginnt nun deutlich an Höhe zu verlieren. An der Schutzhütte „Tempelchen" biegen wir rechts auf einen engen Pfad ab, der zum Teil unter der Stromleitung talwärts verläuft. Eine Kehre nach rechts dürfen wir nach dem ersten Drittel nicht verpassen. So gelangen wir nach **18.1 km** schließlich ans Ehrenmal (12), das uns einen guten Blick auf Brodenbach und die Mosel gewährt. Ab jetzt klingt der Traumpfad gemütlich aus. Wir laufen am Ehrenmal nach links, stoßen nach einer letzten Wendung auf den asphaltierten Weg „Im Moorkamp" und erreichen an der Kirche die „Salzwiese". Hier wenden wir uns nach links, folgen der Salzwiese an der nächsten Kreuzung nach rechts, lassen den Wohnmobilstellplatz rechts liegen und treffen nach **18.6 km** etwas müde, aber dafür umso begeisterter von diesem großartigen Wandertag wieder am Startpunkt in Brodenbach (1) ein.

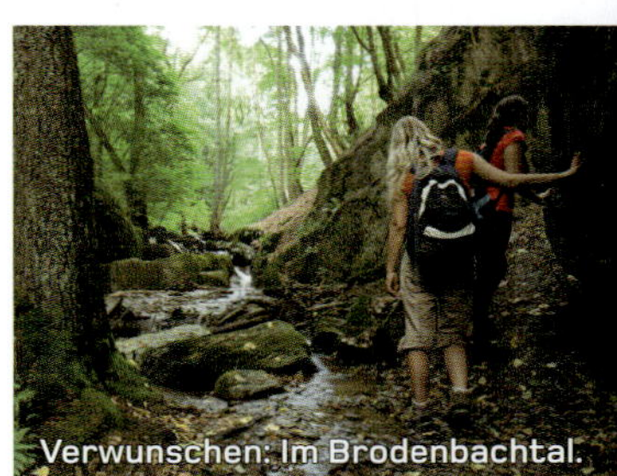
Verwunschen: Im Brodenbachtal.

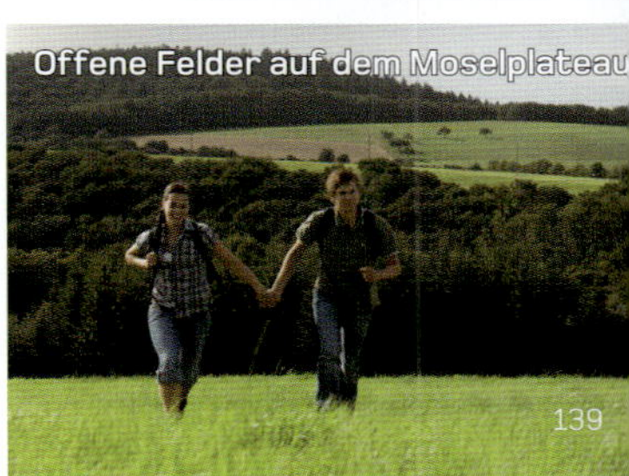
Offene Felder auf dem Moselplateau

INFOS

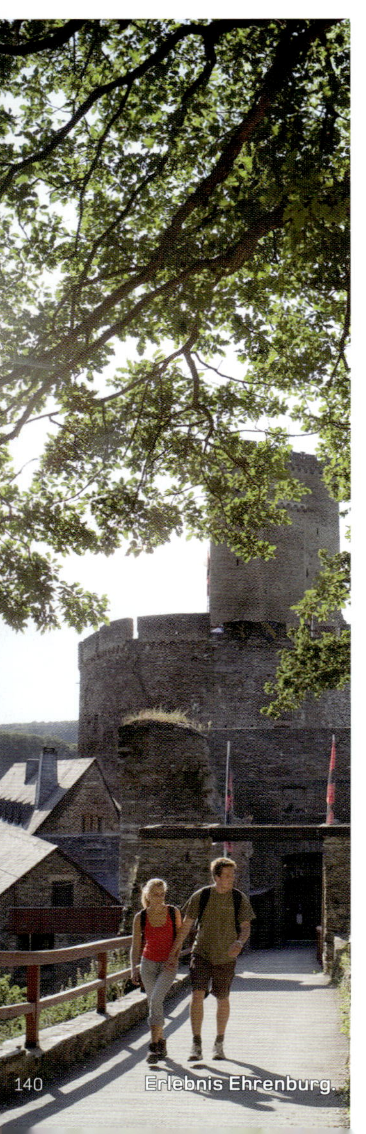
Erlebnis Ehrenburg.

Historische Mühle Vogelsang, Rhein-Mosel-Str. 63, 56332 Brodenbach ✆ 02605/1437 ⏲ Di. Ruhetag
■ Restaurant Alter Moselgarten, Moselufer 18, 56332 Brodenbach
■ Weitere Einkehrmöglichkeiten: ⓘ www.sonnige-untermosel.de

Hotel Peifer, Moselufer 43, 56332 Brodenbach ✆ 02605/756
■ Burghotel Ehrenburg, 56332 Brodenbach ✆ 02605/3077
■ Weitere Übernachtungsmöglichkeiten: ⓘ www.sonnige-untermosel.de

Info: ⓘ www.vrm.info
Haltestelle:
Niederbach (Brodenbach)
■ Mo-So: Bus 301 (Koblenz - Burgen)

Noch mehr Wanderspass bietet zwischen Morshausen und dem Baybachtal die Traumschleife „Murscher Eselsche". Diese 10.5 km lange, mittelschwere Premiumrundtour besticht mit toller Wegführung, klasse Ruheplätzen und einer Einkehr auf halber Strecke. Infos: ⓘ www.saar-hunsrueck-steig.de

Ritterabenteuer, Mittelaltertage und Spektakel – rund ums Rittertum wird auf der Ehrenburg jede Menge Abenteuer und Spaß geboten. Für einen Besuch sollte man in jedem Fall genug Zeit einplanen! Infos zum Erlebnisprogramm ⓘ www.ehrenburg.de

Der Bergschluchtenpfd Ehrenburg kann auch in zwei Runden absolviert werden: Zwischen P7 und P2 gibt es eine Abkürzungsstrecke.

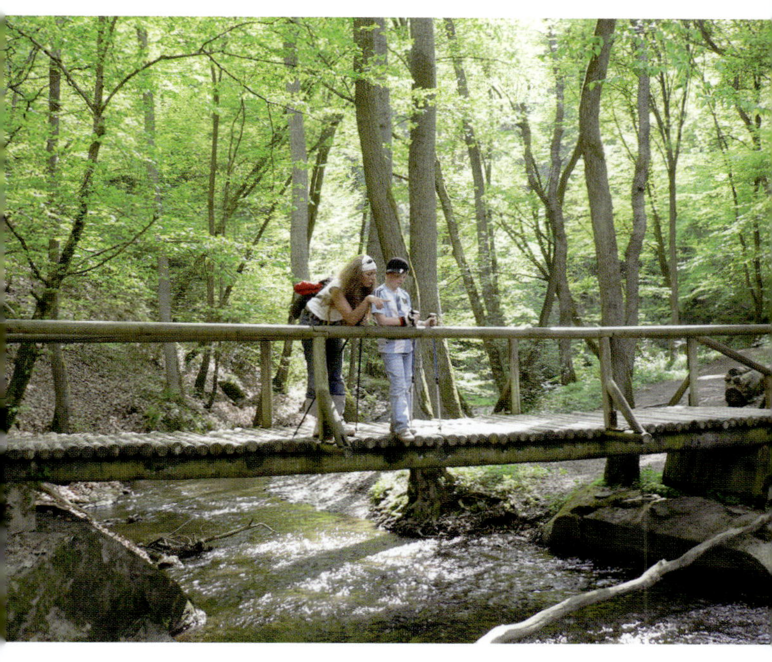

Abenteuer in der Schlucht

Hart und mächtig ist er, der blaugraue Schiefer – und dennoch hat das leise murmelnde Wasser des Ehrbachs eine tiefe Schlucht in das uralte Gestein geschnitten. Das Ergebnis ist die Ehrbachklamm, ein echtes Wanderparadies zwischen Hunsrückhöhen und Moseltal. Wer die Schlucht des Ehrbachs zu Fuß erkunden will, der sollte eine Wanderung auf dem Premiumrundweg „Traumschleife Ehrbachklamm" unternehmen. Die Tour startet in Oppenhausen und erschließt die schönsten Abschnitte in und rund um die Ehrbachklamm auf insgesamt 8.4 km. Dem Fels abgerungen, windet sich der Pfad talwärts. Berührungsängste mit dem Wasser sind schnell abgebaut, und auf Holzstegen und Steintritten erlebt man bis zur Eckmühle eine zauberhafte, urwüchsige Natur. Ein bequemer Wanderweg bringt die Wanderer dann entlang des Ehrbachs zum Ziel nach Brodenbach. Weitere Infos: ⓘ www.rhein-mosel-dreieck.de

Notizen

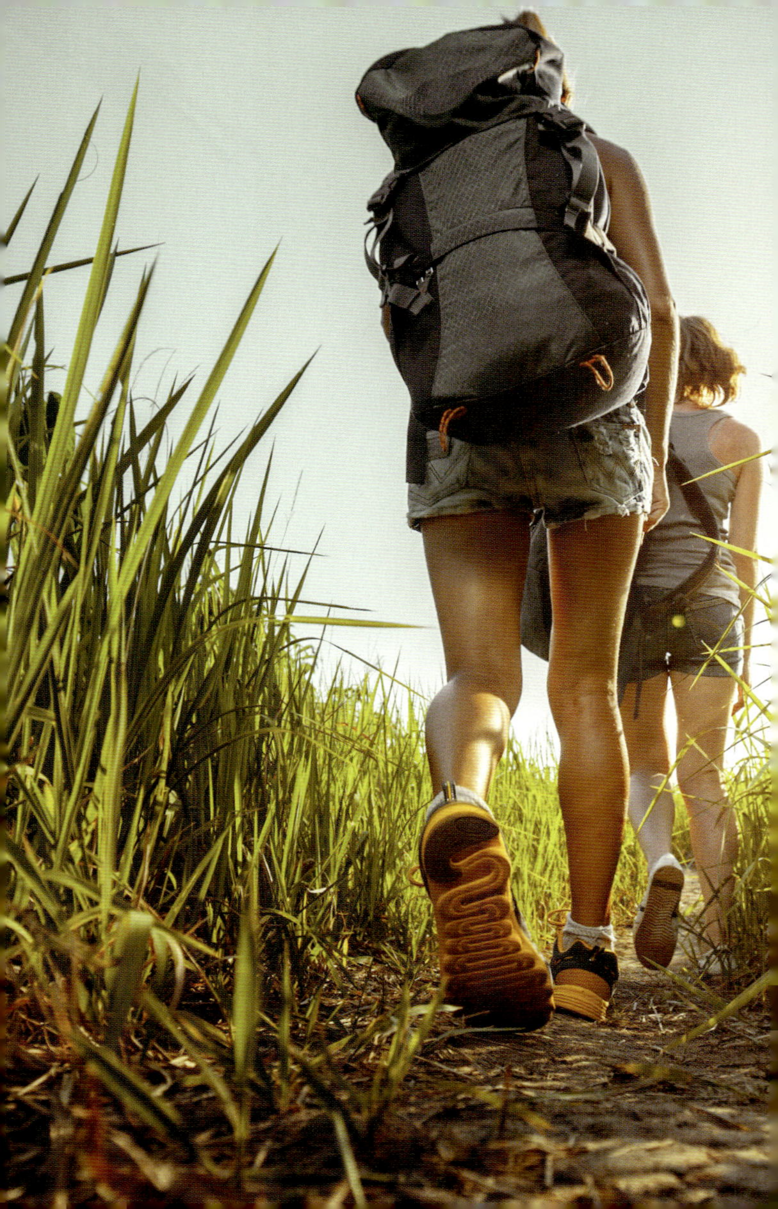

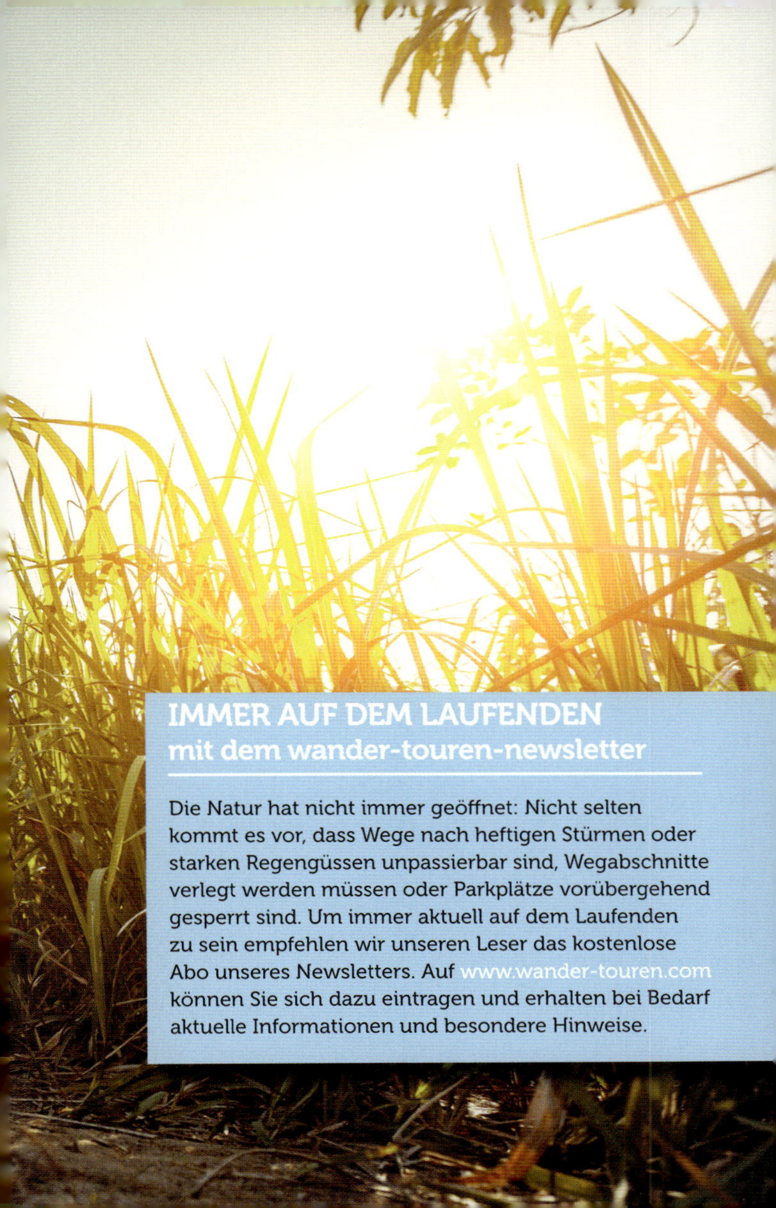

IMMER AUF DEM LAUFENDEN
mit dem wander-touren-newsletter

Die Natur hat nicht immer geöffnet: Nicht selten kommt es vor, dass Wege nach heftigen Stürmen oder starken Regengüssen unpassierbar sind, Wegabschnitte verlegt werden müssen oder Parkplätze vorübergehend gesperrt sind. Um immer aktuell auf dem Laufenden zu sein empfehlen wir unseren Leser das kostenlose Abo unseres Newsletters. Auf www.wander-touren.com können Sie sich dazu eintragen und erhalten bei Bedarf aktuelle Informationen und besondere Hinweise.

Register

J

K

L

M

Register

T

V

W

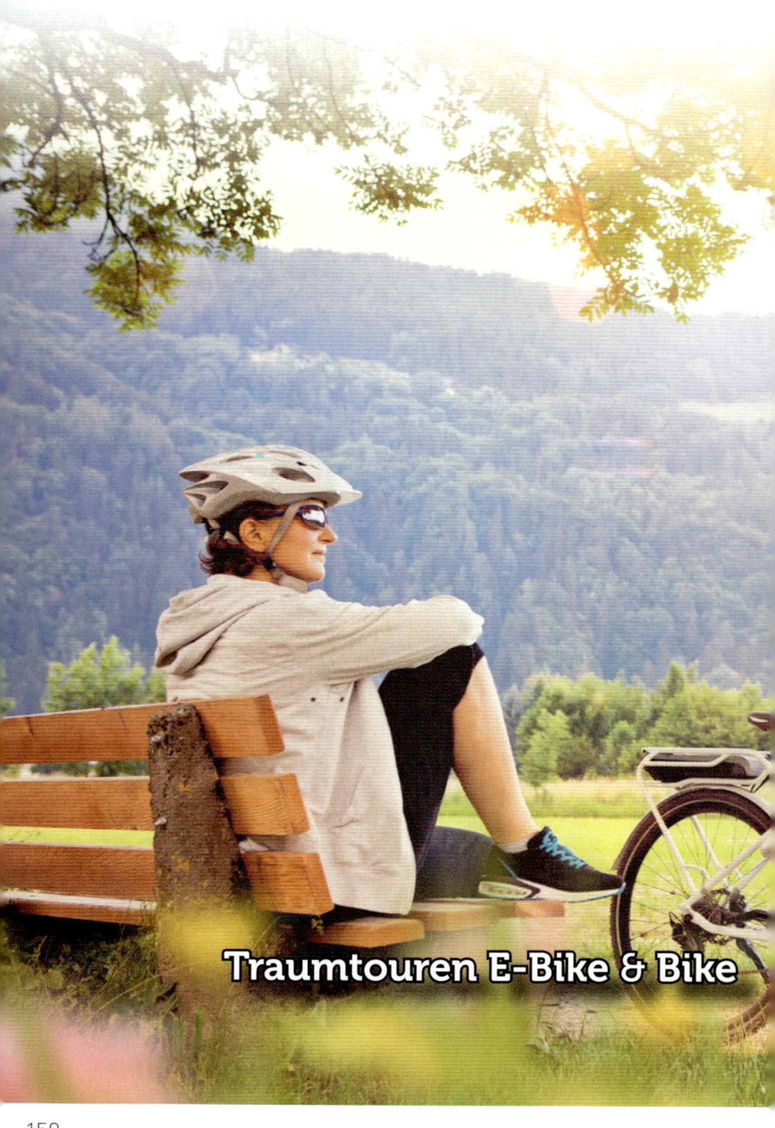

Traumtouren E-Bike & Bike

Tipp: Kleine Rucksack-Kunde

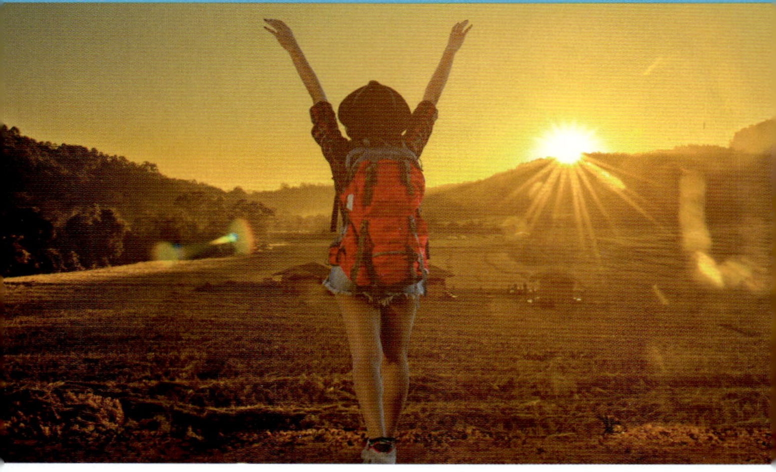

Was gehört in den Tagesrucksack?

Was	Gewicht
Rucksack ca. 25-30 l	1250 g
Regenhülle für Rucksack	50 g
Regenjacke	400 g
Pullover/Fleecejacke	300 g
Verbandszeug*	300 g
Sitzkissen	100 g
Wanderkarte/Kompass/GPS-Gerät	300 g
Fotoapparat	500 g
Schirmmütze (Sonne!)	100 g
Sonnencreme	100 g
Taschenmesser	100 g
Trinkflasche/-system mit Inhalt	1000 g
Proviant (Brötchen, Müsliriegel, Obst)	300 g
Gesamtgewicht	4800 g

Das Ende der Last

✔ Richtig auswählen ✔ Richtig packen ✔ Richtig einstellen

Damit die Last nicht zur Qual wird, führen unsere exemplarischen Packlisten auf, was unbedingt in den Rucksack muss. Infos: www.schoeneres-wandern.de/html/praxistests.html

Was gehört in den Tourenrucksack?

Was	Gewicht
Rucksack ca. 35-45 l	1700 g
Regenhülle für Rucksack	100 g
Regenjacke & Regenhose	700 g
Pullover/Fleece	300 g
Satz Unterwäsche	200 g
Paar Socken	70 g
Hose	300 g
Hemd	200 g
Hüttenschuhe/Sandalen	300 g
dünner Schlafsack	500 g
Isomatte	150 g
Hygieneartikel	150 g
kleines Handtuch	100 g
Schirmmütze (Sonne!)	100 g
Sonnencreme	100 g
Verbandszeug*	300 g
Sitzkissen	100 g
Wanderkarte/Kompass/GPS-Gerät	300 g
Fotoapparat	500 g
Taschenmesser/Multitool	200 g
Fernglas	300 g
Taschen-/Stirnlampe	100 g
Handy (für Notruf)	100 g
Trinkflasche/-system mit Inhalt	1500 g
1 Tagesproviant	500 g
Gesamtgewicht	**8870 g**

*Im Verbandszeug darf nicht fehlen:
Pflaster, Blasenpflaster, Sprühverband, Insektensalbe, Zeckenzange

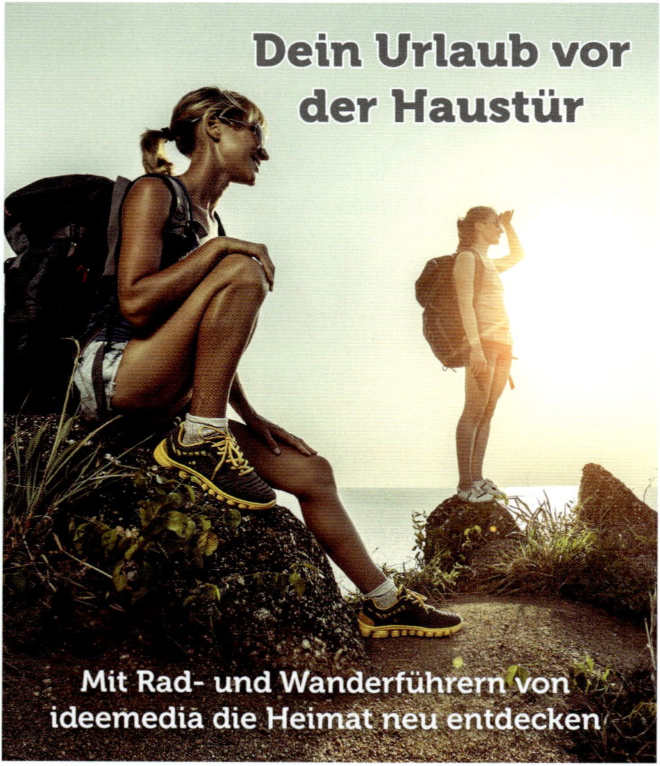

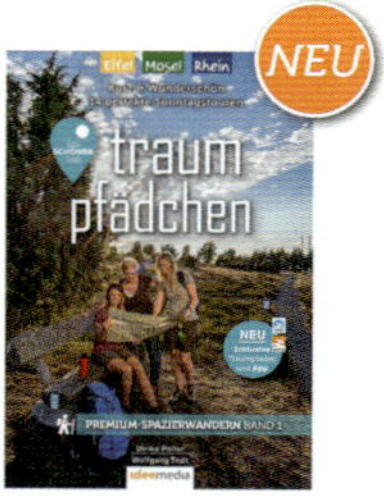

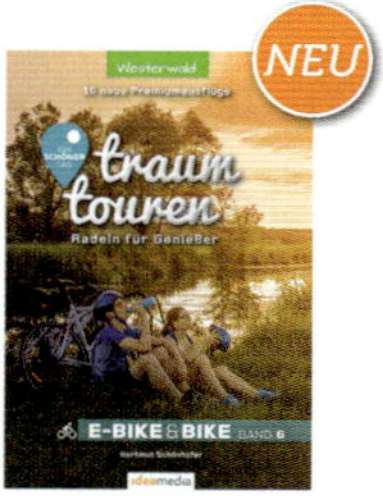

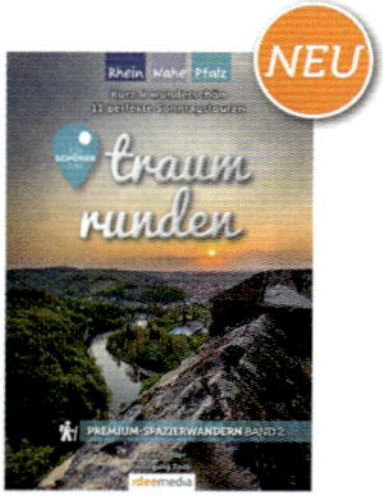

▶ EINFACH HIMMLISCH GEFÜHRT

Besitzer von GPS-Navigationsgeräten (Outdoor-Geräte oder Smartphones) kommen nie vom Weg ab und wissen immer, wo sie gerade sind: In allen Rad- und Wanderführern des ideemedia-Verlags finden Sie die Rad-, Wander- und Erlebnisrouten für Outdoor-Navigationsgeräte. Die Touren liegen im weit verbreiteten *gpx-Format vor.

Mit dem kostenlosen Programm BaseCamp von Garmin ist es möglich, die Tracks anzusehen, zu bearbeiten und direkt auf Garmin-Geräte zu laden. Dieses Programm kann auch ohne die zusätzlich zu kaufende Karte eingesetzt werden, bietet dann aber nur eine globale Karte ohne Details. BaseCamp läuft zudem auch auf Apple Computern. Alle anderen Hersteller von Outdoor-GPS-Geräten bieten ebenfalls kostenlose Programme an. Allerdings müssen Sie meistens auch eine digitale Karte erwerben, um den Track am PC und auf Outdoor-Geräten auf der Karte zu sehen. Für PC-Nutzer ist zudem die Software MagicMaps Tour Explorer empfehlenswert. In OpenStreetMaps oder Google Maps können die Daten mit Hilfe eines GPX Viewer angezeigt werden. Diese Kartenansicht können Sie für unterwegs zum persönlichen Gebrauch ausdrucken.

▶ DIREKT ZUM PREMIUM-TRACK: SO FUNKTIONIERT ES

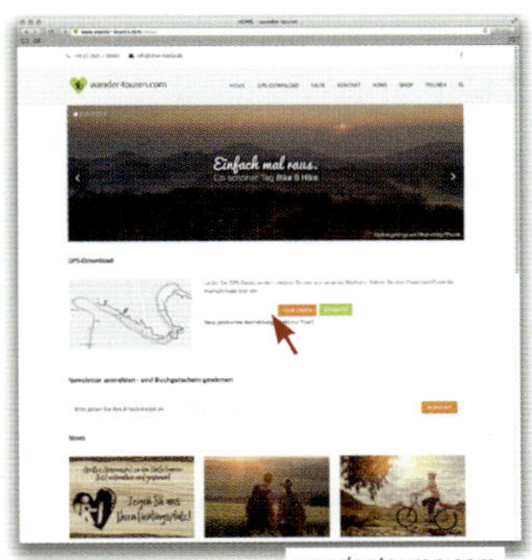

wander-touren.com

Zum Download der Routen benötigen Sie entsprechende Tour-Codes. Diese finden Sie neben der Karte, unter der Schwierigkeitsangabe.Auf der Internetseite www.wander-touren.com geben Sie den Code ein. Eine gesonderte Anmeldung ist nicht erforderlich. Sie bestätigen mit der Downloadanfrage, dass Sie im Besitz des entsprechenden Buches (Print oder elektronisch) sind. Wenn Sie per Mail über Updates zu den Touren informiert werden möchten, melden Sie sich bitte unter www.wander-touren.com zum Newsletter an.

Sollte der eingesetzte Internet-Browser aus Sicherheitsgründen den Datendownload blockieren, lassen sich die Sicherheitseinstellungen vorübergehend verringern. Alternativ klicken Sie mit der rechten Maustauste auf den Button „Tour laden“ bzw. „Datei downloaden“ und öffnen ein neues Fenster (neuer Tab) zum Download.

GPX-DATEN AUF OUTDOOR-NAVIS LADEN

Als Buchbesitzer können Sie die Daten als Datei im weit verbreiteten *gpx-Format als Einzeltour laden und danach auf Ihrem PC ablegen. In einzelnen Fällen können die Daten hinter den Codes auch gebündelt als *.zip-Datei verpackt vorliegen, die Sie vor der weiteren Verwendung entpacken müssen.

Als Nächstes müssen Sie die herunter gelandene Tour auf Ihr Navigationsgerät übertragen. Für die meisten GPS-Outdoor-Geräte ziehen Sie einfach den Track von Ihrem Desktop, nach Verbinden des GPS-Geräts mit dem Computer, in das GPS-Verzeichnis Ihres Outdoor-Geräts, das Sie als Laufwerk auf dem Desktop sehen. Sollte Ihr GPS-Gerät ein besonderes Format verlangen, können Sie den Track mit der Software RouteConverter in fast jedes Format konvertieren. RouteConverter ist ein kostenloses GPS-Werkzeug, um Routen, Tracks und Wegpunkte anzuzeigen, zu bearbeiten und zu konvertieren. Es läuft sowohl auf PC als auch auf Apple Computern. Zur Übertragung der Tour-Daten können Sie auch die Ihrem Kartenprogramm oder Navigationsgerät beigelegte Software nutzen. Bei Problemen mit der Übertragung der Daten auf Ihr Navigationssystem wenden Sie sich bitte an den Hersteller.

ALLGEMEINE HINWEISE

Alle Daten wurden auf Fehlerfreiheit geprüft und werden bei Änderungen der Wegführung nach Verfügbarkeit aktualisiert. ideemedia übernimmt keine Haftung für mögliche Abweichungen, Vollständigkeit, Verfügbarkeit und Einsatz auf allen Navigations-Modellen. Sollte ein Gerät das Laden von *.gpx-Daten nicht ermöglichen, so wenden Sie sich in diesem Fall bitte an den Hersteller. Die Nutzung der Tour-Downloads ist nur Buchbesitzern zur privaten Verwendung gestattet, eine Weitergabe an Dritte sowie das Vervielfältigen auf Datenträgern jeder Art ist untersagt. Kommerzielle Nutzung ist nur nach schriftlicher Vereinbarung mit ideemedia gestattet. Idee, Konzeption und Daten sind urheberrechtlich geschützt.

Die Daten enthalten einen Sicherheitscode und werden bis zu 36 Monate nach Ausgabetermin des Buches zur Verfügung gestellt.. Eine Vervielfältigung zur Verteilung oder Verlinkung ist strikt untersagt und kann bei Missbrauch zu Schadenersatzforderungen führen.

PREMIUM-GPS: WAS IST DAS?

Im Gegensatz zu vielen anderen Anbietern im Print- und Online-Bereich greifen wir nicht auf die Standard-Daten von kostenlosen Internetportalen, privaten oder öffentlichen Anbietern zurück, sondern ermitteln die Daten vor Ort und aktualisieren diese im Regelfall, wenn uns gravierende Änderungen bekannt werden. Die Arbeit ist aufwendig und kostenintensiv – und daher bitten wir um Verständnis, dass wir diese aufbereiteten Daten in vollem Umfang nur unseren Kunden zur Verfügung stellen.

GPS-DATEN VERARBEITEN: NICHT OHNE ÜBUNG

Trotz enormer Fortschritte in der Gerätebedienung ist es für Laien nicht völlig unkompliziert, die Daten richtig nutzen zu können. Da es sich bei den *.gpx-Daten um ein kostenfreies Zusatzangebot zu unseren Printprodukten handelt, können wir keine Unterstützung für GPS-Geräte, GPS-Software oder Kartengrundlagen leisten. Bitte wenden Sie sich dazu an Ihren Hersteller oder Lieferanten und arbeiten Sie sich gründlich in die Möglichkeiten der GPS-Nutzung ein. Verlassen Sie sich auch bei Ihren Touren nicht ausschließlich auf Ihr GPS-Gerät, Empfangsprobleme, Batterie- oder Softwareprobleme sind nicht unbekannt. Zudem könnten Sie ihr Gerät unterwegs verlieren. Wir empfehlen deshalb aus Erfahrung die zusätzliche Mitnahme von Buch und Karten.

GPS FÜR SMARTPHONES

*.gpx-Daten auf ein Smartphone zu laden funktioniert mit mehreren Apps sowohl für iPhones als auch für Android-Geräte. Unser Tipp: Testen Sie verschiedene Apps und prüfen Sie, mit welcher Software Ihr Gerät fehlerfrei arbeitet. Probleme kann es geben, wenn unterwegs Daten geladen werden müssen. Von Netzproblemen abgesehen, kann das zu hohen Kosten führen.

GPS: So funktioniert's

Eine ausführliche Erklärung zur Verwendung von unseren *.gpx-Daten auf einem Smartphone finden Sie unter: www.wander-touren.com. In der folgenden Kurzanleitung wird der Download und die Verabeitung unserer *.gpx-Daten auf einem iPhone 13 (IOS 16.3.1) unter der Verwendung der kostenlosen App „Komoot“ dargestellt. Andere Geräte, Betriebssysteme oder Apps können davon abweichen, das Prinzip bleibt dabei jedoch ähnlich.

Tourcode auf „www.wander-touren.com“ eingeben und den *.gpx-Track downloaden (Schritte 1-4). (Der Code befindet sich auf der Startseite des jeweiligen Kapitels unter der Angabe zur Schwierigkeit.)

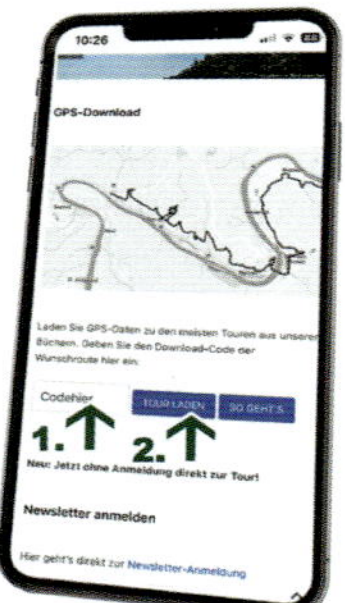

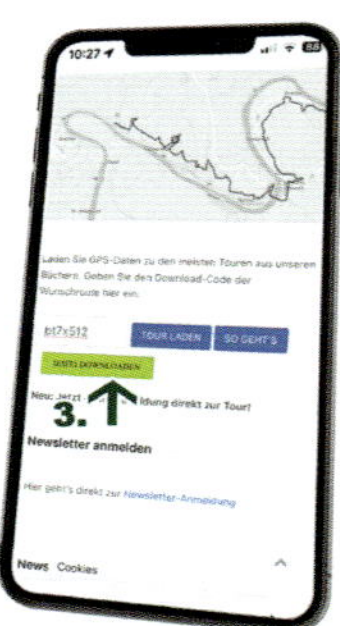

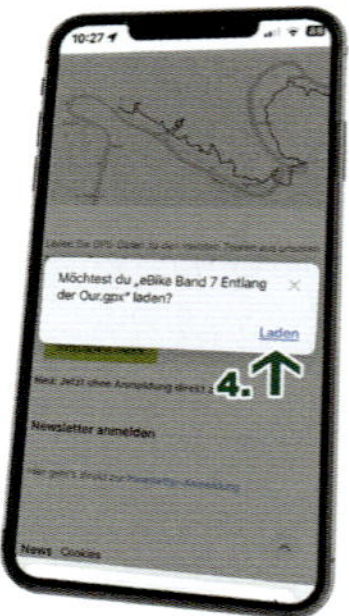

Die Datei befindet sich in der Regel im Downloadordner. Durch Tippen auf den Pfeil in der Browser Leiste, dort hin navigieren (Schritt 5-6). Alternativ über das lokale Datenverwaltungssystem (bei IPhones die Apple eigenen App Dateien) die Downloads öffnen und die Datei suchen.

Anschließend durch langes Drücken auf das Icon/ die Datei, das Menü öffnen und die Option „Teilen“ auswählen (Schritt 7-8). Neben den Möglichkeiten „via Mail“ oder „Nachricht“ findet man weiter rechts (über die Symbole wischen) auf dem Gerät installierte Apps die zum Öffnen kompatibel sind. Durch Tippen auf das Symbol öffnet sich die App und beginnt mit dem Import des Tracks (Schritt 9).

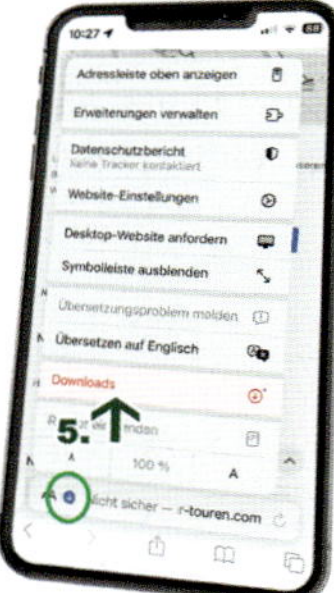

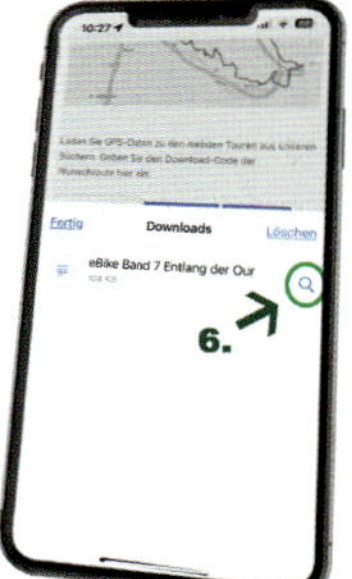

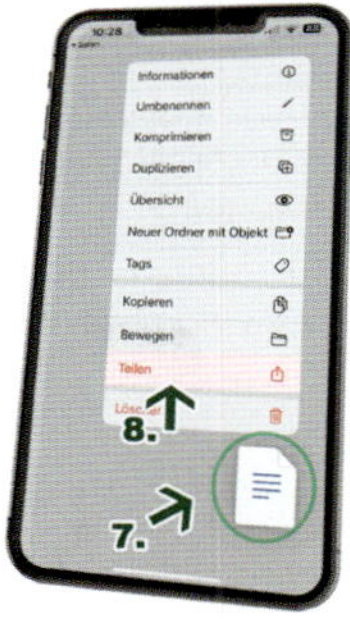

Da unsere Daten viele zusätzliche Punkte und Abstecher haben, muss die korrekte Darstellung ausgewählt werden (Schritt 10). „Komoot" gibt anschließend die Option, den Track an bekannte Wege anzupassen. Da unsere Daten vom Autor erfasst und laufend aktualisiert werden, empfehlen wir den Originalverlauf beizubehalten (Schritt 11). Die Route kann nun als zukünftige Tour gespeichert und anschließend auf der Karte angezeigt werden.

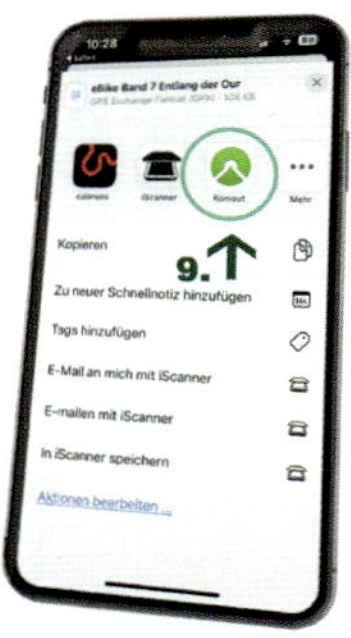

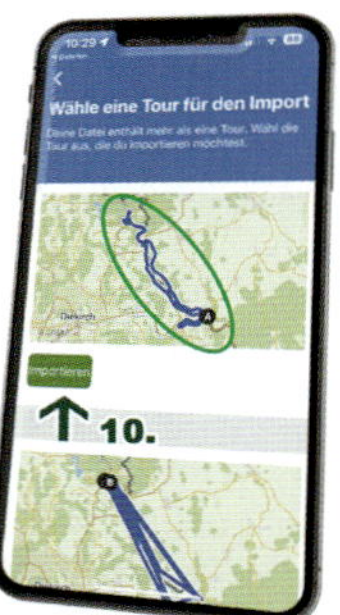

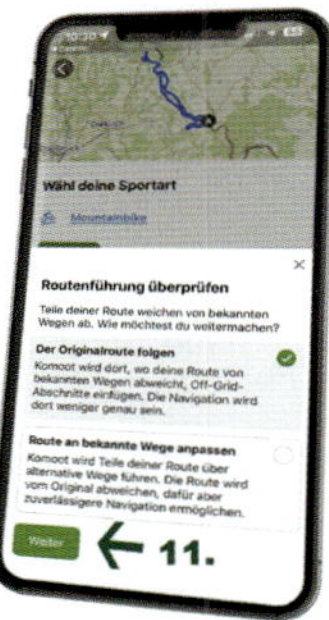

Prüfen Sie vor Antritt der Tour, ob die Daten korrekt angezeigt werden und Sie die Routenführung starten können. Vergleichen sie die Darstellung zur Sicherheit mit der Karte im Buch, um Fehler beim Verarbeiten oder in der App auszuschließen.

Impressum

Herausgeber: Uwe Schöllkopf (ideemedia GmbH)
Autoren: Ulrike Poller und Wolfgang Todt
Redaktion: Barbara Schöllkopf, Uwe Schöllkopf
Redaktionelle Mitarbeit: Anna Ley
Grafik / DTP / Produktion: Dominik Lamberti
Verlag: ideemedia GmbH, Im Aubisch 1b, D-56567 Neuwied
Telefon: 02631/9996-0 • Telefax: 02631/9996-55 • E-Mail: info@idee-media.de
Karten: KGS Kartografie Schlaich/ideemedia
Internet: www.ideemediashop.de • www.einschoenertag.com • www.wander-touren.com

Wir danken dem Projektbüro Traumpfade, insbesondere Nicole Pfeifer, für die Unterstützung.Traumpfade ist eine Marke Rhein-Mosel-Eifel-Touristik (REMET) Koblenz. **www.traumpfade.info**
Alle Angaben wurden nach bestem Wissen recherchiert und sorgfältig überprüft. Sollten sich dennoch Fehler eingeschlichen haben, bitten wir um Entschuldigung und Benachrichtigung. Für Fehler übernimmt der Verlag keine Haftung. Aktuelle Änderungen, Downloads und Updates zum Buch finden Sie unter www.wander-touren.com

Mit den QR-Codes aus dem Buch lässt sich über die Kamerafunktion vieler Smartphones der Ausgangspunkt direkt auf GoogleMaps anzeigen. GPS-Daten und Karten stehen zum kostenfreien Download und zur persönlichen Nutzung zur Verfügung. Dazu ist eine Anmeldung erforderlich.
Die Deutsche Bibliothek – CIP – Einheitsaufnahme: ISBN 978-3-942779-64-7

Titelbild: Rhein-Mosel-Eifel-Touristik, Klaus-Peter Kappest
Fotos: Rhein-Mosel-Eifel-Touristik: Klaus-Peter Kappest, Klaus Hurtienne
Weitere Fotos: Ulrike Poller, Wolfgang Todt, K. Schöllkopf, ideemedia, Wikipedia/F. Dreyer

Autoren

Ulrike Poller studierte in ihrer Heimatstadt Würzburg Mineralogie und promovierte in der Schweiz über das Silvretta Massiv. 1995 kam sie als Wissenschaftlerin ans Max-Planck-Institut für Chemie in Mainz, wo sie zusammen mit Wolfgang Todt Altersbestimmungen durchführte.

Wolfgang Todt, aufgewachsen in Heidelberg, studierte Physik und Geologie. Von 1980 bis 2005 leitete er am Max-Planck-Institut für Chemie in Mainz die Arbeitsgruppe für Geochronologie.

Wolfgang Todt und Ulrike Poller sind verheiratet. Gemeinsam bemühen sie sich heute, die Qualität von Wanderwegen zu verbessern. Infos unter: **www.schoeneres-wandern.de**

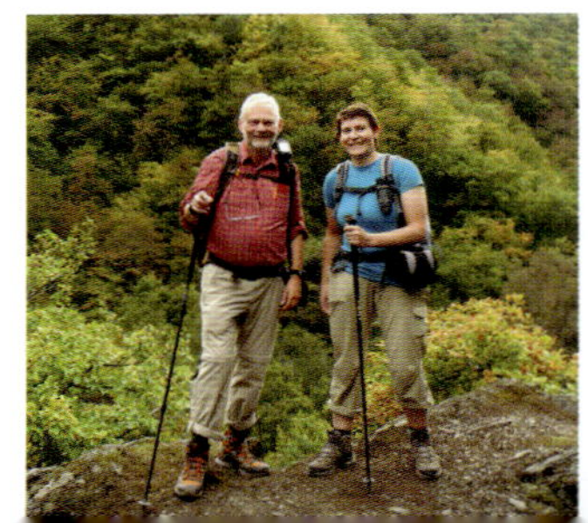